媒介融合时代的编辑与出版

刘运峰　李广欣　编

南开大学出版社
天　津

图书在版编目(CIP)数据

媒介融合时代的编辑与出版 / 刘运峰，李广欣编.—天津：南开大学出版社，2016.12
ISBN 978-7-310-05264-6

Ⅰ.①媒⋯ Ⅱ.①刘⋯ ②李⋯ Ⅲ.①编辑工作－中国－文集②出版工作－中国－文集 Ⅳ.①G239.2－53

中国版本图书馆 CIP 数据核字(2016)第 278171 号

版权所有　侵权必究

南开大学出版社出版发行
出版人：刘立松
地址：天津市南开区卫津路 94 号　　邮政编码：300071
营销部电话：(022)23508339　23500755
营销部传真：(022)23508542　　邮购部电话：(022)23502200
＊
天津午阳印刷有限公司印刷
全国各地新华书店经销
＊
2016 年 12 月第 1 版　　2016 年 12 月第 1 次印刷
230×160 毫米　16 开本　20.5 印张　2 插页　303 千字
定价：68.00 元

如遇图书印装质量问题，请与本社营销部联系调换，电话：(022)23507125

在"媒介融合时代的编辑与出版"高层论坛暨2015年编辑出版学年会上的讲话
（代序）

朱光磊

在这美好的金秋时节,"媒介融合时代的编辑与出版"高层论坛暨2015年编辑出版学年会在我校召开,我谨代表南开大学向各位与会的学者、专家和朋友们表示热烈的欢迎！欢迎大家来到渤海之滨的天津,来到有着近百年历史的南开园。

南开大学是改革开放以来最早创办编辑出版学专业的三所高校之一。1984年,在中央领导同志的关怀和建议下,根据教育部的部署,我校和北京大学、复旦大学同时创办了编辑学专业,意在培养从事编辑出版的专门人才,满足精神文化生产的迫切需要。在一无师资、二无教材、三无经验可以借鉴的情况下,我校师生筚路蓝缕,白手起家,在出版界和兄弟高校的大力支持和无私帮助下,终于使编辑学专业得以成功创办并站稳了脚跟。2000年,南开大学组建了文学院,在编辑学专业的基础上成立了传播学系,编辑学专业也正式更名为编辑出版学专业。2003年,传播学系又新设立了广播电视新闻学专业,2012年更名为广播电视学专业。2006年,传播学系获得新闻传播学一级学科硕士学位点授权,下设"新闻学"和"传播学"两个专业;2011年,获得"新闻与传播"和"出版"两个专业硕士学位点授权。此外,还在"中国现代文学"专业下招收"现代文学与传播"研究方向的博士研究生。近年来,传播学系的教师们齐心协力,锐意进取,在教学、科研、育人等方面都取得了可喜的成绩。"编辑出版学"先后被评为南开大学本科精品课程和示范精品课程,"编辑出版理论与实践"被评为南开大学专业硕士学位研究生精品课程,"传播学概论"入选南开大学本科生"魅力课堂"。此外,图书策划、图书发行、期刊编辑学、报纸编辑学、编辑出版方法与技能等课程也都受到了同学们的欢迎。广大教师坚持教学、科研并重，承担了多项国家社会科学基金以及省部级科研项目，在《新闻与传播研究》《中国编辑》《现代传播》《出版科学》《出版史料》《出版广角》等专业期刊上发表了近百篇高质量的论文，出版了10余部专著，提升了学术水平和科研能力。

传播学系的同学们始终保持高昂的学习热情，勤于读书，勇于探索，积极参与科研和社会实践活动，获得了多项奖励。在中国编辑学会举办的"未来编辑杯"图书策划、论文竞赛中，我校同学曾连续四次获得第一名的佳绩。研究生同学的论文也多次发表在《编辑学刊》《现代出版》《中国图书评论》《编辑之友》等专业期刊。

尽管随着学科布局的调整和市场需求的变化，编辑出版学专业的发展经历了不少的曲折，遇到过不少的坎坷，但是，南开人秉承"允公允能、日新月异"的校训，不追风，不动摇，重视传统学科与新兴学科的交叉、理论研究与实践能力的结合，始终将培养高素质的编辑出版人才作为我们不懈的追求。迄今为止，我校的编辑出版学专业已连续招生32年，为全社会输送了近千名毕业生，这些毕业生大多活跃在新闻出版、广播电视、文化产业、网络和新媒体领域，为我国的新闻传播事业做出了显著的贡献，受到了全社会的广泛赞誉。

毋庸讳言，由于多方面的原因，包括编辑出版学在内的我校的新闻传播学学科发展历史较短，体量还不够大，实力还不够强，与兄弟院校相比还有明显的差距，兄弟院校的许多宝贵经验都值得我们学习和借鉴。我们有决心在坚持求精求强的基础上，进一步加大新闻传播学学科的发展力度，进一步提高教学质量，进一步提高科研水平，进一步提高南开新闻传播的知名度和美誉度，为新时期的新闻传播事业做出南开人应有的贡献。

随着互联网技术的发展，人们的媒介接触方式和阅读方式发生了深刻的变化，如何在新的技术条件下满足不同受众个性化、多元化的阅读需求，如何在新的历史条件下培养具有全面的人文素养、广博的专业知识、娴熟的操作技能等复合型人才，如何在媒介融合的过程中，强化编辑的职能，发挥编辑的作用，完成现代出版的机制创新、体制创新、内容创新、渠道创新,提高出版业信息传播的效能,促进中国出版的繁荣和发展,是我们共同面临和值得思考的问题。

今天,由南开大学主办,中国高等教育学会新闻学与传播学专业委员会编辑出版学研究学科组、全国出版专业学位研究生教育指导委员会、《中国编辑》杂志社、南开大学文学院、南开大学出版社共同承办的"媒介融合时代的编辑与出版"高层论坛暨2015年编辑出版学年会,将围绕媒介融合与编辑学、媒介融合与出版业、数字出版研究、媒介融合与编辑出版人才培养研究、编辑出版实务与技能研究等议题展开,相信大家的深入研讨和广泛交流,必将推动编辑出版学的发展,也必将为这一学科的发展提供强劲的助力。

预祝会议圆满成功,祝愿各位代表精神愉快、身体健康!

谢谢大家!

2015年10月24日

目 录

1　在"媒介融合时代的编辑与出版"高层论坛暨2015年编辑出版学年会上的讲话(代序)/朱光磊

1　**特稿：纪念肖东发教授**
3　　出版需要人文素质/肖东发
18　　悼念肖东发老师/刘运峰

23　**数字出版与新媒体**
25　　关于教育出版数字化的几点哲学思考/龙　杰
34　　学术著作数字化公益传播研究/梁小建　朱　悦
47　　全媒体时代文学期刊的传播创新
　　　　——以《ONE 一个》为例/张锦华
53　　传统出版企业社会化媒体应用情况探析
　　　　——以网站论坛、豆瓣、微博和微信为例/代幸梅　张志强
62　　浅析出版社微信公众号作为传统媒体公众号的运营优势/陈　超
72　　"移动互联网+"时代澎湃新闻APP研究/吴　泱

79　**新媒介环境下的出版经营与管理**
81　　我们走进的是"+互联网"时代
　　　　——再论传统出版在坚守与变革中前行/吴培华
89　　媒介融合时代的出版内容弥散式增值/刘玉清　张晓青　李红玲
97　　转企改制后高校出版社发展模式研究/王云石　王　祎　李盛楠
112　互联网语境下的图书广告：概念、特征与传播机制/戴　维
119　媒介融合趋势下我国出版企业的转型与发展/汪曙华
127　媒介融合环境下的校园媒体创新/韩　诚

137　**编辑出版学理论研究**
139　媒体融合时代编辑出版体系的消解与建构研究/南长森
149　媒介形态嬗变与出版方式创新/王华生

160　浅议图书选题开发中的思维模式创新/孙利军

167　媒介融合背景下青春文学杂志书外部生态环境变化/王晓红

177　版本、文字之间的"神实主义"
　　　——从《受活》版本演变看阎连科"神实主义"创作理念
　　　　的形成/董仕衍

187　傅雷的编辑出版实践与思想/张文婷

197　编辑出版实务研究

199　南开《东北地理教本》重印记/刘运峰

207　《张伯苓全集》编辑手记/李力夫　杨丰坡　李　佳

213　重现经典　引导阅读
　　　——"民国通俗小说精粹导读丛书"选题策划设想/田　睿

226　相声题材出版物的发展历史与现状初探/段　煜

233　书名乱象/赵　洁

239　数字化传播与版权保护

241　慕课（MOOC）课堂中的合理使用与版权保护/王维嘉　张志强

252　全媒体出版时代数字版权保护的三点要义
　　　——纵观英国近年版权制度改革/陈　洁

259　数字版权保护中的非正式制度探析/张利洁

269　出版与跨文化传播

271　从"亚马逊中国书店"看海外读者对中华文化的阅读取向/张秋瑰

279　学术期刊的开放式分享及其跨文化传播效果/李广欣

289　海外出版软实力与文化对外传播/袁　雪

297　编辑出版人才培养

299　工作坊模式在高校数字出版人才培育中的应用研究/郭　鉴

306　编辑是怎样炼成的
　　　——浅谈编辑人员的素质/宋立君

312　我们现在怎样做编辑
　　　——以中华书局几本基础图书为例/宋凤娣

319　编后记

特稿:纪念肖东发教授

出版需要人文素质

肖东发

编者按：肖东发先生是著名编辑出版学家，北京大学新闻与传播学院教授、博士生导师，北京大学现代出版研究所所长。他为我国编辑出版学的学科建设、理论探索、专业教育以及当代出版业实务工作做出了重要贡献，尤其在出版史、图书史领域建树颇多，堪称大家。2015年10月24日，肖东发先生受邀参加"媒介融合时代的编辑与出版"高层论坛暨2015年编辑出版学年会，并做主题发言。发言在宏阔的历史视阈下审视出版文化，以深厚的学识、精微的感触将文化史、思想史与编辑出版学理论融会贯通，倡导当代出版中的人文因素，对时代风尚、文化底蕴、社会教育与编辑出版工作的关系做出了深刻思考。本文即根据肖东发先生的发言录音整理而成。

2016年4月15日，肖东发先生因心脏病突发仙逝于琼崖。这是编辑出版学界的重大损失。此时，面对《出版需要人文素质》的文稿，我们愈发感到悲痛与叹惋。兹以此文列于全书之首，一则推重先生之学殖精思，二为表达我们的无限哀思，亦愿学界同仁继承肖东发先生推广、深化编辑出版学研究的精神，孜孜探求，以优秀的研究成果纪念先生。

谢谢大家。运峰叫我来讲，讲什么呢？一个是讲网络编辑，但是我还是更想讲文化和人文精神。所以后来呢，我和运峰就讨论出这么一个题目《出版需要人文素养》。我看咱们这个论文集里也有《编辑是怎样炼成的》,我们现在提到怎么做编辑,所以说这个题目还是比较切合的。我是研究出版史的大家都知道,研究出版史有一个体会,就是出版和教育是密不可分的,出版和文化密不可分,出版和社会互动前行,休戚相关。中国为什么是十大文明古国?中国是世界上唯一一个五千年文明连续不断的国家,很重要的原因就是我们的文字不断,我们的出版不断。五千年,从甲骨、青铜、竹木简竹,一直到敦煌遗书,都是连续不断的,我们出版史就讲这些东西。另外还有一个,到了清朝中叶的时候,康乾盛世之后为什么就一下子盛极而衰?我一会儿就要回答这个问题,当然要简短的回答。呈跳水式的,也跟出版,跟文化关系密切。20世纪,我们又怎么从1900年这个谷底,缓慢地上升,现在能够走向现代化,也是靠的出版。靠什么出版呢?商务印书馆。还是靠教育?京师大学堂为代表的吧。1867年的商务(印书馆),1868年的京师大学堂。改造之后呢,这个出版是时代风气之先的。而出版人呢,也是最懂文化的,像王振铎先生的"文化缔构论",讲它是构筑文化的,所以也是最需要人文精神的。我就很快地回顾一下两个"v"字形,我经常爱讲的这个大背景,讲一个剪刀差,为什么我们又跳回来了。欧洲很多(国家)加一起,GDP 28%;我们中国在康乾盛世的时候,比如说乾隆去世的时候,我们是38%,一个国家就占世界的三分之一还强。但是后来我们怎么就弱下来,他们怎么就强上去,我会回答这个问题。另外我还会回答什么叫文化。文化,大家听过的概念最多,古今中外都有,那么我对文化的概念是什么?另外文化的内涵、外延和它的层次,用几个同心圆来表示吧。另外文化和社会的关系,用一个表格来跟大家来讨论。最后说到人文精神、出版、编辑人。

这两个问题是这样,一个是1800年。1799年,乾隆当了四年太上皇之后驾崩,他死了。到了嘉庆年间,国力就急转直下,1900年到谷底,2000年我们又恢复了。这是一个"v"字。当然还有一个"v"字:1949年建立新中国之后,随后是1956年苏共二十大,否定斯大林之后,毛泽东提出阶级斗争,1957年反右,1958年大跃进,1959年人民公社化运动,十年浩劫,全盘否定。到了1978年十二届三中全会才缓过来,从政治为中心转变为以经济为中心。然后呢,1979年改革,30年以后到现在。特别提到文化,我们即将迎来文化时代,两个"v"字。特别是1900年八国联军打进北京的时候,在太和殿耀武扬威;慈禧、光绪跑到西安。王懿荣,发现甲骨文的,头一年发现,他用二两一块的价格收购。以前甲骨都磨成粉末,做膏药。由于他这么高价的购买,由于他学问大,能断定这是三代的遗物(夏商周三代),是上古的,对不对?孔子都没见过,孔子说:"夏礼,吾能言之,杞不足征也;殷礼,吾能言之,宋不足征也。文献不足故也。足,则吾能徵之矣。"殷礼殷商的,我不能说,为什么呢?文献不足证也,我没有文献,我没有根据,所以我说不清。孔老夫子两千多年前都没见过文献甲骨,王懿荣发现了,所以王懿荣贡献很大。可是第二年他就死了,而且全家都自杀了。大家看这样一个图,这就是1900年的中国北京。可能大家很少能够见到这么惨烈的图,这个图教会我们,当一个国家不行的时候,首都都给破了的时候,"覆巢之下,岂有完卵"。个人的小家,纵然你贵为国子监祭酒,王懿荣也得全家自杀。那么没有自杀的就被砍被杀,就这么惨,所以这个家和国的关系我们会体会得这么深。那边八国联军被人砍了一半,这边庆亲王奕劻和李鸿章在签订《辛丑条约》,我们再赔四万万五千万两。你说当时一口人背一两银子。说到这个王爷,我再插一句,我们北大的承泽园就是庆亲王的王府,他有一个儿子叫载振,就是五大道上的我们这个园子,叫庆王园、庆王府。也是五大道里最有规模,最有展览,最有花园的这么一个。庆王,这是他的儿子,当时跑到天津来了。当时陪着他的,你看李鸿章,就在五年前,甲午战争之后,叫日本人狮子大开口。就那么一场很小规模的战争(这战争规模不是很大,在黄海,我们的北洋水师全军覆没,打到了我们的山东半岛,丁汝昌吞金自杀),结果呢,日本人多狠,一下就要两个亿,最后两万万两。然后又把台湾、琉球、澎湖一大串,包括钓鱼岛都割给日本。直到今天它没有吐出来,琉球是日本的,钓鱼岛,还在争论,那都是1895年;台湾1945年,79年前,回来了。但是其他有些岛呢?还是问题。你想当时就那么一场(小的战争),它要两个亿,我们抗日战争不是1937年到1945年这八年抗战,是1931年开始的十年抗战。它烧光杀光抢光,光我们一个南京就杀了我们30万人,我们最后跟它要赔款了吗?一分钱没要。那我们损失多大啊。所以我们传统文化里面是不是应该以德报怨,应该好好考虑。当时你要这个钱,合理合法。而且让它记住你欠我们的,你该的,你被我们打败了。由于当时连要都不要,那全世界愕然,怪了,连日本人都觉得奇怪,连日本人都觉得不可理解。你仔细看,周边的小国都要了,损失不大的国家都要了,谁(也)没饶日本,都要了,就唯独损失最大的我们,没有要。所以说这些事情不能几个人、一个人说了算,全国人民说了算。

万园之园,再次被烧,剩下最多的只有长春园西洋楼,只占圆明园三园一百二十景中的五十分之一,百分之二。那么些奇趣、线法桥、万花阵、养雀笼、方外观、海晏堂、远瀛观、大水法、观水法、线法山等,这么一串十多个景点里头有个海晏堂,海晏堂有四个面,其中有一个面是水力钟,水力钟有十二个生肖,大家都知道是"十二兽首",一个兽首花了多少钱?赌王何鸿燊花了六千万港币买回来的,明明是咱们的东西,那么大的园子。(我再顺便说一句,眼下故宫纪念建院90周年,《清明上河图》刚刚撤走,这次打头的是什么呢?是宋代临摹顾恺之的《女史箴图》,是宋朝的摹本,原来东晋的原本就已没有了。那么还有一件在圆明园的是唐人摹本,这不仅仅是一幅画。在二次大战的时候我们解了英军的缅甸之围,英军差点全军覆没,被日本人歼灭。英国觉得要讲道理,要感谢中国,两件东西你来选,一件是《女史箴图》唐人摹本,一件就是一艘潜水艇,当时因为在打仗所以要了潜水艇。但也说明了这幅图就足以抵这个潜水艇了。你想那么大的圆明园里有多少这样的宝贝。)圆明园不仅仅只是那些建筑和园林,它里面全部都是宝贝,像现在这样上千万地问我们要。成龙演的那个《十二生肖》里的龙头现在还不知道下落呢!

所以呢,2000年我们中国起来了,怎么起来的?怎么从那么困难,那么惨的情况下起来的呢?你看2008年北京奥运会,中国就起来了。

我觉得就是靠两个双子星座,1867年的商务,后来张元济加盟后焕然一新;1868年的京师大学堂,也是同为绍兴人的蔡元培整顿改造。所以说,就是因为有了人。有了张元济,商务印书馆有板有眼:第一,引西式教授;第二,引世界名著,严复的、林纾的……蔡元培的张元济全包;第三,挑选古籍,从《四库全书》里面进行挑选,并不是全部拿来,是《四库全书》里面少的真正有价值的罕见本,三千六百四十一种里面挑二百六十一种来印。这个态度非常科学,比现在不分青红皂白,全盘使用要好得多。当然张元济还有一点就是编字典,编工具书,像《辞源》这些都是商务的。所以说出版惠于社会,教育惠于社会,教育和出版又紧密连在一起,这是十分需要人文精神的。

那么,我下面还要回答一个问题,从咱们专业的角度,为什么我们那么高,现在掉下来了,而欧洲起点那么低,现在就上去了呢?

我们还是从文化和出版来看,18世纪,具体来说就是1772年,乾隆建西洋楼那一年,他看到一幅画,就问郎世宁:"这是什么呀?为什么这水是从低往上喷,水不是从高往下走嘛?"郎世宁没有回答是喷泉,他说是"大水法"。乾隆说,你会建吗?郎世宁回答道,我会画不会建,我有个朋友,法国人,叫蒋友仁,他会建。郎世宁就开始设计,也就是那一年乾隆开始编《四库全书》,下召征书。因为他已经十全武功,打了十场胜仗了,到处刻石记功勋。他觉得作为文化人他也做一件亘古未有的大事。那么也就是在这一年,法国狄德罗主编的《大百科全书》出了28卷,其中有一本书出版商在其中起了很大的作用,我们就不展开了。

而《四库全书》的主编是乾隆,钦定了许多项目,如书名、部首等,"中国"一词的含义,不能说岳飞抗金,东夷西狄南蛮北戎都不许说,这些字眼都得改。其中改错了很多,有的禁,全毁、抽毁,这都是依乾隆的旨意做的。他的祸心在于"欲禁于正",他并不是要真正地、纯粹地编书,他要禁书。他的爷爷康熙禁了一部《明史案》庄廷鑨,他认为小菜一碟,仅仅是一本书;他的父亲雍正和吕留良、曾静辩论,没杀那两人,还写了一本《大义觉迷录》,乾隆觉得太跟他们客气了。乾隆一上台就把他爸爸这本书给禁了,列为禁书。因为他认为越辩越不清,越辩越黑,还把那几个人马上杀了,甭废话,对不对?他还想,这种书那里只有一本两本,满天下都有,我怎么才能清理的了,只能连编带禁。所以他收了三千四百六十一种,禁了、毁了三千一百多种。所以正如鲁迅所说"清人编四库、古书亡"。清人编"四库",中国人没了脊梁,他不让你抗金,因为他满族是后金,抗金就是抗他的祖宗,可是你说岳飞不抗金还是岳飞吗?中国人还有脊梁吗?

而且他这个编书过程持续了15年,从1772年到1787年(嘉庆十五年),修了7部,藏7阁,大小文字狱40多起,比如典型的有一个叫王锡侯,编了《字贯》,只不过挑了《康熙字典》里的错。《康熙字典》里面有没有错?错太多了。我们北大有一个教授黄侃,他跟人打赌,《康熙字典》你随便翻,翻到哪一页我都能给你挑出错来。说明其中的错误之多,有时候一页能挑出两个错。它有2588个错(《字典考证》),谁干的呢?道光年间,王引之干的。道光皇帝让他编的时候,王引之还拿了一把,说奴才不敢,当年乾隆皇帝那时候王锡侯不就被砍了吗?道光说你别提这茬了,因为道光自己也觉得不对劲是不是?这叫什么呀?有错都不能说,这叫专制!独裁!

因此,那个时候就"避席畏闻文字狱",你说一个文字狱充斥的国家,它能上去吗?它必然落后挨打呀,必然盛极而衰。反过来我们来看法国,你看狄德罗十九岁就是文学硕士,他是唯物主义哲学家,反宗教的无神论者。他们这一大伙人,你看孟德斯鸠三权分立,伏尔泰启蒙思想家,卢梭写《忏悔录》,他们这群人集聚在一起编撰的《大百科全书》。我们编字典都知道一定要稳定,一定要公允,像现在的维基百科。但他们那时候编的都是个人观点——我认为国家是人民的,不是君主的,我认为……这本来是编百科全书的大禁,但在当时就是先进,就是走向共和、自由、平等、博爱嘛。所以很快地,1789年攻占巴士底狱,路易十六被抓到监狱。所以照这样来说,当时百科全书的发行其实挺不容易的,那时的书商起了很大的作用,特别会发行,即使是为了挣钱。所以这两部书,代表了两个趋势,法国原来很惨,然后升上去了;我们原来很高(GDP),但是掉下来了。所以说,清朝的灭亡也不能怨李鸿章啊,他也是一个替死鬼,没办法,他也不愿意签这些卖国条例;你怨什么慈禧呀,也不全面。早在康乾盛世的时候,就埋下了落后挨打的局面。大家想是不是这样?我就从出版的角度这样钻研一下。

下面从文化接着说。文化两个字凑在一起比较晚,但是"人文化成",这个是《周易》里头的。我们的年、月、日、时,所有的天文单位,都是由天象:星宿、太阳、月亮、地球变化形成,所以说"观象授时",观测天象来定我们的时间,我们的历叫《授时历》。那么关乎人为、人文化成,文化就是"人化"。你想,一个受精卵就像一个草履虫,单细胞,很快一变二,二变四,变成蚯蚓似的,腔肠动物,没有眼睛鼻子;然后再分化,有了鼻子眼;然后从没有脊椎到有了脊椎,像鱼一样;然后到了爬行动物、胎生哺乳动物。小婴儿继承了父母的基因,他能活多久,会得什么病,很多的习惯,三分之一来自父亲,三分之一来自母亲。还有三分之一就是后天的。这个小孩有说话的基因,他一定要被教,牙牙学语,谁教他很重要;在天津就说天津话,在北京就说北京话,在英国就说英语,他会说话一定受到了后天的影响。他会走路,蹒跚学步,你得扶着他,有时候得弄个学步车什么的。这个过程(小孩子0~3岁),有些家长会选择全职带小孩,甚至放弃了很好的工作。这是有道理的。你若为出去挣钱,把孩子交给一个文化程度不高、满嘴方言的阿姨,她会把你的孩子耽误的。咱们中国有一句话,"三岁看大,十岁看老",那个时候的"人文化成"很重要。继而言之,有小孩被狼叼走了,那头狼死了崽了,有母性,他有奶狼喂,印度和罗马城都有这样的传说。这个小孩再有遗传基因,他两条腿也不会走,只会四肢走;再有说话的基因,他也只会狼叫。他吃的是生肉,他脑袋不会开化。为什么?没有文化,没有人化,没有"人文化成"。这个我们要体会。

那么好了,我们跳过一大堆文化概念,谈一谈什么叫"文化"?我们教科书上写:"人类在社会历史发展过程中所创造的物质财富和精神财富的总和。"综合说,大概念,它包括政治、经济、文化,那中观的就跟政治、经济三足鼎立了。还有的跟五卦是对的。还有狭义的、说到点上的,是教育。说这个人文化程度真高,念了研究生了;这个文化程度,睁眼瞎、文盲,它老跟教育连着。那么更好地理解文化,考虑到一个三角形:天是自然,自然不是文化;所以文化就是非自然的,是人为的,是人创造的,能满足人需要;所以是天生万物,无机物、有机物到最后创造出人。人的很多单项不如动物:不如狗鼻子,不如狗的耳朵,不如雪豹跑得快,不如马,等等。但是,人最棒的是大脑;有意识,有主观能动性,能改造自然。"人为的"是文化,注意这个"为"不是人做的一切。人饿了得吃,渴了得喝,急了得排泄,成熟了得繁殖。这个动物都有,不是文化。吃什么、怎么吃,食文化,那就是文化,它一定是创造。所以前一个为,人为的,强调创造;后一个为,是讲价值,满足人的需要。所以我们现在最多的是强调创造和价值。价值先不管,人的需要是有正有负的。你比如说,他爱吸烟,这是负面价值;爱吸毒就麻烦了,就得否定了,就要治罪了。黄、赌、毒好像也是人的"需要",贩黄卖黄那是负面的,真善美是好的。所以,文化对自然是不是也有一个反作用呢?也是的。现在的山还是原来的山吗?修了梯田了,人创造的。现在的水还是原来的水吗?修了拦河大坝了——三峡、葛洲坝呀。现在空气还是原来的空气吗?现在的空气污染了,有雾不要紧,有霾就麻烦了是不是?现在自然叫文化带偏了,是不是?它不是原来的纯自然了,是这么个关系。文化的层次呢?姚宗明说了三层,我只知道可以搞成四层、五层,为了更清楚,也是更快地说呢,我给它搞成四个同心圆。最外一层是器物层面。有的人就说了器物最能代表中国的文化。有意大利的导演说我们的丝绸看起来软,它能征服世界,很坚硬。还有中国的瓷器,"china",中国的国名都是瓷器来的,最有文化。当然,还有人说茶叶,乾隆为什么面对马嘎尔尼说,远方来的邻居,我什么都不缺,我天朝大国我自给自足,你需要我的东西多。茶叶,英国人喝的下午茶,离不开大量进口;陶瓷,盘子,你看那一船一船的;还有丝绸。那时候白银花花的都在这,他们没办法了,后来就用鸦片给弄回去了。这是历史上的。那么文房四宝、琴棋书画都是器物层面的,是表层的。我们仅仅学像那种洋务派,船坚炮利,那是最表层的。那么逐渐往里面靠呢?行为层面:祈福呀,礼仪呀,禁忌呀;节庆呀:清明节,九九登高,九九重阳。这些都非常文化,非常好。孝敬老人,孝敬祖先等等,这些我就不展开了。那么再进一步呢,制度层。中国人不信上帝但是中国有统治者,因为中国有宗法制,有祠堂是不是?那么还有理念层面。理念层面有哲学、宗教、艺术、科学,最中心——文化的最中间——价值观。价值观是决定一切的。这就是一种同心圆的模式,它是不是给大家一种感觉,什么感觉?大家就知道什么叫文化,文化有哪些方面,它的关系怎么样,核心价值观居于什么位置啊。我觉得以后再遇到这样的问题:什么是文化,文化的内涵,就清楚了,是不是呀?我随便跟大家一说,我有时候还用这种方法,还可以画几个同心圆,我们现在最大的几个是什么?"Big date",大数据;近一点,"information",信息;再进一圈,"knowledge",知识;再进一圈,文献;再进一圈,智慧;核心,真理。我们的任务,追求真理。真理是永远追求不完的,真理是无限的,但我们可以不断靠近。但是最外圈是大数据呀,每年以58%的速度在向外扩展着呢。现在不但有信息管理、知识管理,还有数据管理,还有数据出版,这都是新科技,我就不展开了。

那么再说到核心价值观,就不多说了,其中我觉得特别有意思的是"各美其美,美人之美,美美与共,天下大同"的问题。最近有个案子大家都很震惊:《查理周刊》。2015年1月7号,几个恐怖分子闯进《查理周刊》编辑部,咣咣咣把12个编辑,包括总编,全部打死。整个就震惊了,就形成了两派:一派就说举世声讨恐怖分子,你这么恐怖,这么随便杀人,包括我们中国发表了那个。但是也有一些人也在说法国的《查理周刊》。法国坚持言论自由,《查理周刊》是讽刺画报,它的封面都不能看。它还讽刺教皇,它画那个老教皇一退休,马上搂着一个老太太:"这下我可自由了,我自由了。"所以弄得教皇方济各都说,说你言论自由是不是也得有点限制,你说,你随便说,你伤害诅咒我母亲的时候,那对不起,你就得吃我一老拳,对不对?你再言论自由,你对宗教是不是得有一点尊重啊!它讽刺教皇,还画了一个正面的女的,就是圣母玛利亚,把小耶稣生出来的那一刹那。他这个也有一点过了,是不是?还有在穆斯林看来,它经常讽刺穆罕默德,你看咱们中国的宗教:佛教,菩萨很多、像很多,雕塑啊,画画啊,是不是?道教也很多。清真寺有吗?清真寺没有,它不出形象,它认为出了形象就是对穆罕穆德的不尊重,就是不尊重,别说你还讽刺他。那他们那边就要不断的抗议啊。而中国在这个方面就好,就是我们是"各美其美,美美与共"。伊斯兰教不管怎么说它是独一份,甭管它到咱们新疆啊,还是咱们回族啊,很好。佛教讲出家,断子绝孙呢,没有后代。儒教:不孝有三无后为大,要讲孝,父母在不远游,是冲突的,但是两派还挺好。我们看佛教和儒教没有什么冲突。儒释道也好,西方的宗教也好,在中国的大熔炉里,中国的这点还是不错的。

"己所不欲勿施于人",这种核心价值观——尊师重道。老夫子讲的有教无类、因材施教,都是我们应该传承的。当然现在我们讲的价值观,关于是非曲直的,它很重要。你新闻不讲价值观,搞什么封口费、敲诈勒索。我给你写一篇报道,你不给我好处,我就让你破产、滞销,这个好稿子没有版面费你登不登?它质量好我觉得你该登吧。反过来,一个差稿子它给你钱你就登吗?反过来你拿了钱能不登吗?不登就成了问题了。所以这就是价值观,这就是一切"向钱看"的问题,这需要人文精神。刚才那个"美美与共,天下大同"也是人文精神,是不是?那到底什么是人文精神?我现在就反对这种到处建佛像啊什么的。云居寺大家知道吗?房山区你搞这个干什么啊?你把这青山绿水留下,水泥别再浪费,老百姓不见得都看这个去,是不是?这些都是仿文化,还有一些我就不说了。王立军的问题,现在包括周永康等等吧,这些都很成问题。再说民众精神:自强不息、厚德载物。大学精神,早在900多年前的伯明翰大学,以至于巴黎、牛津、剑桥这些欧洲大学讲的是以人为本、人文精神,他们讲的是培养绅士、精神成人,不是培养技艺、培养专业。然后到了18世纪的洪堡。它讲的要发展科学、加强科学研究、求真务实,所以德国一度诺贝尔奖得的非常多。第三个阶段,威斯康星叫融入社会的服务精神。我觉得要特别强调超越功利的独立精神、批判的精神、质疑的精神,现在我觉得这个问题我们有问题、有差距。我们的老校长蔡元培,改造北大的时候明确提出,北大要思想自由、兼容并包,北大风气为之一振;成立了那么多社团,建立了那么多组织,包括马克思研究会、新闻学研究会等等,后来包括成立共产党,南陈北李,第一个请的是陈独秀……如果没有蔡元培兼容并包的思想,就不可能成立新闻学研究会、成立共产党这些。北大图书馆第一个共产党李大钊,第二个张振福——张再年的哥哥,也是朱德和周恩来的介绍人,第三个章伯涛……就这样一批思想者。我再提出一个问题:中国现在为什么没有建成世界一流的大学?为什么我们就没有成批的生产?王选算一个、屠呦呦算一个,太少了。为什么太少了?每年那么一大批博士,为什么我们投入多,产出少,成材率低?原因特别多,其中就有思想自由、兼容并包。虽然老嚷嚷解放思想,思想解放了吗?没有解放。兼容并包了吗?没有兼容并包。昨天我们吃饭的时候还聊呢,你这能建成一流吗?能培养成批的人才吗?我就不展开了,展开了就没有时间了。

另外国学经典也是,我们看不起。"五四运动"我们都肯定它,但是它过于激进,"砸烂孔家店",也是要一分为二的。直到后来的"批林批孔",国学被人看不起,那时候出版也就不出了,由于不出也就看不到;所以到了于丹的时候成了气候,一天能签上万本,台湾人都不理解,至于吗?因为多少年不讲了,说点儿《论语》就觉得特别新鲜。可是台湾,仁爱、忠孝啊,礼义廉耻啊,打小学就有,所以在台湾地区就没有那么盛行。当然咱们的简化字也是个问题,是不是有点儿断了,也有这个。我们习总书记还是做了一件,新中国成立以来,"一把手"从来没有去过孔庙,而习总书记去了,这算是一件很不简单的事儿,他有一个提倡作用。而且,他拿起两本书《论语》和《孔子佳语通解》,他说这两本书我要仔细地看、仔细地读。另外,习总书记还说过这个话,去年的教师节到北师大,说他很不赞成把古代经典诗词和散文从课本中去掉,他上升到"去中国化"——我们一说去中国化,都说民进党在台湾干的事儿叫去中国化;啊,这又想到叶嘉莹了,叶老先生,虽然是女生也能称先生,在这方面真是不得了——那么还有呢,应该把这些经典,"嵌"在学生脑子里。你看这个词儿用的啊,动词,成为中华民族文化的基因,我们知道基因的分量,习总书记用这些词儿来说明这件事儿的分量。现在为之一变:从入学上,从教材上,从经典诗词的诵读上,书法课的恢复上,都不一样了;还包括足球,大家都知道。

还要讲一下出版与社会。发展阶段,我们不再说那具体的五个阶段了:原始、奴隶、封建、资本主义、共产主义。周有光先生说还是这三段:农业文明、工业文明、信息文明。它的特点:农业文明,作者个人思考创造的,手抄本包括手工印刷;到工业文明,机械化印刷;到了信息文明就更加市场化了,整个都是光电技术了,像 e-book 等等。那么有一个很广泛的消遣娱乐:农业文明有古代的神话、传说、寓言,外国的《荷马史诗》,中国的《诗经》《乐府》等等,各种小说、戏曲。工业文明里有现代的小说、戏剧,莎士比亚、雨果、托尔斯泰等等。信息时代也是,动漫啊、网游啊、BBS 等等,这是消遣娱乐。从学习的角度,只要小孩上学就离不开出版,《三字经》《百家姓》《千字文》《弟子规》等等。工业文明有教科书、自然、地理等等。那么信息文明最热了:计算机书,我们有电子工业、机械工业、邮电、清华,他们出了计算机书的70%以上,580家里面这四家最出名。还有很热的外语,学外语这肯定的,这个特点,学习。那么专深的。我们刚才说启蒙、普及;那么,还有专深的高等教育出版社出的那些,天文学很早就发达了,医学、算学、农学,《黄帝内经》《甘石星经》《孙子兵法》这样一些专业的书,专业出版。那么现在的自然科学、应用科学、社会科学、信息论、控制论、系统论、还有航空航天、第三次世界浪潮专业出版。当知识太多、信息太庞杂的时候,我们要检索,所以古代有字书、韵书、类书,字书里有《说文解字》,以形为主,韵书以音为主、雅书以意为主。国外也有这种大检索工具,到了工业革命,跨时代的法国《大百科全书》,包括现在的《年鉴》,美国出版的工具书大全。那么现在更适合网络的是什么?维基百科,第一阶段是光盘版,第二阶段网络工具书,第三阶段是互动的纯网络版的维基百科、互动百科还有微百科,不断地微化。这知识总是往宏观了扩展开去:宇宙、河外星系、黑洞;也往微观了。那么还有一层,最高层,叫深度思考,主要是哲学、宗教这类东西,《易经》《圣经》《吠陀经》《老子》等等,也包括伊斯兰教的《古兰经》。到什么时候这几大文明的东西不都得学嘛,西方到现在学习《圣经》,我们到现在研究《易经》,到印度大学生都得学习《吠陀经》,他倒不是研究佛经。那么,工业文明史的《进化论》《资本论》《天演论》《梦的解析》等等这些。我们传播学的欧洲起源,四大先驱等等。那么现在网络信息时代的经典还在看,不是已经完成,而是正在创建。那么这里边有什么意思,我觉得要给大家奉献一下。我觉得第一要纵横有序。纵横有序,纵向的农业、工业、信息,横向的多种多样,人都需要,所以我为什么一直坚持出版是永远朝阳产业,出版不要悲观,为什么?只要人类存在就得有出版,就得有教育,就得有消遣娱乐,对不对?那就得满足,至于满足的时候看的是不是一定是纸书,我们没有限定,网络出版、信息出版也是出版。我们讲的是大出版,我们现在研究的就是媒体融合嘛,这次会议!另外我觉得我这个表还对出版业、出版企业,你定位:我是教育出版、专业出版、普及少儿出版,我是文艺消遣娱乐出版,还是专深的学术出版,你得有一个定位啊,你定位就要出这里面最好的。你符合这些人的需要,满足这些人的需要,你就抓住了出版的本质。我一个意思是出版是永远的朝阳产业,我坚持这个观点。另外,我觉得出版跟文化,所以最需要人文精神。三大支柱嘛:第一个是物质,第二是能源,第三就是信息。这个信息支柱从无到有、从简到繁,没有文字不可能。

我认为内容永远为王。知识传播分为不同的阶段,也有不同层次,人们的需求不同。所以,再回过头来,人文素质到底怎么弄?有人也问我这个问题,我说好办。大家回想一下我这个图,三角形的图。第一个是自然，人文素质第一个就体现在人与自然的关系上。你对自然怎么样，比如有的地方都捡垃圾啊，有的人徒步，关爱自然、尊重自然、亲近自然、享受自然、保护自然、取法自然，遵循自然规律。日本人多差劲，别人都不捕杀海豚，海豚是个多好的动物，它曾经大捕特捕。什么民族？就从它对生物、对自然上，它也是一个很糟糕的民族，很没有人文的民族，对不对？全世界都保护自然，不捕鲸，不捕海豚，它曾经大开杀戒，都给它留着了。但它的借口是我是一个岛国，我不捕我就活不了，它老强调这个。啊，你岛国你就侵略啊，它老惦记着侵略，它的梦，日本梦，亚洲啊，满洲啊，你看气人不气人。第二个角度是人与人，单个的人，当然继续往下说，既有自己，也有他人，还有群体的人，也体现了一种人文精神。你能不能融入社会？你能不能坚持平等待人？尊重别人的尊严也尊重自己的尊严，相互尊重，助人为乐，而且有社会责任感。那么第三个角度不是文化吗？你能不能尊重文化，尊重历史，传承文化，还有尊重他人的文化，美美与共是吧？这就叫人文精神。其中还要再讲一点，人对自己——自己既有心灵也有肉体，能不能自我完善？人这个动物很怪，到底是性善，还是性恶？既有性善的一面，还有性恶的一面。说性善的一面，人有恻隐之心，看人掉下去，我一定要救。那么还有一条说了，权力腐败论，人这种生物很怪，只要权力不加限制，他就会腐败。你看多少例子证明了，能不腐败的太少了，所以要控制欲望。这就是我对人文素质的一个回答。

　　核心还是以人为本，对独立人格，对社会责任，尊重、重视文化，这里我就不展开讲了。以人为本啦，独立人格啦，这里梁漱溟就是个例子。他就是独立人格。那时候刚解放，他就跟毛主席说，毛主席请你让我讲话，让我把话说明白，如果你有这个雅量，你将继续得到我对你的尊重；如果你没有这个雅量，对不起，你将失去我对你的尊重。这话，当时别人听了，你这跟毛主席，你算老几？可是人家有尊严，人家这话说得是不是有分量？你再看朝鲜，一见金日成哭得跟绑架一样，那人格就不对劲了，没有那个"匹夫不可夺志"，"士可杀不可辱"的精神了。关于社会责任感，我再举个韩愈的例子。大家知道法门寺，离西安挺远的要中间隔着马嵬坡（杨贵妃上吊的那个地儿），好像小二百来公里了，要把佛骨迎到宫里去供奉。迎佛骨的过程大家想不到什么样，就两岸夹道欢迎的时候,有人为了表示对佛骨的虔诚,他把手指头上缠上布、浇上油,一看佛骨来了点着了浇上油,这叫炼指。炼指算什么,我把脑袋上缠上布、浇上油,我炼顶,这吓人不吓人?有的人他没带油,也没带布,他怎么办?把站岗的兵士的刀抽出来,咣当,把自己的胳膊斩断了,血丝呼啦的,这就是对佛的虔诚?这不是闹剧嘛!这绝对是反人文。所以韩愈实在是憋不住了,给皇上上奏,不要再搞这些闹剧了;这不定是谁的骨头,是佛的,还是类人猿什么的。他还警告,凡是信佛的人都没有长命的,都是短命的。这些话肯定得罪皇帝啊。皇帝气的,这个老头子不想活了,给他杀喽!当时有个宰相讲情说,韩愈啊,是个书呆子,还是留着吧。贬!贬到哪儿了,潮州、潮汕。你看这诗写的,"一封朝奏九重天,夕贬潮阳路八千",早上朝奏,下午就给贬了;"欲为圣明除弊事,肯将衰朽惜残年",这把老骨头我知道好不了了,我不再惜了。下边这几句十分经典:"云横秦岭家何在,雪拥蓝关马不前",往南走的时候,下着大雪,马都不想走,但是必须得走,因为给他发配到那儿了。"知汝远来应有意,好收吾骨瘴江边",他这诗是给谁写的?那是韩愈的一个侄孙,他这首诗就是给韩湘子的,韩湘子就是八仙的原型之一。这就体现了韩愈的社会责任感。

《论语》记叶公问政,孔子答"近者悦远者来",何为政?政者正也,他回答得太好了。得正也。现在咱们习总书记把价值观给正过来了,原来许纪霖上来的时候,一调查,60%的中国人的价值观,看不清,糊涂了。心里想了很多贪腐官员的事儿,所以他就乱了。人心乱了还好的了吗?现在正了。身先士卒啊,一身正气啊,以身作则啊,这样才能达到"近者悦",远处的人才回来。孔老夫子还说了,"思而不学则罔,学而不思则殆",很多研究生也是爱引一些别人的、经典的,注意不要到这为止,尽管你写了一个注释——还想尊重学术规范,这是别人的啊——你还得继续说下去,你到底是赞成还是反对,是补充还是修改。那我们接着说,思而不述则喑,你想了还一定要说出来,"述"就是要辩论,就是议论,就是沙龙,要开研讨会。不"述"不"论",那就是"喑"。"喑"的意思是不述,就会万马齐喑,"万马齐喑究可哀"。再往下说,述而不作则滞。"滞",停滞,就是你不但要说,还要创作,那才叫文化。创造在人生太重要了,诺贝尔奖就奖那些有发明创造的,那就要创作。大家注意没注意我最后说的是和老夫子相对的,是不同意他"述而不作"的。他讲的是述而不作而性而好悟,而我讲的是述而不作则滞,我们不能停滞。

(张苒　钟淑芳整理)

悼念肖东发老师

刘运峰[*]

2016年4月17日,我去南京参加"金陵问道——孙伯翔书画展"开幕式。清晨,我在总统府门前散步的时候,突然接到徐建华教授的电话,告诉我一个难以置信的消息:"肖东发老师去世了。"我忙问:"什么时候?听谁说的?"徐建华说:"是北京大学新闻与传播学院的网站上发布的,说是15日在海南去世的,具体情况不清楚。"我依然不愿相信这是真的,因为半年前,我还和肖老师在一起开会,他的精神很好,怎么这么快就去世了呢?于是,我立即给《中国编辑》的罗雪群打电话核实,她说:"是真的,大家都感到很突然。"

孙先生书画展的开幕式很隆重,我坐在台下,精神却无论如何也集中不起来。头脑中总是想着肖老师,不能接受他突然故去的事实。

在中国编辑出版学界,肖东发教授是数一数二的人物。他勤奋刻苦,治学严谨,视野开阔,出版了多部著作。他所撰写的《中国编辑出版史》教材对于编辑出版学的学科建设和教材建设具有开创之功,他的《中国出版印刷史论》具有里程碑的意义。他不仅是学养丰厚的教授,而且还能写一手很好的散文,他的《燕南园51号》《北大问学记》格调清新、文笔隽永,对读者颇具吸引力。

十年前,我回到母校南开大学任教,其中的一门课程就是中国编辑出版史,肖老师的著作是我经常翻阅的参考书,自然,在感情上也和肖老师亲近了不少。

初次见到肖老师,是在北京的一个课外阅读推广的会议上,他说话

---

[*] 作者为南开大学文学院教授,博士生导师,南开大学出版社总编辑。

带东北口音，对人很客气，全然没有北大名教授的架子。那天，他带了一份由他主编的一本教材的订单，希望大家能够采用这本教材。我当时有些不以为然，心想这不应该是大教授干的事情；直到自己教书的时间长了，才知道编写教材、推广教材的辛苦。

第二次见到肖老师是在2008年10月北京大学新闻学专业创办90周年的学术研讨会上。校长和各位嘉宾致辞后，肖老师代表北京大学做了学术报告。他本来准备了PPT课件，但设备却出现了故障，说什么也放不出来，工作人员忙得一团糟，场下议论纷纷。肖老师见状，说，不用调试了，我要讲的内容全在脑子里，我直接讲好了。在没有讲稿和屏幕显示的情况下，肖老师讲得非常精彩，有些地方可谓如数家珍，令在场的人们非常敬佩，大家也真正领略了肖老师的风采。

后来，又在几次学术会议上见到过肖老师，渐渐地，我和肖老师熟悉起来。对于国家社会科学基金重点项目《中国出版通史》九卷本的编写，肖老师付出了很多心血，他还执笔撰写了第一卷即"先秦两汉卷"。这部大书出版后，我向他表示祝贺和敬意，他说："回头我送给你一本。"我以为是客套话，就没有放在心上。因为在当下，大家彼此之间联络方便，见面后显得很亲热，开空头支票的也就越来越多，因此，对于别人的客套话便不可当真。但过了些日子，我收到一个从邮局寄来的挂号包裹，打开一看，竟然是肖老师寄来的《中国出版通史》（先秦两汉卷），扉页上很郑重地题了字，签了名。从这件事，可以看出肖老师为人的诚恳和厚道。

章宏伟兄出任故宫研究所所长之后，志向颇为远大，学术活动频繁，肖老师经常受邀参加故宫研究所的活动。2013年7月，在"宫廷典籍与东亚文化交流国际学术研讨会"上，肖老师做了"《四库全书》的编纂与影印之我见"的发言，他针对不少单位耗费巨资竞相影印《四库全书》的做法不以为然，甚至表示反感。他从乾隆编纂《四库全书》的背景、编纂目的、编纂人员、编纂过程、主要内容、成书后的影响诸多方面对这部丛书进行了分析和评判，在发言的最后，肖老师这样问道："如果都开工（影印《四库全书》），该多么可怕，难道不该叫停吗？难道拉来资金就可以上马，还要浪费大量好纸、好墨、人工、场地，造成巨大损失之后，才半途而废吗？（现在），《四库全书》的电子版、光盘版、网络版可以全文检索,使用起来十分方便。为什么还要恣意影印大而不好使用的纸本书呢?答案不难找到。""我们作为一个清醒的读书人还是应该大声疾呼:重复影印《四库全书》可以休矣!"那天,肖老师颇为激动,令与会者动容,大家报以热烈的掌声,对肖老师的疾呼表示赞同。

  会议结束后,大家到东四附近的一家酒楼吃饭,我坐在肖老师旁边,见他在饭前为自己注射胰岛素。他说,他的糖尿病比较严重,离不开注射。我有些难过,我知道,一旦患了这种病,就要终生与药物、针剂为伴,其痛苦可想而知。和肖老师在一起,话题依然离不开书。他从书包里拿出一本自己主编的台湾版《让阅读改变生活》,签名后送给我,说,这是刚出的,就这一本了,你随便翻翻吧。

  由于他回家的路途较远,需要提前退席。我陪他走到地铁口,看他走下扶梯,他对我摆摆手,就消失在人群中了。这时,我感到了一丝悲凉。

  最后一次见到肖老师,是在2015年10月24日至25日的"媒介融合时代的编辑与出版"高层论坛暨2015年编辑出版学年会上。那次会议由南开大学主办,我负责会议的筹备。我首先想到的就是请肖老师做主题演讲,肖老师很痛快地答应了,说要好好准备,给你捧场。24日上午,肖老师走上讲台,发表了长篇演讲。他从编辑出版的发展前景谈到了知识分子的使命和担当。在演讲中,他满怀深情地引述了韩愈的那首《左迁至蓝关示侄孙湘》:"一封朝奏九重天,夕贬潮阳路八千。欲为圣明除弊事,肯将衰朽惜残年。云横秦岭家何在?雪拥蓝关马不前。知汝远来应有意,好收吾骨瘴江边。"

  肖老师在引述这首诗的时候,颇为慷慨激昂,令参会者和在场的师生深受感动。我将这首诗记了下来,一连书写了很多遍。每次书写的时候,眼前都会浮现出肖老师那天的神情。

  会议安排大家参观了天津杨柳青年画博物馆,肖老师看得很仔细,并和博物馆的负责人约好,在十一月举办的"东方印迹"中韩日雕版印刷国际研讨会上展示杨柳青年画的制作过程。

  在和肖老师闲聊的时候,他听说我收集了一些木版水印的笺纸和笺谱,就邀我也到会上交流一下。又听说我的儿子正在攻读书画艺术与美学专业的博士,并从日本拍回了一套《文房集萃》(包括《西清砚谱》

《程氏墨苑》和《方氏墨谱》),就让我和儿子一同参会,以显示出雕版印刷研究后继有人。他说,要深入研讨,多出成果,争取创立一门"东方印迹学"。

我答应了,并和儿子做好了参会的准备。

会议定于2015年11月28日举行。

27日中午,我突然接到妻妹的电话,她哭着说:"咱娘去世了。"尽管岳母患重病已近三年,我们有一定的心理准备,但得知这个消息仍感到突然,我赶忙给爱人和儿子打电话,三人会合后立即往家赶。在车上,我给肖老师发了一条短信,对不能到会表示歉意。肖老师很快就回复表示理解,并劝我们节哀保重。

由于肖老师的影响和大家的努力,那次国际研讨会非常成功,肖老师很高兴,11月29日晚,他专门给我发了一封邮件介绍会议的情况,邮件中说:"你没能来参会,有些遗憾。在大家共同努力下,中韩日三国会开得很成功。大家一致反映:大会主题演讲、分论坛讨论、对话与成果展示以及第二天三个参观点都令人难忘,好在我们留下一些照片,大家还可回忆。两个网址(略)可以点击,补上一些。以后我搞博雅出版论坛,想着告诉你,期待下次会议再见。"

我在邮件中对会议的成功举办表示祝贺,顺便提到,希望他把在南开大学研讨会上的演讲整理出来,以便收入论文集。他在邮件中说,一定抓紧整理,因为《中国编辑》也向他要这篇稿子。

万万没有想到,时隔不到半年,肖老师就在海南突发心脏病去世了,年仅67岁。

听专程赶赴海南料理肖老师后事的张积老师讲,肖老师在去年冬季和夫人带着小孙女去海南过冬,那里虽然风景很好,但交通十分不便,外出看病更是难上加难。这对肖老师的健康极为不利。他有严重的糖尿病,水土不服,天气炎热又引发了别的病症,他是在如厕时猝发心脏病去世的。

由于事情来得太突然,北大只派出张积老师一人去海南料理肖老师的后事。看到和昔日的师长阴阳两隔,张老师十分悲痛,写下了《哭肖东发老师》一诗:"伤心最是在海南,容貌犹生唤不还。眉宇神情如相问,燕园月夜可衣单?"

肖老师的突然去世,在学界和出版界引起了很大的震动,大家纷纷通过各种方式表达对肖老师的哀悼。21日,北京大学新闻与传播学院在八宝山公墓礼堂为肖老师举行了隆重的追悼会。大家从四面八方赶来,挽联、花圈、花篮触目皆是,据统计,参加追悼会的人数超过了500人。没有专门组织,没有刻意安排,大家是自发地向肖老师表达诚挚的敬意。

　　由于那天有本科生的课,我不能去北京送肖老师最后一程,只是写下了这样一副挽联:"痛哉!中国出版史遗绝响;悲夫!东方印迹学待功成。"同时,我和徐建华教授各自准备了一份奠仪,请张积老师转交肖师母,算是向肖老师表达了一点心意。

　　肖老师虽然走了,但他的事业还在,他的影响将随着时间的流逝而愈加深远,这是可以预见的。

2016年11月8日

数字出版与新媒体

关于教育出版数字化的几点哲学思考

龙 杰[*]

摘 要：教育出版数字化的兴起改变了传统的教育主客体关系，使得教育主客体关系获得了无限的拓展。教育出版数字化过度强调课程模块化建设，有可能导致人们的思维方式从传统的系统思维方式转变为碎片化思维方式。教育出版数字化尽管实现了知识传播的无限可能性，但依然无法解决人们的信仰问题。面对这些新的发展趋势，编辑从业者不仅要牢牢把好政治方向，增强教育数字出版物的"三观"养成能力，而且要积极顺应时代要求，增强自身专业素质，提高系统逻辑思维；要勇于放下主体身段，尽可能实现教育主客体的良性互动；时刻保持品牌意识，在提升维护传统品牌、创造建设新品牌上体现新的作为。

关键词：教育出版 数字化 哲学 编辑素质

"第十二次全国国民阅读调查"结果显示，2014年我国国民数字化阅读方式的接触率已达到58.1%，较2013年上升了8个百分点，数字化阅读率首次超过了传统纸介质书报刊阅读率。[①] 人们阅读习惯和学习方式的急剧改变，使得大众对数字出版产品的需求日益旺盛，数字出版也顺势而为，用具有当下性、即时性的出版内容，来满足和迎合人们

---

[*] 龙杰，博士，编审，高等教育出版社副总编辑。
① 孙寿山.把握融合发展新态势，开启合作共赢新局面[J].出版发行研究，2015(6).

阅读新习惯和学习新方式的需求。二者相互促进、相辅相成,使得数字出版蜕变成了一个巨大的潜在市场,正逐渐从"小众"转变为"大众",成为互联网新时代的朝阳产业。

在语义分析、云计算、大数据、物联网技术等新技术不断涌现的大趋势下,出版业尤其是传统出版业中的支柱产业——教育出版业,如何利用新技术成功地实现向数字出版的转型升级,同时不失去出版业一直以来服务知识传承、文化传播的"本义",已成为摆在出版者面前的一道现实而紧迫的难题。

正如高等教育出版社苏雨恒社长所言:"以数字化内容资源为补充和增值服务的产品形态,是旧概念下的初级形态的数字化产品,其本质仍属于传统出版产品体系。就教育出版而言,未来数字化产品的主要形态包括数字课程、多媒体电子图书(教材)、专题资源库等我们已涉及的样式,也包括一些随着技术发展而产生的无法预知的新样式、新形态,需要出版传媒机构根据自身业务特点、市场需求等灵活掌握。"[1]以高等教育出版社的数字化转型为例,高教社现有的数字化产品体系既包含"富媒体电子书"和"新形态教材"这种实现了原有优秀品牌教材数字化升级的产品,也包括"在线教育服务"和"在线数据库"这种适应互联网时代特性的新产品形态(如图 1)。富媒体电子书,是在普通电子书中加入了视听元素,学习者可以与内容进行交互。新形态教材,是在纸质教材的基础上,利用信息技术和传播技术,多媒介、多形态、多层次整合教学内容、教学计划、教学资源和教学服务,从而形成灵活性、开放性和动态性的教学系统。在在线教育服务方面,高教社提供了多层次的在线教育服务,如面向高等教育的公共服务平台"爱课程"网和与"网易"合力打造的中国大学慕课(MOOC)平台、面向职业教育的智慧职教云平台、构建"跨校同课"教师实践共同体的全国高校教师网络培训中心、服务考研的高校考试培训网络学院等。在线数据库是指提供专业数据库支持的网站,高教社以在线数据库的形式出版了面向全球的前沿(Frontiers)系列英文学术期刊。[2]

---

① 苏雨恒.出版机构转型升级的核心问题与基本要求[J].出版科学,2014(1).
② 参见张泽,唐瑶.编辑角色转变,助力教育出版转型升级[J].中国编辑,2015(4).

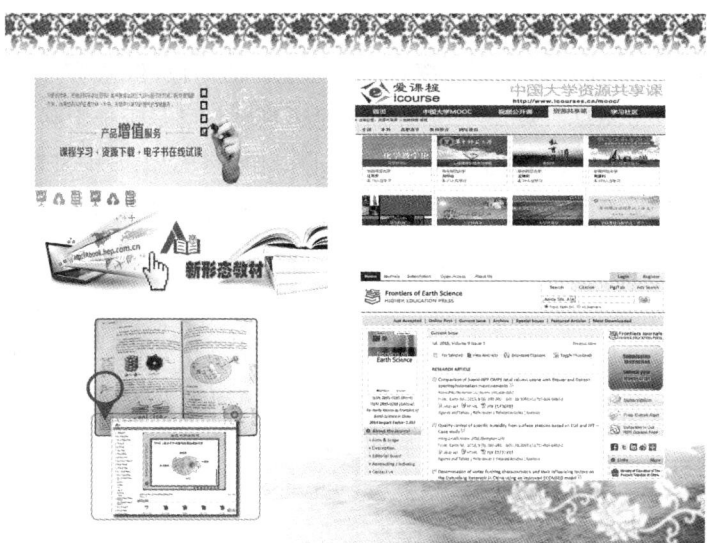

图 1　高教社现有的数字化产品体系

下面,我结合自己的工作实践和体会,对教育出版数字化提出几点不太成熟的思考,以抛砖引玉,就教于方家。

一、教育出版数字化改变了教育主客体关系,尤其是大规模开放在线课程(MOOCs)、小规模限制性在线课程(SPOC)、大规模私有在线课程(MPOC)和翻转课堂的出现,使得教育主客体关系获得了无限的拓展

教育出版数字化转型从本质上看,是有形的纸质印刷品,向无形的一体化产品与服务的转型。[①]在这样的背景下,教育主客体关系已悄然发生变化。

教育活动总体上是一个引导学生认识世界、改造客观世界、认识自己、努力提高自己的过程。在传统的教育教学模式中,教师通常是教育主体,是知识的建设者和讲授者;学生通常是教育客体,是知识的学习者。而在新的教育教学模式中,学生不仅是教育客体(学习者),也可能

---

①　陈兰枝,范军.教育出版数字化转型的困境与对策研究[J].编辑之友,2015(6).

成为教育主体(建设者)。例如,在中国大学MOOC平台众多的网络课程资源中,学生可以充分发挥自己教育主体的地位,依据学习方向、网络课程点击阅读人数、教师简介等信息来判断自己是否选学某门课程。再如,北京科技大学的慕课《大学英语自学课程》,就由该校视觉设计相关专业学生参与课件与视频制作,共有7名学生为单词讲解课件绘制配图304幅,1名学生被招募为该慕课的助教,参与课堂讨论互动与答疑工作。又如,在一款知名的中小学教辅软件"纳米盒"中,学生还可以成为教学资料的提供者。只要学生登录这个软件,找到该软件的"错题本"栏目,可以通过手机拍照功能轻松地把错题拍下来,按照不同学科分类记录到个人专属空间里;同时可以在错题本社区中看到其他用户的错题,从而发现一些共性错点,避免再犯相同的错误。

  教育出版数字化的另一个重要方向就是教学管理和学习过程的数字化。在数字化环境下形成的网络教学平台,具体包括教学管理平台和在线学习平台两方面。教学管理平台实际上是一个"网络教务处",可以实现网上注册、缴费、选课、学习过程记录与管理、作业布置、批改、互动、答疑、考试和评估等功能。在线学习平台则主要包括电子课本、"视频+动画"课程讲授、习题库、作业提交系统、提问系统、自我测试系统、学习进程管理回馈系统、延伸阅读材料库等。[①]在这个无限的网络平台中,学生的学习活动完全打破了时间和地域的局限。例如,在爱课程网上,所有学生可以自由学习国内一流专家的精品课程,从而实现教育资源的均衡;中国学生还可以通过互联网学习哈佛大学等国外名校的公开课程,并通过网络与授课教授沟通,实时进行国际交流。

  传统主客体关系的颠覆,主客体关系场域的无限拓展,到底将给教育教学带来何种影响?一方面,数字出版可能通过主客体的互动,增强教育客体的主观能动性。数字出版通过打破传统教育教学灌输式、启发式等单向度的模式,可以最大限度地调动教育客体的学习积极性;教育客体通过在海量信息中不断尝试、不断改进自己的学习方向、学习内容,可以最大限度地扩大视野、锤炼自身的思维能力。另一方面,客体

---

① 孙素青.高等教育出版的数字化方向[J].编辑学刊,2010(3).

也可能成为媒介的奴隶。从语义学上说,任何信息都有被误读的可能,任何知识都有被接受者按照自身的方式来理解的可能,因此,适当的媒介是保证知识无错误地传承的必要工具。在数字教学中,由于主客体关系场域的无限拓展,教师往往照顾不过来,或者无法直接面对面地与学生交流,有可能造成主体的缺席。主体一旦缺席,媒介就会成为新的主体,用一种含糊的、歧义的、无价值判定的方式,统治客体。

二、教育出版数字化中过度强调课程模块化建设将有可能导致人们的思维方式从传统的系统思维方式转变为碎片化思维方式

互联网新技术和智能终端的飞速发展和普及,使人们逐渐形成了移动化、碎片化的阅读和学习习惯,从而导致学习方式上的根本性变革。在教育教学领域,完整、系统的教育教学模式受到冲击,以前的模块化教学逐渐变成了现在的碎片化教学。教育出版的数字化改变,直接可能导致人们的思维方式从传统的系统思维方式转变为碎片化思维方式。

"知识"是由"事实"(或"观念")和"联系"两部分构成的观念化成果。"事实"就是一个个点,"联系"则是把点连接起来的线,它们所构成的网络,就是我们的知识结构。在知识结构中,"事实"决定了知识广度,"联系"决定了知识深度,从而构成了人们固有的思维方式和思考路径。① 传统的系统思维不仅关注"事实",更加强调"联系",是一种以系统论为思维基本模式的思维形式,非常强调事物的逻辑性、整体性;而碎片化思维是一种孤立的思维形式,重"事实"轻"联系",主要表现为散乱、缺乏归纳能力、重经验轻理论等。

托尔斯泰曾说过:"知识,只有当它靠积极的思维得来而不是凭证记得来的时候,才是真正的知识。"② 在互联网新时代,碎片化无处不在,包括传播碎片化、受众碎片化、内容碎片化、传播时态碎片化等。生

---

① 参见 Lachel.长期接收碎片化的知识有什么弊端?[J].记者观察,2015(8).
② [俄]托尔斯泰.座右铭集[M].西安:陕西师大出版社,2003:100.

活在这个时代的人们,如果长期处于碎片化思维状态,只扩充"事实",不增加"联系",将会导致人们在阅读和学习中缺乏系统性、逻辑性,进而严重弱化人们对于复杂事物的思考能力、延缓人们对世界的探究,从而影响到社会经济、政治、文化、教育等各方面的发展,阻挡人类文明的进步。正如孙寿山局长所言:"现在很多人一边在尽情享受互联网的海量信息,一边正在牺牲深度阅读和思考的能力。但对于个体来说,要想不成为信息的奴隶,就必须牢记'学而不思则罔'的古训,面对海量信息会选择,会思考,从而时刻保持理性思维的意识和能力。毕竟思考和创造才是人类前进的根本动力。"①

三、教育出版数字化实现了知识传播的无限可能性,依然无法解决人们的信仰问题

知识和信仰是人之为人的根本,是现代社会稳定繁荣的两块基石。无知识的信仰,是蒙昧主义;无信仰的知识,则是无根之木、无源之水,甚至会将人类引向灾难的深渊。武器和基因重组、克隆等知识,如果没有信仰的约束,就会成为毁灭人类本身的工具。当然,这里所说的信仰是广义的,并不止于宗教信仰,它实际上包括人类一切价值观念和行为准则。人类精神财富的传承,必须一要做到"真学",二要做到"真信",这个"信",就是养成一定的"信仰"。

知识和信仰组成的家庭并不是天生和睦的,它们经常相互矛盾、相互冲突。事实和价值、科学和宗教、真理和迷信,从来就是哲学上的矛盾体。纵观人类发展史,就是一部知识和信仰的斗争史。康德最早揭示了这个问题。他认为,人类通过"知性"获得的科学知识,仅仅是对"现象界"的认识,而"现象界"中的东西是相对的、有条件的,不能满足人类的求知欲望。要超出"现象界"的认识,进一步把"知性"的各种知识再加以"综合""统一",认识到"自在之物"。康德断言说,"自在之物"是超经验的,不属于人的认识范围,因而不能用"知性的概念"去认识。

---

① 孙寿山.融合引领创新　创新驱动发展——国家新闻出版广电总局副局长孙寿山谈数字出版[N].出版商务周报,2015—7—19(02版).

所以康德说:"我发现必须否定知识,才能给信仰留下地盘。"

知识和信仰的矛盾,同样表现在数字出版和数字教学当中。互联网新技术不仅重塑了知识产生、传播、管理和应用的方式,而且对信仰的形成、阐释和传承构成了严峻的挑战。由于数字出版和数字教育的主体通常处于缺席状态,"教师"仅仅是一张视频中的脸、一段音频中的音,甚至只是一个文字符号,他或她完全失去了信仰形成、阐释和传承的主导权。无奈之下,信仰只能化身为知识,单向度地扑向教育客体,导致客体产生排斥心理,或者不加理解地加以接受,最终入脑不入心,缺乏真正的生命力和影响力。由于数字出版和数字教育的碎片化,导致信仰的形成碎片化、短期化,更加加剧了信仰传承的难度和失真度。

德国著名学者阿多诺说:"失却了审美精神与人文理想制衡的文化是可怕的,文化陷入单边主义和商业实用主义是危险的;这种可怕的后面是非人化与物化,这种危险的内里隐藏着自我的失落和意义的虚无。"我们必须理性地看待"非人化与物化"的互联网新技术和教育出版数字化新业态,不能用教育出版数字化来排斥一切,不能用网络课程来否定学校教学,更不能用数字化教学资源来否定教师的"传道、授业、解惑"的独特作用。

四、教育出版新业态对编辑素质提出了新要求

面对教育数字出版的强烈冲击,作为出版内容的策划人、设计人、编校人,编辑的角色也正在面临重大的变化。总的来说,传统编辑要转型为有担当、能作为,专家型、技术型的新编辑。

一要牢牢把好政治方向,注重增强教育数字出版物的"三观"养成能力。"守土有责、守土尽责",建设符合社会主义核心价值观的宣传阵地,依然是出版文化、职业道德必须坚守的底线,尤其要特别注意在设计、传播、反馈各环节,将知识和信仰糅成一体,力争在世界观、人生观、价值观上对教育客体起到一种潜移默化的作用。当前,尤其要注意将马克思主义的信仰、社会主义的信念、新时期的核心价值观,当作"三

观"养成的主要内容,用互联网的新手段培养社会经济政治发展需要的尖子人才。

二要积极顺应时代要求,着力提高新时代编辑所必须具备的专业学养和探索精神。教育出版编辑要不断探寻教和学的规律,在遵循规律的基础上,满足教学主体和客体的需求,建设能够满足需求的资源库和数字课程群,并通过满足需求和提供服务获取收益,形成现代教育出版新业态。

三要不断增进系统思维,大幅度改进编辑对课程内容的组织、选择和整合能力。面对互联网新时代的海量信息,编辑需要具备能组织、整合碎片化信息的系统思维能力,以"去粗取精,去伪存真",将相关"事实"进行很好的"联系",做好知识传播的把关人。同时,要按照客体的心智成长规律、知识逻辑体系,通过设计出分时段发送、分阶段准入的教育出版模式,提高知识传授的系统性、逻辑性,积极顺应教育数字出版物系统性和逻辑性的新要求。

四要勇于放下主体身段,在课程和教学内容呈现的模式方法上尽可能实现教育主客体的良性互动。要在内容编排、版式设计、阅读方法、反馈方式上,既符合互联网数字传播的特征和需要,又努力实现视频化、互动化。视频化可以拉近主客体之间的距离,通过主体的表情、语言、姿态,对客体形成潜移默化的影响;互动化可以克服时空的无局限性,寓知于互动、寓情于互动、寓理于互动,通过反馈,对客体形成直接的影响。

五要时刻保持品牌意识,在维护提升传统品牌、创造建设新的品牌上体现新的作为。在互联网时代海量的信息中,品牌是最好的向导,编辑要学会发挥品牌的力量。从经济学上说,品牌具有强烈的"声誉效应",它本身就是生产力;从心理学上说,品牌具有强烈的暗示和引导作用,是"从众心理"下树立的标杆;从社会学上说,品牌具有强大的"羊群效应",能引导人们的消费心理和价值取向。能否建设好、维护好自身品牌,是教育出版新业态考验一个合格编辑的基本标尺;能否实现名校、名师、名课、名社、名编、名著"六名"合一,是现代编辑能否真正适应"互联网+"思维的实践表现。

要做到以上几点,编辑一定要有高度的人文情怀。正如贺圣遂先生说的:"只有具备对文化和知识的强烈信仰,怀有传播文化、传承文明、普及知识、开启智慧的坚定信念,编辑在工作中才有明确的方向,才会产生不竭的动力、激情和想象力,才能开创全新的编辑局面,催生出优秀的泽被深远的图书。"①

---

① 贺圣遂.编辑的信仰、能力与服务精神——从《编辑力》看如何做一名优秀的现代编辑[J].编辑之友,2007(5).

学术著作数字化公益传播研究

梁小建　朱　悦*

摘　要：数字化公益传播能够增强学术著作传播力，完善学术资源数字化传播体系，给国家、出版社、学术界、图书馆界带来正面效应。数字化公益传播的内容资源核心层是接受公共资助出版的学术著作。主导者是以国家出版基金为主的出版基金以及科研基金、公共数字图书馆建设基金管理方，承建者是有实力的出版商、平台商、图书馆或研究机构。目标是建设高端内容资源数据库，面向个人用户和机构用户免费开放。

关键词：出版基金　科研基金　数字传播　公益

数字化传播不仅增强了传统学术著作的传播力，而且改变了人们获取和使用学术信息资源的方式。我们认为，学术著作数字化传播体系应该是分类分层的，既包括追求规模效应和经济利益的商业传播；还应包括遴选高端内容资源，为传统出版机构、学术界和社会公众提供高质量学术信息服务的公益传播。①目前，研究者对商业数字图书馆经营模式的研究较多，对数字化公益传播的提法和系统研究尚不深入。鉴于科学研究的公共性和数字技术对学术传播的重要作用，国家应对学术著作的数字公益传播予以支持。愿本文起到抛砖引玉的作用，引发出版管理部门和业界的关注与深入研究。

---

* 梁小建，文学博士，南开大学文学院传播学系副教授；朱悦，南开大学附属小学教师。
① 梁小建. 我国学术资源数据库公益出版研究[J]. 出版科学，2015(5)：20-24.

一、学术著作数字化传播媒介优势和问题

20世纪90年代,为了提高科研信息化水平,我国政府开始支持建设数字图书馆系统,建成了超星数字图书馆、书生之家等商业性电子图书数据库和以政府投入为主的公共数字图书馆。商业数字图书馆面向机构用户(如公共数字图书馆、高校数字图书馆)和个人用户提供服务,是追求规模效应和经济利益的市场主体。①现有商业传播平台和公共数字图书馆、高校数字图书馆初步实现了部分学术著作的数字化传播,为学术著作插上了数字化翅膀,但相对于完善的学术著作数字化传播体系,存在功能缺失,需要国家主导建设学术著作数字化公益传播平台。

(一)学术著作数字化传播的媒介优势

传统学术著作作为学术传播载体的优点在于单本著作内容系统性强、主题集中、形式完整、信息量大,能够满足研究人员获取特定学术信息的需求;缺点在于图书整体上非连续出版、主题多元,数量浩如烟海,且散布在世界各地,内容进入文摘等二次文献索引系统的比例较小,这造成学术著作信息检索的难度很大。学术著作庞大的存量和增量增加了内容信息检索成本,降低了使用效率,影响了学术出版的社会效益和经济效益。全文检索是电子书数据库和数字图书馆的最基本功能,大大提高了读者从单本和海量学术著作中获取信息的效率。学术专著的内容水准参差不齐,电子书数据库或数字图书馆基于全文检索技术,开发了图书被引统计、内容查重等功能,为读者鉴别图书质量提供了参考。

正如有学者的诗意表述一样,数字出版解决的不仅仅是任何人在任何时间任何地点,以任何方式获取任何内容的问题,而是让最擅长做事的人为你做事,让最优秀的资源为你利用,让最完善的呈现为你展

---

① 肖强.商业数字图书馆信息资源建设模式[M].北京:世界图书北京出版公司,2012:49.

示,让最上乘的精神文化产品为你欣赏,让出乎意料的事情使你喜出望外。①电子书数据库和数字图书馆的产品展示平台与读者使用平台可以在联网的个人电脑上实现统一,在使用体验上既避免了信息内容的空间转移,又可全天候使用。在这个平台上,使用者可以以我为主调遣海量学术资源。随着语义出版等新技术的研发应用,数据库还有可能成为学者的研究助手,不仅为学者获取和使用学术信息资源提供极大便利,而且帮助学者利用大数据开展研究,提高学术著作内容资源的使用效率和学者研究效率,帮助学者实现此前无法实现的研究计划,做出此前无法做出的研究成果。电子书数据库和数字图书馆成为数字时代学术专著的最佳传播方式。

(二)现有学术著作数字化传播平台的功能缺失和公益传播的必要性、可行性

目前,我国数字化学术资源的控制和获取的计算机网络系统主要由商业数字图书馆和公共数字图书馆、高校数字图书馆运营或协助运营。学术著作数字化公益传播指传播机构将经过遴选的著作进行数字化加工,建立网络数据库集中存储,供个人读者或机构用户免费下载阅读。② 这不仅可以增强纸质图书的传播力、影响力和使用效率,还能完善学术资源数字传播体系,弥补现有传播格局的缺陷。

首先看商业数字图书馆。其主要问题是在内容资源建设方面缺乏学术著作遴选和推荐机制;在平台建设上存在公益不足;在功能建设上专业化不足。从内容资源建设来看,商业数字图书馆主要市场主体的信息资源建设不以学术性为首要标准,而是注重规模效应,采用资源集成型模式建设内容资源,以市场需求为导向采集图书信息,提供有偿服务。主要商业数字图书馆内容资源来自现代出版业的三大领域:学术出版、教育出版和大众出版。资源集成型建设模式导致其内容庞杂,冗余信息过多,学术著作检索成本高。单就学术著作内容资源建设来说,由于缺乏有效的二次筛选和推荐机制,导致其传播的学术著作质量难以保障。从平台建设来看,我国商业数字图书馆由相关企业建设,主要

---

① 隅人,保华.数字出版的使命与特征[J].现代出版,2011(4):12-15.
② 梁小建.我国学术资源数据库公益出版研究[J].出版科学,2015(5):20-24.

追求商业利益,限制了学术著作数字化传播社会效益的发挥。从功能建设看,主要商业数字图书馆在学术著作信息服务方面专业性不强,服务缺乏深度,如学术信息分类和检索功能不健全、学术评价功能缺失、导向性不够等。

再看公共数字图书馆和高校数字图书馆。从资源建设方面看,包括外购资源和自建资源。目前,传统图书馆尚未在数字资源建设方面表现出竞争优势,而是主要依赖外购商业数据库资源。我国公益性学术资源数据库的市场供应严重不足。国家数字图书馆内容资源建设在资源内容选择方面虽有重点,但在操作层面比较模糊。它以采购中外商业数据库为主,2007年,国家图书馆数字资源采购经费已达1500万元。其自建数据库是选择代表中国历史文化的特色馆藏文献予以数字化。①对馆藏特色的强调导致用户群体较小,数据库专业性和竞争力不足。这也是我国传统图书馆内容资源建设的基本模式。据调查披露,截至2012年年底,全国市级以上公共图书馆采购数据库1199个,自建数据库482个,采购数据库占总数据库数量的70%以上。②高校数字图书馆主要为高校师生教学科研服务,内容资源建设情况与传统图书馆类似。2011年,南开大学图书馆的数据库购买和使用费已达889.59万元。③商业数字图书馆存在的问题,也较为普遍地存在于公共数字图书馆和高校数字图书馆。在平台建设和功能应用建设方面,我国公共数字图书馆建设水平不均衡,重复建设现象严重;标准各异,数字资源孤岛化现象明显;知识产权意识薄弱,资源建设存在风险。④高校数字图书馆一般仅提供校内局域网服务或校内人员身份认证服务,在服务均等化和便利性上存在不足。

鉴于上述问题,由国家主导建设专业性的、高标准的、公益性的、完全开放的学术著作数字化传播平台是十分必要的。这一平台将给国

---

① 《国家图书馆数字战略研究》课题组.国家图书馆数字战略研究[M].北京:国家图书馆出版社,2011:58-59.

② 李晓明主编.我国数字图书馆发展研究:以省市公共图书馆为例[M].北京:国家图书馆出版社,2014:74.

③ 南开大学办公室编.南开大学年鉴[M].天津:南开大学出版社,2013:147.

④ 李晓明主编.我国数字图书馆发展研究:以省市公共图书馆为例[M].北京:国家图书馆出版社,2014:103-104.

家、出版界、学术界、图书馆界带来正面效应。

从国家利益来看,公益传播平台严格的内容资源遴选标准可以为提高学术出版质量提供导向,数字化公益传播能够确保学术出版社会效益的实现。在提高学术出版质量方面,目前我国缺乏有效的学术出版质量标准,学术著作鱼龙混杂、泥沙俱下,公益传播平台对优秀学术著作进行二次筛选和数字化传播的社会效益是显而易见的。在提高学术出版社会效益方面,一些出版社对图书社会效益的理解存在偏差,部分接受国家高级别基金资助出版的学术著作被做成了形象工程,专门用来评奖,在市场上难觅踪迹。那些进入流通渠道的学术著作近年来价格持续攀升,往往是学术著作的资助级别越高或质量越高,定价就越高。这与各种基金资助出版的公益性质并不相符。科学知识是天下公器。2014年5月,李克强总理在全球研究理事会2014年北京大会开幕式致辞时强调,打造更加开放的平台,才能让每一个人都能分享科学知识的营养。为了确保学术著作出版社会效益的实现,在数字出版时代,成本最低、效果最好的形式就是对相关图书进行数字化公益传播。

对出版社来说,数字化公益传播可以在降低经营风险的同时实现学术著作的数字化传播,还有助于把书卖给真正需要的读者。风险性是出版业经营的基本特征之一。[①] 学术著作具有品种多、印数少、定价偏高的特点。其读者需求分散,购书针对性强,读者面较为狭窄,发行成本高。出版机构为了获取稳定利润,仅对少量社会效益和经济效益俱佳的书稿进行投资,而对大量书稿以出版资助的形式收取出版费用。一些出版者为了规避市场风险,"重出版轻传播",仅面向作者市场做出版,实行"只出版不发行"的出版模式,不愿履行发行职责,导致学者辛苦撰写的著作难以与需要的读者见面。出版社如果把相关著作交给国家级的公益性传播机构进行数字化传播,既能满足作者的纸质图书出版和数字化传播需求,又能避免大规模造货带来的经营风险。即使对于畅销或常销书,数字化公益传播也不会挤压纸质本销售。据较早在线发布免费图书的美国国家学术出版社统计,一些图书的电子版大大促进了印刷版的销售。麻省理工学院出版社发布的每一本免费电子

---

① 于文.风险、利润与现代出版业的起源[J].出版科学,2012(6):48-52.

书,几乎让印刷版销量翻倍。①数字化公益传播有助于出版社把书卖给真正需要的读者。

对学术界来说,数字化公益传播也大有裨益。根据科学社会学研究,公有性是现代科学的四大精神特质之一。在科学成为一种社会建制,科学家成为一种社会职业后,承认和尊重是科学家对自己的发现的唯一财产权。② 著名社会学家威廉·加维(William Garvey)指出,传播是科学的本质。③ 承认和尊重要靠成果的传播实现,成果的数字化公益传播能够为著作插上数字化翅膀,是学者乐见其成的。

对图书馆界来说,购买商业数据库为读者提供信息查询和全文浏览服务存在较高的经济成本。学术著作数字化公益传播作为一种公共学术资源,能够降低信息交流成本,必将受到图书馆界的欢迎。

二、学术著作数字化公益传播内容来源

公益传播的功能在于提供公益性精神文化产品和服务。2006年,新闻出版总署发布《关于深化出版发行体制改革工作实施方案》,确定人民出版社、民族出版社、中国盲文出版社和中国藏学出版社四家出版社为公益性出版单位,突出强化公益性出版职能。公益性出版社继续保留事业编制,享受政府给予事业单位的财政补贴。事实证明,我国公益出版实际上存在公益不足的问题。④ 公益性出版事业仅仅依靠有限的几个公益性出版社是远远不够的,不论是公益性出版机构还是经营性出版机构,只要在出版过程中使用了公共出版基金,所出版的图书都应该参与公益性传播。

接受公共基金资助出版的学术著作应成为数字化公益传播内容资

---

① [加]玛丽·勒伯特著,刘永坚译. 电子书出版简史[M]. 广州:世界图书出版广东有限公司,2013:22.
② [美]R.K.默顿著,鲁旭东,林聚任译. 科学社会学:理论与经验研究(上册)[M]. 北京:商务印书馆,2003:365.
③ Garvey, W. D. Communication: The Essence of Science [M]. Elmsford, NY: Pergamon Press. 1979
④ 张大伟,黄强. 中国出版"公益不足"的制度障碍及市场机制效用研究[J]. 出版发行研究,2013(2):15-18.

源核心层。在建设创新型国家和建设文化强国的战略背景下,国家和社会组织通过各种出版规划、出版基金、科研基金资助学术著作的出版。在中国国家图书馆馆藏目录中以"出版基金"为检索词检索,获得中文图书35634种,以"资助出版"为检索词检索,获得中文图书43836种。(检索时间截至2015年10月30日)其中,主要的基金项目有国家出版基金、全国古籍整理出版基金、国家科学技术学术著作出版基金、国家社会科学基金和国家自然科学基金等;还有很多图书是在地方政府、行业组织、企事业单位或其他基金组织的资助下出版发行的。接受公共科研或出版基金资助出版的学术著作具有很强的公共属性。将接受公共资助出版的学术著作进行公益传播,不仅可以体现公共资助的公益性质,而且,这种遴选机制也可以为学术出版树立较高的标杆,有助于引导学术出版秩序和提高学术出版物质量。

(一)国家重点图书出版规划资助出版图书

国家重点图书出版规划始于1990年编制的"八五"规划时期全国重点图书出版项目,到制定"十一五""十二五"规划时,各种数额不菲的国家财政专项资金层出不穷,出版行业五年规划制定工作在行业内大面积覆盖。① 在中国国家图书馆馆藏目录中以"国家重点图书出版规划"为检索词检索,共查到图书13014种。(检索时间截至2015年12月30日)这些国家重点图书出版规划图书,以国家规划名义出版,由出版社投资或国家相关基金资助出版,其中由国家相关基金资助出版的应纳入学术著作网络数据库公益传播范围。

(二)全国古籍整理出版规划资助出版图书

2005年,全国古籍整理出版规划办公室出版了《新中国古籍整理图书总目录》,此书编印了1949年10月至2003年12月间古籍整理图书总目录,共13968种。其中包括文学类5136种、语言文学类256种、文学艺术类454种、历史类2331种、地理类519种、哲学类672种、宗教类322种、科学技术类1953种、综合参考类697种、普及读物类

---

① 聂震宁.又一个五年:出版业规划的反思与努力[J].现代出版,2015(4):5-9.

1628种。① 在全国古籍整理出版规划领导小组中华古籍网检索,自2004年至2014年间全国古籍整理出版专项经费共资助1070个项目。(检索时间截至2015年12月30日)自基金设立以来,约资助出版了1.5万种古籍。此类图书一般印量较小,仅满足出版管理和馆配需要,在市场上难觅踪迹。少数在市场上能够买到的文史类书籍价格昂贵。为了真正体现国家级文化基金的公益性,全国古籍整理出版规划资助出版的古籍应纳入学术著作网络数据库公益传播范围。

(三)国家科学技术学术著作出版基金资助出版图书

国家科学技术学术著作出版基金是1997年国家财政拨出专款建立的专项科技出版基金,旨在支持我国优秀科技学术著作出版,繁荣科技出版事业,促进科技事业发展。出版基金面向全国,用于资助自然科学和技术方面优秀著作的出版。科技部网站资料显示,自1997年至2014年间共批准资助了1748个项目(检索时间截至2015年12月30日),每年的资助经费百万余元。国家科学技术学术著作出版基金资助出版图书应纳入数字化公益传播范围。

(四)国家出版基金资助出版图书

为鼓励和支持优秀公益性出版项目的出版,2007年我国设立了国家出版基金,由国家出版基金委员会负责管理。资金来源主要是中央财政拨款,同时也依法接受其他自然人、法人和社会组织的捐款。截至2014年底,国家出版基金累计投入19亿元,资助出版具有文化传承与积淀价值的图书1784项。②国家出版基金作为支持高质量图书出版的国家级文化基金,其成果传播应该体现公益性。《国家出版基金资助项目协议书》规定,为体现国家出版基金的公益性,丙方(项目承担机构)核定项目出版物定价时,应充分考虑国家出版基金资助因素,确保出版成果低价入市。项目验收合格后,丙方(项目承担机构)以光盘形式向甲方(国家出版基金规划管理办公室)提供成果电子版本,并在项目完成后免费提供300册(套)成果供甲方(国家出版基金规划管理办公室)

---

① 全国古籍整理出版规划领导小组办公室. 新中国古籍整理图书总目录[M]. 长沙:岳麓书社,2006.

② 贺慧宇. 国家出版基金成果产出成效分析——以历年国家出版基金已结项验收项目成果为例[J]. 现代出版,2015(4):18-21.

调拨。截至2014年底,国家出版基金已经产生了结项验收成果836项,取得了基金规模逐步扩大、项目成果不断推出、精品项目不断累积、社会效益更加突出、引领行业发展、推进文化传承与传播等绩效。但也存在重出版轻传播的不足。有些被资助出版的精品图书动辄数千元一套,不但普通读者望书兴叹,就连公共图书馆也心有余力不足,或无力购买或仅购买一套作为基本藏书,无法为读者提供外借服务。国家出版基金资助出版的学术著作应纳入学术著作数字化公益传播范围。

(五)国家社会科学基金和国家自然科学基金资助出版图书

国家自然科学基金、国家社科基金是资助我国学术研究和成果出版的两大国家级基金,两者都资助图书出版,且资助力度和强度大,受益面广。

国家社科基金资助出版的图书主要包括国家社科基金委员会组织编写的出版物、国家社科基金后期资助项目专著、国家社科基金成果文库系列图书和标注国家社科基金项目成果的专著等。在中国国家图书馆馆藏目录中检索"国家社会科学基金"相关图书,共获得7070项条目。(检索时间截至2015年12月30日)其中包括国家社科基金特别委托项目资助出版图书、国家社科基金重大项目资助出版图书、国家社科基金重点项目资助出版图书、国家社科基金青年项目资助出版图书、国家社科基金一般项目资助出版图书和其他由国家社科基金资助出版的图书。

国家自然科学基金资助出版的图书主要包括国家自然科学基金委员会组织编写的出版物、国家自然科学基金资助出版图书等。国家自然科学基金委员会编辑出版的出版物包括但不限于《国家自然科学基金委年度报告》系列图书、《国家自然科学基金资助项目优秀成果选编》系列图书、《未来10年中国学科发展战略》等。在中国国家图书馆馆藏目录中检索"国家自然科学基金"相关图书,共检索出7878项条目。(检索时间截至2015年12月30日)这些国家级科研资助计划资助出版的图书应纳入学术著作数字化公益传播范围。

三、学术著作数字化公益传播运营模式

在运营模式方面,数字化公益传播的主导者是以国家出版基金为主的出版、科研基金和公共数字图书馆建设资金管理方;承建者是公共文化服务机构或市场化的数字出版企业;传播内容来自国家出版基金和科研基金等资助出版的学术著作;产品定位于高端内容资源数据库,突出公益性和学术质量;网络数据库公益传播对作者和读者都完全免费,体现彻底的公益性。

(一)学术著作数字化公益传播的主导者

我国对科学研究和成果出版的财政支持力度强、规模大,但也存在资助主体数量多而分散、重资助轻成果传播特别是数字化公益传播的问题。较大的资助力度和规模意味着学术著作数字化公益传播的强劲需求,也为数字化公益传播平台建设提供了可能的内容资源和建设资金。在出版基金方面,据统计资料披露,2014 年新闻出版项目获中央文化产业发展专项资金支持 21 亿元,其中获得中央文资办支持的数字出版转型升级项目达 77 个,获拨文化产业发展专项资金 6.27 亿元。2015 年 2 月,财政部发布的《关于申报 2015 年度文化产业发展专项资金的通知》中,将"推动传统媒体和新兴媒体融合发展"纳入重点支持内容之一。①在科研基金方面,2013 年中央财政科技拨款达到 2729 亿元。2013 年中央和地方政府财政科技拨款总额达到 6185 亿元,占当年国家财政支出的比重为 4.41%。②应抓住国家大力支持传统出版数字化转型升级和中央财政科技拨款增加的机遇,整合相关出版基金和科研基金资源或申请专项基金支持,建设一个或多个受资助学术著作数字化公益传播平台。

相比设立专项基金,比较可行的方案是科研基金管理部门和政府

---

① 《2014—2015 中国数字出版产业年度报告》显示 2014 年数字出版收入超 3300 亿元. [EB/OL]. [2015-12-30]. http://www.gapp.gov.cn/news/1656/256063.shtml.
② 科学技术部创新发展司. 2013 年我国 R&D 经费特征分析[EB/OL]. [2015-12-30]. http://www.most.gov.cn/kjtj/201508/P020150817344504844807.pdf.

出版、文化管理部门整合资助工具、出版资源、公共数字图书馆建设资金等,采用共建共享形式,以国家出版基金或数字图书馆建设资金为主导,以各中央财政专项拨款为补充,建设面向公众服务的国家级大型学术著作数字化传播平台。从现有基础看,作为我国三大国家级基金之一的国家出版基金是一个比较好的资助工具,更适合承担公共资助出版图书数字化公益传播主导者的使命。首先,国家出版基金是出版业的专项基金,专业性强,在数据库品牌建设上更易成功。其次,国家出版基金涉足数据库传播,不仅为传统出版数字化转型发挥示范作用,还能使出版基金的社会效益成倍增加,促进我国学术发展,推动中华民族优秀文化的国际传播。最后,相比于局部省市、地区和行业内的学术著作数字化公益传播,全国范围内的综合性学术著作数字化公益传播更能满足学界和社会的需要。科研基金、出版基金提供方和政府出版管理部门应整合资助计划与出版资源,扩大国家出版基金的资助范围,增加国家出版基金的资助力度,使其能够承担起公共资助出版图书数据库公益传播主导者的使命。

(二)学术著作数字化公益传播的建设模式

以国家出版基金为主的出版和科研基金、公共数字图书馆建设资金管理方应采用招标或特别委托项目的形式资助和指导有实力的数字平台运营企业、传统学术出版企业、大型科研机构、公共数字图书馆、高校数字图书馆等创建专门性的数字化公益传播平台。承建方应有数据库建设运营经验和其他多种收入来源,有利用国家资助提供公益性学术资源平台建设和运营的实力。主导者应确定传播平台建设的性质、宗旨,为内容资源建设提供政策支持,为平台日常运营和宣传推广提供资金支持和舆论氛围,依法制定健全的数字化公益传播管理办法和运营机制,培育有活力的学术著作数字化公益传播主体。传播主体应全面负责内容资源建设、平台建设和功能应用建设以及日常维护运营任务。主导者参照国家对公益性文化事业单位的管理办法,按照合同规定对承建者进行考核和评估,在资源和制度的保障下,为各界提供高质量的数字化学术资源服务,依靠内容质量、服务和公益性创立品牌。这种建设方法可以为公益传播提供坚实的资源保障,但存在与商业数字图书馆资源重复建设的弊端。

除了新建专门的公益数字图书馆外,还可以与商业数字图书馆进行合作。主导者选择商业数字图书馆作为资助对象,以政府采购的形式使商业数字图书馆中的部分学术著作数字资源进入公共领域,供公众免费下载。这种方式利在于能够节约建设经费,弊在于可能影响市场主体盈利水平和市场秩序。政府采购将强化某个商业数字图书馆的市场垄断地位,对其他市场主体而言有失公平。

(三)学术著作数字化公益传播产品定位

学术著作数字化公益传播平台定位于高端内容资源数据库,注重公益性和学术质量,不追求内容资源的海量。以接受中央财政资助或支持出版的图书(国家重点图书出版规划支持出版的图书、全国古籍整理出版规划资助出版的图书、国家科学技术学术著作出版基金资助出版的图书、国家出版基金资助出版的图书、国家社会科学基金和国家自然科学基金资助出版的图书等)为主要部分,高校、地方政府或其他公益性基金组织资助出版的图书作为补充,既能体现数据库的公益性,也能有效保障数据库内容的质量。

学术著作数字化公益传播平台与商业数字图书馆客观上都为读者提供学术信息服务,但宗旨不同。前者致力于免费有效地向学术界和公众提供高质量学术信息服务,所提供的服务基本免费或收取少量象征性费用。在与商业数字图书馆的竞争环境中和国家对公共文化服务体系提高服务水平的要求下,学术著作数字化公益传播也需要提高产品和服务质量、帮助读者提高学术信息获取效率,才能实现自身使命,最大限度地发挥社会效益。

公益传播平台在产品定位上与开放存取具有明显的不同。开放存取是20世纪90年代末兴起的学术传播形式,产品定位于传统学术传播体系的挑战者,致力于构建不同于传统商业学术出版和商业数据库平台的全新学术传播体系,即绕开原有渠道,建设"真正服务于学术界的传播体系"。其经济特征是作者付费存储,读者免费获取。鉴于信息资源的非消耗性和信息产品需求的多样性,学术著作数字化公益传播与商业数据库传播、传统学术出版在信息资源配置上不是替代关系,而是协作关系。公益传播是现代学术传播体系的一部分,而不是要构建新的学术传播体系。在产品功能定位上,公益传播平台不具备科研机构和学术出版机构的同行评议、首发确认等功能,而是致力于公共资助学术著作的公益传播。

学术著作网络数据库要集索引、文摘、全文为一体,提供多种检索模式,开发多种信息处理技术,提供多种检索工具,将著作按多重标准进行分类,通过统一的检索入口提供服务,为用户创造便利的文献信息获取条件。除了基本的文献检索和全文获取功能外,数据库还应增强用户体验,推出一系列独具特色的知识服务产品和功能,比如学术趋势预测、学术热点分析、学术术语搜索、学术翻译助手等。这些功能对于满足用户个性化需求、提高用户的检索效率、方便用户查找和获取信息具有十分重要的意义。

(四)学术著作数字化公益传播的版权机制

建设数字化平台为用户提供学术著作的阅读和使用,不可避免地要遇到版权问题。商业数据库资本力量雄厚,经过多年的市场竞争,结合自身特点,基本上都找到了一套解决数字版权授权的方法。比如超星数字图书馆通过争取尽可能与著作权人签约授权、与能够代理作者信息网络传播权的出版社合作的方法来规避版权风险。2002年国务院办公厅转发了科技部、财政部《关于国家科研计划项目研究成果知识产权管理的若干规定》,该规定明确指出:以财政资金资助为主的国家科研计划项目(包括科研专项项目)的研究成果以及形成的知识产权,除涉及国家安全、国家利益和重大利益的以外,国家授予科研项目承担单位。同时在特定情况下,国家根据需要保留无偿使用、开发、使之有效利用和获取收益的权利。公共资助出版学术著作数字化公益传播需要在《著作权法》《信息网络传播权保护条例》等法律法规的基础上,借鉴其他数据库已有的管理办法和政策,结合公益传播的自身特性,对利益相关各方进行调和,明确各方权利边界,防范版权纠纷的出现。

鉴于学术著作数字化公益传播存在明显的国家利益,国家立法部门可参照国际上已经开展或正在进行的数字出版物法定呈缴立法经验,及时跟进数字出版物法定呈缴立法工作,设计合理的数字出版物法定呈缴实施规则,将学术著作数字出版物纳入法定呈缴对象范围,建立保障学术著作数字信息资源开放共享的相关法律政策。

全媒体时代文学期刊的传播创新
——以《ONE·一个》为例

张锦华[*]

摘　要：APP《ONE·一个》是全新的文学作品传播模式，内容简单并免费推送给用户。良好的用户阅读体验和全媒体互动的营销方式，为其赢得了众多的读者和经济效益。从《一个》的经验来看，全媒体时代文学期刊的传播创新，要从选择合适的传播媒介开始，对读者进行细分，注重用户体验，构建全媒体营销平台。

关键词：文学期刊　传播创新　全媒体　用户体验

随着全媒体时代的到来，微博、微信等移动网络社交工具改变了人们的阅读习惯。很多文学期刊也与时俱进，通过多种传播媒介发布文学作品，但很多在现实中负有盛名的文学期刊，在网络平台上的表现却乏善可陈。传统文学期刊经过数十年的积累，有丰富的文学作品和作者资源。如何利用好这些资源，在全媒体时代有所作为，找到合适的发展生存之路，是很多文学期刊面临的重要问题。《ONE·一个》（以下称《一个》）是由韩寒团队编辑的文学应用软件（APP），最初是韩寒创办纸质期刊《独唱团》受挫后的代替品，经过两年多的发展，已经实现了自给自足并有盈利。从其两年多的发展来看，有很多经验值得传统文学期刊借鉴。

---

[*] 张锦华，河南大学文学院博士研究生，河南大学新闻与传播学院讲师．

一、《一个》发展概述

文学类 APP《一个》2012 年 10 月 8 日上线,仅在苹果应用商店上线一天,就有 40 万的下载量。《一个》每天向用户推送三个版面,第一版是一幅图画一句话,第二版是一篇文章,第三版是一个问题。版式简单,内容也不复杂,因为《一个》认为:复杂世界里,一个就够了。

当时,很多人认为《一个》的成败完全取决于韩寒对用户的吸引力。上线两周之后,这款手机 APP 已经从下载排行榜上消失了。有互联网分析者认为它会非常短命,因为《一个》毫无创意,只是纸质杂志的电子版而已,制作者显然对互联网的特性缺乏深刻理解。

出乎人们意料的是,2013 年 12 月 12 日,《一个》副主编金丹华在为其官方网站开通而写《我将有何种对于梦的权利》中透露,苹果客户端(IOS)和安卓端的下载用户,已经突破了 1200 万。而且其衍生产品除了图书之外,还包括服饰、明信片等,并开设了主题餐厅。2013 年 12 月 APP 更新之后,增加了"东西"栏目,每日推送一款商品,其中大部分商品通过《一个》的官方网站和淘宝店可以买到。

2013 年 11 月韩寒在一次采访中表示:《一个》能够自给自足,而且有盈利。每天的活跃用户近百万,在这个 APP 上发文并成长起来的作者图书销量都能在十万上下。2014 年,《一个》已经拥有一批如张晓晗、张嘉佳、七堇年等人气作者,也有不少文艺青年因为在《一个》上发表文章后受到关注,成为专业作家,如陈谌等。

二、《一个》取得成功的原因

在文学期刊备受冷落的当下,《一个》的成绩十分可观。这个成绩的取得,最初可能依靠的是韩寒的个人影响力,但其发展壮大并获得成功的核心还是在于创新。

(一)传播模式的创新

《一个》作为文学类期刊,创造了一种全新的文学作品传播模式。

通过新媒体移动设备传播信息人们已经司空见惯,而且人们能够利用智能手机等移动设备接收的信息也越来越多,手机不再仅仅是传统意义上的通信工具,它可以进行网上社交、购物、娱乐等。在 2012 年,APP 虽然不是什么新鲜事物,但文学类甚至文艺类 APP 几乎没有,制作 APP 的期刊集中在时尚类、旅游类等。

传统文学类期刊在当代普遍遇冷,很多大型文学类尤其是纯文学期刊因发行量下降而难以为继,经费紧张。制作手机 APP 前期需要投入较大的经费,《一个》IOS 和安卓两个平台上线,开发成本约 40 万元,每年的技术维护为 10 万元。①这在当时确实是一个大胆的尝试和创新。在人们传统的观念中,移动网络的特点就是多媒体融合互动,而《一个》更多的是传统纸质内容的电子版,没有全媒体时代司空见惯的音频视频等多媒体内容的呈现,"非必丝与竹,山水有清音",因其单纯反而更显得独树一帜。所以《一个》既突破了文学类期刊传统的纸质传播方式,又在多媒体时代纷繁复杂、"娱乐至死"、良莠不齐的信息中坚守了文学的净土。

不仅如此,围绕 APP,编辑部开通了官方微博,也为编辑、作者、读者互动开辟了新的渠道。通过微博,编辑与读者、作者保持着畅通的互动,尤其是"问题"栏目,经常是编辑通过官方微博提问,精选答案刊发到《一个》。即时沟通、互动交流的传播方式对文学期刊的成长非常有利。

(二)良好的用户体验

文学类 APP 成功的关键在于满足用户的需求,给用户提供良好的阅读体验。移动新媒体的出现正在改变人们的阅读习惯,移动终端使人们可以在生活中随时随地进行阅读。同时,人们仍然追求纸本书的阅读体验。所以接近纸本书的阅读体验和方便快捷的使用体验也成为该类型 APP 的竞争要素。②《一个》在用户体验方面,深刻了解用户的生活习惯和网络行为习惯,从细节入手,满足用户阅读的各种需求。

首先,《一个》将读者的阅读时间定在 30 分钟以内,以阅读时间作

---

① 韩寒. 让大家扫兴了[EB/OL]. (2012.11.28)[2015.2.5]. http://blog.sina.com.cn/s/blog_4701280b0102ecxd.html.

② 张可欣,张志强. 中文 IOS 系统下的图书阅读 APP 分析[J]. 现代出版,2013(3):40.

为选择稿件的一个标准,与传统文学期刊以题材、体裁选择稿件相比,更具有全媒体时代特色。统计显示,2014年9月1日到2014年10月31日两个月内,《一个》发表文章61篇,平均字数为5118字,所有篇幅都能够在30分钟内阅读完毕。

《一个》内容简单,APP文件不大,节省手机内存和流量,用户可以随时阅读,长时间积累下来,阅读量非常可观。

据中国互联网信息中心在2013年9月发布的《中国手机网民娱乐行为报告》显示:手机阅读用户每次手机阅读时长较短,但阅读频率较高,在手机阅读时长上,以10～30分钟为主,占比为34.7%。这一调查正好说明《一个》将每期阅读时间设定在30分钟之内,是深刻把握了手机网民的阅读特点的。

其次,免费推送高质量内容。据中国互联网信息中心在2013年9月发布的《中国手机网民娱乐行为报告》显示:手机用户的娱乐付费习惯并未养成,仅26.9%的手机娱乐用户最近半年内为手机娱乐服务付过费,整体付费比例较低。

作为一个文学类的APP,坚持主产品免费,对用户来说有很大的吸引力。但是免费并不意味着内容质量的下降,为了保证其稿件的高质量,《一个》采用了远远高于一般水平的稿酬标准。据韩寒在媒体透露,其一年的稿费支出就达100万。将经过编辑精心挑选的高质量内容免费推送给读者,是其保证下载量和用户忠诚度的重要基础。

(三)营销理念的创新

作为一个免费的高品质文学APP,必须要有一定的经济基础来支撑。《一个》围绕主产品进行品牌衍生,取得了不错的经济效益。

对于文学阅读类新媒体来说,产品的营销不再局限于地域身份的限制,只要拥有智能手机就能阅读。营销大师菲利普·科特勒在《营销革命3.0》中说,文化品牌必须是动态的,必须始终关注随时会出现的新矛盾。而与此相适应,以地域、职业、年龄等区分消费者的营销模式已经不适应数字时代了,消费者更加关注那些具有符合自己人生观、价值观、世界观的理念的产品。

《一个》的核心读者是伴随着韩寒成长起来的80后文艺青年,他们从韩寒的《三重门》开始就关注韩寒,热爱文艺,追求个性与自由的生活。所以在营销理念上,《一个》精准定位,注重倡导一种文艺的生活态度。其略带怀旧,关注自我的观念,契合了核心读者的内心需求。推送内容的选择上,《一个》多是反映学生时代、青年时代的爱情、工作、生活的作品,能够引起读者的强烈共鸣,作者也以80后为主,反映出作品与读者一起成长、一起生活的特点。

为了维持生存和良性发展,《一个》通过广告、图书、服装等品牌衍生产品是一种自然选择,但均是从品牌内涵的角度,扩展品牌的情感诉求。以新媒体产品为中心,向传统产品延伸,风格仍承袭其一贯的文艺范。这一策略既借助韩寒和《一个》的影响力以较低成本拓展衍生产品的市场,又可以通过衍生产品从不同领域强化品牌效应,稳固《一个》的核心市场。两者兼容,互相促进。

三、《一个》成功对于文学期刊传播创新的启示

在全媒体时代,移动网络的发展改变了人们的阅读习惯,年轻一代更倾向于利用手机、平板电脑等移动终端阅读。文学期刊读者面临着断层,《一个》的成功为传统文学期刊的数字化转型提供了经验,文学期刊应该在保持文学品质的情况下,利用新媒体进行创新,吸引年轻读者。

(一)利用新媒体开发文学资源

文学期刊的优势在于有丰富的文学资源,一些经典的文学作品,历久弥新,值得一代又一代的人阅读,这些文学资源如果能够通过新媒体重新开发利用,将会为文学发展和文学期刊带来新生机。

全媒体时代读者的阅读呈现碎片化,为了迎合读者需求,网络文学网站和电商十分重视中短篇小说的创作。京东与冯唐等作家签约,推广原创中短篇电子书,当当将作家蒋一谈的短篇小说集分拆,以单篇电子书的方式进行售卖。[①]中短篇小说创作的繁荣,就是新媒体对文学生产带来的积极影响。《收获》纸质版本以刊登长篇小说为主,但是在微信推送中,则采取缩写模式,摘出最精华的部分拼接,还会增加作者专访、图片等内容,这在纸质期刊上是很少见的。传统期刊能够主动利用

---

① 刘莹.文学传媒与当下中短篇小说创作[J].中国现代文学研究丛刊,2014(4):111.

新媒体来吸引年轻读者,是一个良好的开端。

(二)文学期刊要细分市场,精准传播

传统文学期刊以文学题材分类,较少重视读者阅读需求的不同。在全媒体时代,文学读者进一步细分,不仅仅以年龄、性别为界限,不同的经济状况、生活状况、文化观念、生活理念都对读者的阅读心理产生着影响。读者借助网络和移动终端以及强大的网络社交工具,能够很轻松地找到共同兴趣、爱好的人群。所以文学期刊要细分市场,全面深入地了解读者的阅读需求,读者定位准确清晰,实现精准传播。

文学期刊可以利用全媒体资源,必要时通过一些专门的市场调研机构,对读者的阅读心理和价值观念进行深入分析,结合文学期刊的特色,根据不同读者的心理需求和媒介使用习惯,采用多种媒体、多种方式传播文学作品。

(三)积极转型,探索赢利模式

全媒体时代,网络文学异军突起并形成产业规模。这并不意味着传统文学期刊注定毫无作为,不论什么样的时代,不论通过什么样的媒介,优秀的文学作品总能够找到欣赏它的读者。所以传统文学出版要积极向数字出版转型,探索赢利的、可持续发展的模式。

传统文学期刊在全媒体时代显得势单力薄,似乎无力应对数字出版从内容生产到产品营销、品牌开发等一系列问题。李克强总理在今年的政府工作报告中提出"互联网+"的概念,是指要用互联网的平台,利用信息通信技术,把互联网和包括传统行业在内的各行各业结合起来,在新的领域创造一种新的生态。"互联网+"为传统行业的产业升级提供了创新空间,对于文学期刊来说,也提供了新的创新思路。文学期刊的数字出版,必须借助于互联网技术提升创新能力。网络文学目前已经在作者开发、作品推广、作品改编等方面形成了产业链,取得了良好的经济效益,也为传统文学期刊提供了可以借鉴的经验。传统文学期刊要积极开展与互联网行业的合作,探索能够赢利的可持续的发展模式,促进文学市场的繁荣发展。

在全媒体时代,文学期刊的传播创新,不是简单地改变传播方式、媒介,而是需要文学期刊改变观念,确立全媒体思维,借助"互联网+",精心选择、精准营销,实现可持续发展。

传统出版企业社会化媒体应用情况探析
——以网站论坛、豆瓣、微博和微信为例[*]

代幸梅　张志强[**]

摘　要："互联网+"作为一种全新的经济形态,在社会各个领域的渗透程度越来越深。传统出版企业应善于借力,逐步加快与大数据技术融合的步伐。本文从读者的视角出发,以出版企业的网站论坛、豆瓣、微博和微信为主要调查对象,分析传统出版企业应用社会化媒体的具体情况,从而探究互联网时代传统出版企业挖掘利用大数据资源的可行性。

关键字：互联网+　出版企业　社会化媒体　大数据

一、研究缘起与意义

"互联网+"就是把互联网的创新成果与经济社会各领域深度融合,推动技术进步、效率提升和组织变革,提升实体经济创新力和生产力,形成更广泛的以互联网为基础设施和创新要素的经济社会发展新形态[①]。在传统出版业引入"互联网+"的概念,会激发出全新的生产方

---

[*] 基金项目:2015 江苏省普通高校专业学位研究生科研实践计划项目、国家社科基金项目"中外电子书产业比较研究"(12ATQ006)、教育部哲学社会科学发展报告资助项目(11JBGP052)、江苏省教育厅青蓝工程"中国出版转型与发展"创新团队阶段性成果之一。

[**] 代幸梅,南京大学信息管理学院、南京大学出版研究院研究生;张志强,南京大学信息管理学院教授、博士生导师,南京大学出版研究院常务副院长。

[①] 国务院.国务院关于积极推进"互联网+"行动的指导意见.2015-07-04.

式和运作方式,从而带动传统出版企业更好更快地适应我国当前的经济新常态。传统出版企业着力实施"互联网+"行动计划,需要大数据资源做支撑。而出版企业要挖掘利用大数据资源,关键还在于对读者数据的收集与处理,通过对这些数据的整理,获得读者的具体信息,从而实现出版的转型升级,更好地做好出版工作。因此,研究出版企业对社会化媒体的应用情况显得尤为重要。

所谓社会化媒体[①](Social Media),主要是指一种给予用户极大参与空间与自主性的在线互动媒体,社会(即广大用户)是其内容生产的主体,而媒体则负责内容加工和信息传播,如果缺乏用户的有效参与,平台基本就毫无内容。社会全媒体化发展趋势加快,每个用户的在线社交活动都会留下各种各样的"踪迹"以及越来越详尽的个人信息,而这些海量的冷冰冰的数据信息正是还原一个个真实用户的重要保证。出版企业可以根据用户的目标、行为和想法的不同,将他们分为不同的类型,从中提取出典型特征;同时,以特定的姓名、照片、场景等具体描述,形成一个个清晰的用户画像。获取的数据信息越充分,勾勒出的用户画像就会越清晰,那么与用户实现真正对话的可能性也就越大。出版企业应用社会化媒体的程度越深,意味着出版企业与读者之间的关系越紧密,可获取的读者数据信息也就越丰富。总之,传统出版企业依托互联网聚合并对接读者的个性化需求,不断推进出版流程再造和产品服务优化升级,才是推动互联网时代出版业发展的有效路径。

二、研究方法及调查

本文采用个案分析法,从读者的角度入手,对国内传统出版企业运用社会化媒体(网站论坛、豆瓣、微博和微信)的情况进行调查分析,探究当前我国传统出版企业挖掘利用大数据资源的可行性。笔者认为,社会化媒体应用程度的高低主要取决于两个变量:一个是出版企业开始使用社会化媒体的时间,一个是出版企业使用社会化媒体进行内容更新的频

---

① Rice,R. E. (1993)"Media appropriateness: using social presence theory to compare traditional and new organizational media",Human Commnnication Researrh,19,45-84.

率。前者代表了出版企业对读者数据的认识能力,后者代表了出版企业对读者数据的获取能力。出版企业开始使用社会化媒体的时间越早,更新频率越高,说明该企业对读者数据的收集越完善,反之亦然。

要说明的是,本文对出版企业应用社会化媒体的程度分析仅来自可直接获取的运营数据统计,如关注人数、转发量等,关于运营过程中的其他内容不在考虑范围之内。此外,本文的出版企业是指中华人民共和国新闻出版广电总局网站中所统计的584家出版社,并不包含民营出版企业。调查时间从2015年5月1日起,周期为1个月。

(一)基于网站论坛的调查

在互联网时代,论坛已经成为企业与用户进行自由对话和交流的平台,且网站论坛是互联网时代最早沟通出版社与读者的桥梁之一。网站论坛在企业与用户建立长期稳定的关系上发挥了不可或缺的作用。截至目前,正常运行的官方独立网站共有441家,开辟论坛空间并且能够正常运转的出版企业却仅有27家。从论坛运行的起始时间(以最早发帖时间为准)来看,2003年拥有论坛的出版企业只有2家,2005年新增1家,2006年新增2家。论坛数量逐渐增加出现在2010年越来越少至2014年。从论坛内容更新频率来看,除北京师范大学出版社、上海译文出版社、人民教育出版社和北京大学出版社之外,其余出版社论坛在近一年内基本没有更新。可见,网站论坛在帮助大多数出版企业获取读者数据方面可发挥的作用微乎其微。

出版企业向读者主动开放的入口多少直接反映了出版企业对读者反馈的态度优劣,也进一步关系到出版企业可获取读者数据的规模大小。因此,笔者进一步对出版企业网站主动开放的其他入口进行了细致的分类统计,如表1。

表1 出版企业网站开放入口情况调查

沟通渠道分类	出版企业网站数量	比重
电话	203	34.8%
邮箱	75	12.8%
会员	277	47.4%
留言板	189	32.4%
QQ	64	10.9%
在线调查	32	5.5%

其中,提供会员入口的出版企业最多,达到277家;提供在线调查渠道的出版企业最少,仅有32家。这说明出版企业网站针对读者主动开放的入口相对狭窄。此外,笔者在调查中发现,出版企业网站在这方面存在的主要问题包括:第一,沟通渠道单一,且隐蔽性较强;第二,沟通渠道指示性不强,很多出版企业网站提供的联系方式在功能上没有明确区分,没有指出明确的服务对象;第三,沟通渠道障碍多,反馈过程复杂。这些问题直接影响了出版企业与读者之间进行相互沟通和反馈的有效性,不利于出版企业获取真实有效的读者数据。看来出版企业在论坛这个相对传统保守的社会化媒体上的使用程度偏低。

(二)基于豆瓣小站和豆瓣小组的调查

豆瓣是推荐、评论图书、电影、音乐唱片等文化产品的独特文化生活平台,它向用户最大限度地开放自由表达的空间。豆瓣小站与豆瓣小组在不同层面吸引了大量用户主动参与生产并分享内容。两者的主要区别在于,前者侧重展示和整理,类似于轻博客,后者侧重聚合与讨论。通过豆瓣小站,出版企业可以发表日记和广播,发布新图书,发起线下活动等;通过豆瓣小组,出版企业可以发起一系列的话题讨论。

经检索,关于出版企业豆瓣小组的信息有147条,豆瓣小站的信息有308条(关注人数为0的不计入其内)。过滤重复信息之后,发现当前出版企业拥有豆瓣小组的共有110家,占全国出版企业总量的18.3%;拥有豆瓣小站的出版企业共有234家,占全国出版企业总量的40.1%。

从豆瓣小组(由于豆瓣小站没有明确提供创建时间,故忽略不计)开通时间来看,最早开通的时间在2006年2月,同年开通豆瓣小组的共有9家出版企业。2010年开通豆瓣小组的出版企业最多,共有40家,而这距离豆瓣网成立已有5年之久。可见,出版企业对豆瓣网的关注和利用经历了较长时间的转变。从豆瓣小组最新话题发布时间来看,有31家出版企业的豆瓣小组自创立起没有发布任何话题,一直处于闲置状态;有59家出版企业的豆瓣小组在2015年内均有不同频率的更新。但值得注意的是,话题讨论本身没有统一的监管和审核,各类广告信息充斥其中,因此话题内容信息价值并不高。

分别对出版企业豆瓣小站和豆瓣小组中的关注人数进行统计,得到排名前 10 位的情况,如表 2。

表 2 出版企业豆瓣小站与豆瓣小组关注人数调查

豆瓣小站	关注人数	豆瓣小组	关注人数
广西师大出版社理想国	47843	上海译文出版社	8724
上海译文出版社	17425	上海译文的 FANS	4669
人民文学出版社	10420	新星出版社	4935
新星出版社	9093	广西师大出版社北京贝贝特	3894
译林出版社	8688	北大出版社(历史学)	3437
中信出版社	6147	北京大学出版社:读书的风景	2644
北京大学出版社文史哲艺术图书	5497	人民文学出版社	2457
上海古籍出版社	3594	人民文学出版社	2148
中央编译出版社	2596	我思——北大出版社哲学书籍	1257
南方出版社	1805	中信出版社	1231

注:为全面反映当前出版社开设豆瓣小组和豆瓣小站的情况,在进行数据统计的过程中并没有排除重复的情况。

由此可以发现,出版企业的某个部门或机构在豆瓣小组中表现得更活跃,而在豆瓣小站中则更倾向以出版企业的整体形象出现。同时,从关注人数的排行可见,各出版企业在豆瓣小站中的活跃度要远高于豆瓣小组。这说明出版社在豆瓣平台上更侧重于展示作品,号召读者参与讨论的能力相对较弱,这也减少了出版企业获取读者数据的机会。

(三)基于微博的调查

微博是网络时代信息被快速分享、传播与获取的平台,也是企业与用户之间可以相互倾听和交谈的重要空间。微博互动传播的即时性和便捷性为企业聚合用户信息带来了极大的便利。笔者使用微博的搜索功能,搜索得到官方认证的出版社微博总共有 390 家,占全国出版社总量的 66.8%。从出版社微博的名称来看,有 368 家出版社开通了出版社整体名义的官方微博,有 22 家出版社仅开通了子部门或子品牌的附属微博。

首先,从出版企业微博粉丝量来看,在368家开通官方微博的出版企业中,粉丝量上万的出版企业官方微博仅有67家,粉丝量上千的有176家,其余粉丝量低于一千的有125家。

其次,从出版企业开通微博的时间(以该出版社发布的第一条微博的时间为准,其中6家出版企业由于没有发布过微博,故忽略不计)来看,在368家开通官方微博的出版企业中,2009年有32家出版企业开通了官方微博,2010年有67家出版企业开通了官方微博,2011年有137家出版企业开通了官方微博,2012年有58家出版企业开通了官方微博,2013年有34家出版企业开通了官方微博,2014年有28家出版企业开通了官方微博,2015年有5家出版企业开通了官方微博。可见,出版企业在2011年开通微博的数量最多,至今已有近5年的时间,但对比2009年已经成立的新浪微博,可以发现微博在出版领域的应用与普及已经滞后了2年。

再次,从微博发布频次来看,368个官方微博中有11个自开通之日起没有发布任何内容,有57个在一年以内没有更新过内容,有79个超过一年没有更新内容。除此之外,一个月内更新微博量在30条以内的有157个,在30条以上的有64个,其中一个月内微博发布量达到上百条的只有15个。这说明出版企业在微博上的整体表现并不活跃。

最后,从官方微博和附属微博的开通情况来看,目前我国仅有114家出版企业既开通了官方微博,也开通了相关子部门或子品牌的附属微博,占全国出版企业总量的19.5%。表3为开通附属微博数量排名前10位的出版企业。

表3 出版社开通微博情况调查

官方微博	附属微博数量	粉丝量上万
外研社	20	5
清华大学出版社	16	8
中信出版社	15	8
北京大学出版社	12	3
机械工业出版社	11	2

续表

官方微博	附属微博数量	粉丝量上万
时代华文书局	9	1
人民交通出版社	9	0
电子工业出版社	9	2
广西师大出版社	8	3
海豚出版社	7	0

综合目前统计状况可以看出，我国大部分出版企业开通微博的时间并不算晚，但粉丝量上万的微博数量却少之又少。出版企业在利用微博汇聚粉丝的能力上存在较大差异。笔者认为，官方微博类似于出版社的门面，附属微博则以不同的侧重点来补充官方微博在功能上的不足。同时开通官方微博和附属微博，有助于扩大出版社与读者的交流范围，吸引兴趣爱好相似的粉丝形成一定规模的族群。而目前可以利用微博发挥族群效应的出版企业屈指可数，出版社挖掘利用大数据资源的道路任重道远。

（四）基于微信的调查

微信是为智能终端提供即时通讯服务的免费应用程序，是目前最热门的社会化媒体。相比微博，微信可以为企业与用户提供更具针对性的一对一交流，使企业在获取用户信息的过程中较好地保证了用户隐私。从微信认证的时间来看，经统计得到正常运营的官方认证微信有209个，占全国出版社总量的35.8%。同微博类似，其中包括191家出版企业的官方微信和18家出版企业的附属微信。武汉大学王海燕于2014年10月底对我国587家出版社的调查显示，通过官方认证的微信有149家[1]。湘潭大学汪全莉、张玉于2013年12月初对我国580家出版社的统计显示，通过官方认证的微信仅有20家[2]。据了解，2012年8月，"微信公众平台"正式上线。2013年10月，微信公众平台升级，服务号可申请微信认证[3]。由此看来，出版企业对微信认证的反应速度并不缓慢，这也说明出版企业在使用微信的态度上是比较积极的。

---

[1] 王海燕.出版社微信公众平台发展现状与对策研究.科技与出版 2015(1):53.

[2] 汪全莉,张玉.出版社使用微信现状调查与分析.中国出版 2014(4):54.

[3] 百度百科.http://baike.baidu.com/view/9212662.htm.

从官方微信内容更新频率来看,一个月内微信内容更新频率达到20次以上的出版企业有34家,频率在10~20次的出版企业有34家,频率在10次以内的出版企业有91家,另有部分官方微信自开通之日起就没有任何内容更新。可见,近一半的出版企业在微信日常运营上表现并不活跃。

出版企业通过微信向读者提供的主要互动渠道,除了微信自有的聊天功能,还有客服电话和微社区功能。据统计,当前设置了客服电话功能的出版企业微信共有71个,开通了微社区渠道的出版企业微信仅有8个。考虑到互动费用问题,读者选择客服电话沟通的可能性相对不大,而出版企业微信中开拓的微社区空间又十分有限。因此,笔者选择了微信搜索中输入"出版社"之后出现的前20家出版社进行同一问题的直接沟通。得到的情况如表4。

表4 20家出版社微信反馈情况调查

出版社	有无回复	回复周期
译林出版社	有	1个小时之内
新星出版社	无	
法律出版社	有	4个小时之内
中国摄影出版社	有	4个小时之内
北京大学出版社	有	1个小时之内
人民文学出版社	无	
九州出版社—读书会	有	4个小时之内
中国建材工业出版社	有	4个小时之内
福建教育出版社	有	1个小时之内
人民日报出版社	有	1个小时之内
上海人民美术出版社	有	16个小时之内
社会科学文献出版社	有	3个小时之内
接力出版社	有	2个小时之内
中国建筑工业出版社	有	2个小时之内
中国人民大学出版社	有	3个小时之内
新蕾出版社	有	2个小时之内
新华出版社	有	6个小时之内
华东理工大学出版社	有	7个小时之内
海天出版社	无	
江苏文艺出版社	有	1个小时之内

从是否得到回复以及回复周期来看,出版企业对读者反馈的回应能力参差不齐。但不得不承认,微信聊天功能是目前出版企业与读者进行直接沟通的主要渠道。这也从侧面说明当前出版企业使用微信加强与读者沟通的途径相对单一,并且可获取的有效信息相对分散。

三、研究结论

第一,出版企业对读者数据的重视程度尚不充分。出版企业忽视了传统型社会化媒体在获取读者数据方面的重要作用,而在使用新型社会化媒体的过程中又没有充分发挥引导读者关注和表达的作用。互联网时代,数据产生于出版企业与读者互动的时时刻刻。在呼唤大数据之前,出版企业首先以最坦诚的态度去拥抱读者,逐步实现读者数据搜集的最大化,才是实际可行之举。

第二,出版企业使用社会化媒体存在盲目跟风的现象。这一点尤其体现在出版企业对豆瓣、微博和微信的使用上。伴随新型社会化媒体的流行,出版企业并没有结合自身实际有效地使用这些工具,而是盲目跟风抢占平台,之后又置之不理。互联网时代大数据的价值不可估量,这一点毋庸置疑。但问题是并非所有的出版企业都具备足够的实力,能够有效地挖掘大数据资源并发挥其价值。

第三,出版企业使用社会化媒体的情况相对普及,但程度不深。社会化媒体的应用关键在于内容和互动。基于本文调查所见,出版企业对社会化媒体的应用,不论是使用时间,还是使用频率,都不足以形成整体性规模。传统出版企业与大数据之间的实际距离,还需要很长一段时间来缩短。

浅析出版社微信公众号作为传统媒体公众号的运营优势

陈 超[*]

摘 要：微信公众号作为一种新媒体平台，已经具备了广泛的影响力。众多的传统媒体也参与到微信公众平台的建设与运营中，其中不乏成功案例。图书出版作为传统媒体的一种，其微信平台运营状况与其他传统媒体有较大差距。本文通过分析传统媒体在微信公众号运营中的优势，以及图书出版机构相应的特点，探索出版社微信公众号运营过程中的方法、路径。

关键词：出版社　微信公众号　运营

一、出版社微信公众号与其他传统媒体微信公众号运营现状比较

根据中国出版网于2015年7月17日公布的《2014年新闻出版产业分析报告》显示，图书出版业目前所面临的市场形势在传统媒体中是相对宽松的。相比于报纸、期刊的营业收入大幅下降，图书出版行业的营业收入有所上升。

通过图1可见，图书市场码洋与营业收入有着稳定的增长，而报纸期刊的下滑趋势明显，尤其是报纸，总营业收入的跌幅超过了10%。从行业景气程度上看，图书出版处于一个相对稳定的地位，而报纸、期

---

[*] 陈超，南开大学文学院传播学系研究生，南开大学周恩来政府管理学院管理干部。

图 1 传统出版业出版总量规模变化示意图(数据来源:中国出版网)

刊面临巨大的产业规模缩水。

然而,与行业景气程度相反,出版社在新媒体领域的影响力远不及其他传统媒体。单从微信公众号的情况来看,根据专门从事微信公众号信息跟踪、收集、研究的机构"达观数据"公布的数据显示:在微信公众平台综合影响力前500名中,有传统媒体主办的公众号共40家,占比8%,其中报纸20家、电视7家、杂志8家、广播5家。笔者根据达观数据公布的微信公众号粉丝数、平均24小时阅读数、平均24小时点赞数,统计了传统媒体微信公众号影响力排名前100位的账号并分析其账号主体的构成结构。

表 1 传统媒体微信公众号影响力前 100 名账号名录

	传统媒体微信公众号影响力前 100 名 账号名录①
报纸	人民日报、半岛晨报、钱江晚报、温州晚报、参考消息、广州日报、温州都市报、南方都市报、齐鲁晚报、新晚报、华商报、扬子晚报、经济日报、大连晚报、中国教育报、陕西都市快报、辽沈晚报、杭州日报、南方周末、楚天都市报、羊城晚报、中国青年报、重庆青年报、健康时报、都市晨报、环球时报、青岛日报、电脑报、21世纪经济报道、牡丹晚报、扬州晚报、沈阳晚报、海峡导报、21世纪英文报、十堰晚报、保定晚报、海南特区报、河北青年报、侠客岛(人民日报海外版)、政事儿(新京报新闻部)、燕赵都市报、长江日报、海峡都市报、西安晚报、体坛周报、重庆晨报、宁波晚报、今日女报、厦门日报、中国基金报、天津日报、钱江晚报杭州地产、杭州日报养生道、荆门晚报

---

① 该数据根据 2016 年 3 月的微信公众平台运营情况分析得出.

续表

	传统媒体微信公众号影响力前 100 名账号名录
电视	央视新闻、央视财经、央视综艺、湖南卫视、湖北经视、山东电视综艺频道、CCTV4、河南卫视、山东卫视、东方卫视、齐鲁台每日新闻、CCTV5
期刊	意林、世界时装之苑、南都娱乐周刊、时尚芭莎、中国新闻周刊、三联生活周刊、青年文摘、Vista 看天下、读者、华夏地理、新周刊、名车志 Daily、旅游地理杂志、瑞丽伊人风尚、中国国家地理
广播	FM93 交通广播、交通 91.8、河北交通广播、新疆 949 交通广播、四川交通广播、河南交通广播、安徽交通广播、哈尔滨广播电台、甘肃交通广播、浙江之声、FM1045 女性广播、929 私家车广播、江苏交通广播、宁夏交通广播、经济之声、汽车 896、1056 交通之声、郑州新闻广播
图书	理想国 imaginist

可见，传统媒体在新媒体领域已经具有了一定的地位，尤其是报纸，在传统发行渠道逐渐衰退的同时，重视开发新媒体领域，通过微信公众号获得了新的受众群体与市场空间。其中，人民日报、央视新闻两家公众号在综合影响力上，从全国上千万的公众号中脱颖而出，分列第一、第二位。这反映出传统媒体凭借其专业性、权威性，在参与新媒体环境构建的过程中展现出了强大的竞争力。

然而反观传统图书出版，其融入新媒体的进度明显落后。唯一能进入影响力前 100 位的图书类公众号"理想国 imaginist"的认证主体是北京理想国时代文化有限责任公司，严格来看，其主体在资质上也并非出版社。而综合排名最高的出版社主体微信公众号为人民文学出版社，其综合排名为 7387 位。综上，出版社微信公众号影响力与其行业景气程度出现了脱钩。

二、传统媒体类微信公众号的成功要素

目前运营上比较成功的传统媒体公众号都有两到三年的运营历史，逐渐形成了自己的运营风格与运营体系。传统媒体前 100 名的公众号都具备了一定的影响力，其运营经验对出版社微信公众号的建立、维护是可资借鉴的。

出版社等传统媒体机构凭借长时期的经营,毕竟拥有众多资源,合理运用这些资源并且通过新媒体手段重组、增值这些资源,将成为包括出版社在内的传统媒体在媒体融合中壮大自我的重要手段。这些优势主要包括：

(一)公信力

1. 传统媒体公众平台的公信力

在中国,主流媒体基本由传统媒体构成,在这里,主流与否不是以简单的流量、转发量、点赞量等新媒体语境下的统计指标来界定。复旦大学新闻学院教授童兵认为,所谓主流媒体,一般具备四个特点：关注重大问题、发挥重要影响、具备权威地位、党政机关支撑。① 从这个定义来看,主流媒体具有高门槛。短期内,近几年涌现的市场化、个人化的新媒体组织很难成为主流媒体。传统媒体以其专业的工作流程设置、高素质的从业人员队伍、完备的机构建制、体制化的机构属性,成为中国主流媒体的中坚力量。

根据《小康》杂志2015年8月公布的《2015年中国信用小康指数》显示,微信公众号按照其受信任程度排名前五的依次是：政府各部门公众账号；主流媒体公众账号；业内精英创立的公众账号；知名企业公众账号；草根创立的公众账号。② 传统媒体微信公众号的信任指数仅次于政府部门微信公众号。可见,传统媒体积累的公信力是可以向其新媒体平台输出、转移的。

目前,在传统媒体类微信公众号中,影响力最大的两个平台"人民日报""央视新闻"的账号主体分别是人民日报社和中央电视台,都是中国官方权威媒体单位的代表,可见公信力资源的巨大价值。

2. 出版社独有的知识公信力

报纸、广播等资讯类传统媒体的公信力,集中体现在一种消息公信力,他们以权威的消息发布、新闻解读为核心竞争力。消息公信力的核心价值主要源于及时性、准确性。

出版社公众号,则可以利用自身的知识公信力,在需要深度解读的

---

① 童兵.关于当前新闻传播几个理论问题的思考[J].新闻与传播研究,2013(1).
② 鄂璠.2015年中国信用小康指数[J].小康,2015(8).

热点事件、热点话题中发挥作用。

公信力作为媒体资源,是公众对于传统媒体公正、严谨的信息生产方式的一种认可。同时,这种认可也是一种公众期许、要求。对于出版社微信公众号的媒体化运营,公信力应该成为一种衡量标准。基于这种标准,出版社在对待微信公众号的经营上应务必严谨,不可挥霍公信力而导致出版社整体形象受损。

(二)互动性

1. 传统媒体新媒体平台的互动性

微信作为一款即时通讯软件,交流、互动是其基本属性,因此微信公众平台也在其上线之初即具备了这种属性。微信公众号的这项基本属性,在大众传播的过程中,最显著的影响就是对于反馈环节的改变。

微信公众平台作为新媒体传播手段,在反馈的接受与发生机制上最重要的进步在于两方面:(1)反馈的及时性,用户可以随时通过直接留言与运营者进行即时通讯;(2)反馈的囊括性,所有用户都可以通过网络进行有效反馈,且反馈的时间成本与经济成本都接近于零。这两种特性,将大众传播带入了一个强反馈时代。传播流中的"反馈力"升级为"互动力",成为一个更加重要的环节。信息接收者的意见更加直接、全面地汇集到传播者的视野,成为一种实时更新的新信源。这种互动力不仅可以带来更好的传播效果,甚至生产出新的传播内容。

在传统媒体的微信公众号实践领域,广播、电视对于微信公众号产生的互动性的利用手段最为积极。广播节目传播方式为线性播出,传播手段单一——诉诸听觉,微信公众号的使用直接拓展了广播节目的互动渠道与传播手段。广播节目的"电台直播+微信在线互动模式"十分成功,随之成长起来的广播媒体类微信公众号功能逐渐完善,其运营目的不再局限于节目播出的辅助手段,而形成新的传播平台主体。例如:中央人民广播电台的周末互动节目"王冠红人馆",直播前通过微信提前公布话题,直播中与听众进行实时互动。在这里,微信公众平台被赋予了更强的自主性,成了形成话题、形成内容、完成互动的重要主体,而不仅仅是对于广播节目的简单外延。

电视对于互动性的应用同样重视,例如:热播的综艺节目《奔跑吧兄弟》通过微信平台征集游戏创意,这正是利用微信公众平台活跃的互动机制进行节目创作的尝试。

2. 出版社公众号的新型读编关系构建

对于出版业而言,通过良好的互动关系,创造并且凝聚出版社的稳定读者群体,成为出版社运营微信公众号的重要任务。一些传统的图书推广活动通过形式创新从线下向线上转移,"线上沙龙"是这些活动的代表方式——畅销或热门图书的作者通过出版社微信公众号推介,确定时间,以微信群为场所与读者进行线上交流。这种线上集会有利于出版社形成高质量、高黏性的读者群体。

从发展的角度,读者需求跨越中间的经销环节与出版商直接对接,这种新型读编关系,将使出版业发生巨大转变。微信公众平台普遍使用以前,图书电商的兴起,对于图书市场中间环节的简化,已经大大降低了图书的经销成本,也为图书市场保持景气打下了基础。

出版社如果可以进一步利用微信等新媒体手段,构建更加紧密、稳定、畅通的读编互动关系,从而实现按需出版、精准出版,将进一步减少中间环节并降低库存成本。目前,一些出版社公众号进行了线上售书的尝试,如机械工业出版社建立了自己的网络售书平台,而且在微信公众号通过功能设置,建立入口。目前,这种尝试依然局限在销售环节,然而随着新媒体平台的深度使用,这种改革存在延伸的可能性,新媒体平台对选题、编辑甚至出版社的组织架构进行革新是媒介融合时代的重要课题。

(三)地域性

1. 传统媒体新媒体平台的地域性

分析影响力前100的传统媒体微信公众平台账号的地域属性可以发现:地方的报纸、广播都成为构成传统媒体微信公众号运营成功样本的主体。这些地方媒体公众号的兴起,展现了公众对于本土化的新媒体信息发布平台的巨大需求。结合中国国情,由于广阔的国土面积、众多的人口数量与悠久的历史文化,产生了地域为单位的文化单元。对于相近地域的受众而言,他们建立了相似的价值观念与价值体系,因此,以地域为单位的地方化内容诉求十分巨大。这部分独特的文化期许成就了以某个地方为成立基础的传统媒体的独特地域力。在传统媒体微信公众平台影响力前100名中,地方类媒体共计63家,占比高达63%。

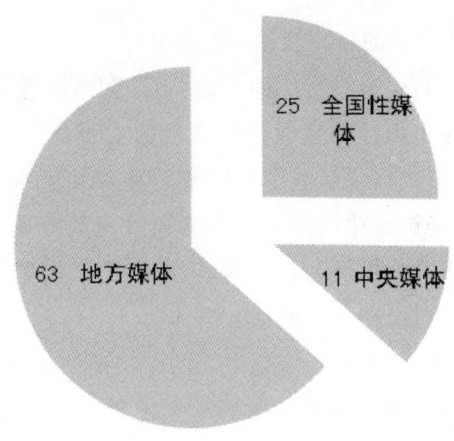

图 2　传统媒体微信公号影响力前 100 账号主体地域属性比例[①]

依靠地域力建立影响的传统媒体微信公众平台虽然在影响范围上会有所局限,然而在影响深度上则更加扎实。用户的地域集中有利于微信公众号在内容安排上的针对性、切近性。以地域为服务对象,以地域文化、地域资讯为传播内容主体,是地方性传统媒体微信公众平台遵循的经营理念。

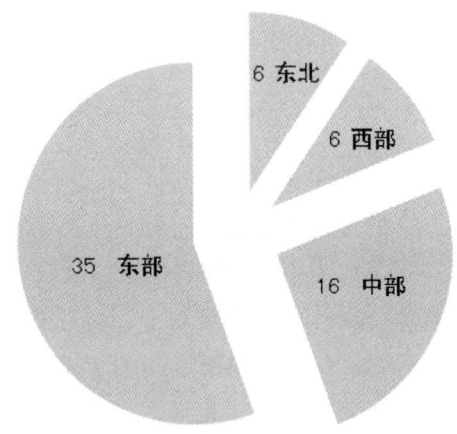

图 3　传统媒体微信公号影响力前 100 账号主体区域分布比例[②]

[①②]　因为在卫视类公众号中的地域色彩比较突出,本土性强于全国性,因此,在这个统计中,笔者将卫视类的媒体微信公众平台归于地方类。

2. 地方性出版单位的影响力不受空间限制

地域性媒体单位的微信公众号在运营中会有两个突出问题：一是受到地区经济发展水平影响较大；二是账号辐射本地，影响范围局限于本土。

通过图3可以发现，影响力传统媒体微信公众平台在空间分布上很不均匀。地域性是一种竞争力，同时也是一种对于受众流量的分配力，由于经济发展、媒介发展水平分布不均，民众媒介接触手段差异较大，优质微信公众平台的地域分布并不平衡。63家排名靠前的地方性媒体公众号分布在23个省份，其中浙江省拥有11家强影响力传统媒体微信公众平台，居全国之首。

中国大陆的31个省份都有各自的地方出版社，从媒体资源的地域分布来看，其平衡性要显著优于其他传统媒体。例如，重庆出版集团地处中西部地区，其经济规模为全国地方性出版社龙头。因此，地方出版社微信公众号的运营，成为媒介欠发达地区进行新媒体平台构建的重要突破口。地方类出版社，尤其是媒体使用欠发达地区的出版社微信公众号应当更加注重对于本土文化的宣传推广，促进文化多样性、平衡性发展。

另外，大部分地方出版社的图书出版选题与其所处地域的特有历史文化、经济发展等内容深刻相关。这些内容不仅对于本土有重要意义，更具有普遍的价值与意义，这与其他传统媒体的本土化有所差别。例如，贵州人民出版社微信公众平台，结合本土文化与本社出版资源推出的栏目"黔中书"，其内容具有本土特色与文化深度，影响范围不局限于地方。又如，微信公众号"青岛出版集团"，在内容上打造了"城市原创内容""青岛城市嘉宾"等立足于青岛的内容板块，悉心经营本土化的内容，从而打造自身的核心竞争力。出版社类微信公众号在地域力上，虽然不及资讯类媒体具有周边资讯的首发优势，但是却具备对于地方文化的深入见解。

(四)专业性

1. 传统媒体新媒体平台的专业性优势

传统媒体机构在新媒体平台运营过程中，其专业优势体现在两个方面：一是，传统媒体在采编业务上的专业性，有别于其他公众号运营者；二是，专一门类的传统媒体经过多年的专业积累与行业观察，更容易受到特定受众的信赖。

传统媒体从事新媒体运营，自然要在技术手段与呈现方式上进行革新与适应，但是其信息生产的本质不变。专业的媒体从业人员具有其他新媒体经营者不具备的专业素养与专业规范。传统媒体在新媒体介质上，依然发挥着"把关人"的主体作用。新媒体的广泛应用，催生了大量自媒体经营者，"去中心化"的传播结构导致卢因提出的"把关人理论"受到冲击。"把关人"角色受到弱化，失去了信息传播中的特权。然而，传统媒体在微信公众平台的成就，显示出"把关人"这一角色在新媒体背景下依然有生存的空间。专业采编带来的优质内容，是用户选择传统媒体类公众平台的主要原因。

编辑作为出版社的主体，是图书出版领域的把关人，是社会文化重要的关卡。在出版社微信公众平台的运营中，编辑的身份不仅是图书出版的把关人，也同样是新媒体平台的把关人。强化新媒体编辑的身份意识，增强新媒体平台内容的编辑含量，才是出版行业专业精神的体现与践履。

专注某一专业领域的传统媒体在新媒体领域容易产生更大的影响力，传统媒体依靠其专业作者、专业定位在新媒体领域继续发挥专业力。通过表1可以发现，在财经、时尚、旅游、健康、体育、汽车等专项领域，这种专业力的优势尤其突出。报刊广电等传统媒体依靠更加完善的采编团队、多年积累的媒体品牌号召力、深度与信度兼备的内容质量，在专项领域展现出了比其他公众号运营者更大的优势。

2. 出版社对于专业出版资源的深厚积累

众多专业类出版社拥有足量的出版积累，专业编辑人才，并且在专项领域具有强知名度与影响力。这些出版社依靠自身的专业实力与专业背景，应当进一步在微信平台发挥自身的传播能力。出版社利用自身专业领域打造微信公众平台在未来有两种模式可供参考：

第一种是专业属性有一定门槛和排他性的出版机构，如："煤炭工业出版社""中国林业出版社""中国电力出版公司"等微信公众账号，传播内容的范围偏窄、受众群体精准，应当充分利用其他新媒体平台无法进入、无法经营的市场，形成专业信息、专业观点的聚合和发布平台。

第二种是凭借自身的产品优势,维护稳定的受众群体。但是,应当注意这种模式在操作中宜以出版社为账号主体,以产品或者系列为公众号名称,下设更加细分的子公众平台。否则,可能导致受众对于出版社的主体认知出现一定的偏差。例如:北京航空航天大学出版社的主号应当更多关注航空航天、科技领域的消息,但是该出版社还有多年畅销的拳头产品"肖秀荣考研政治"系列。目前,"北京航空航天大学出版社"的微信公众平台,所发布的消息推送全部都是肖秀荣书系的书讯,这种对于出版社整体账号的经营方式显然是不合理的。一方面,会使读者以偏概全,误以为该出版社的主营范围是考研教辅;一方面无法充分发挥拳头图书产品带给微信平台的带动作用。如果北京航空航天大学出版社能够以出版社为认证主体,并下设专门的政治考研类微信公众平台,发布考研消息、复习技巧、教辅书讯,甚至进一步设计一些考研辅导、图书预定、讲座报名等功能设置,将实现对于出版社专业资源的利用最大化。

"移动互联网+"时代澎湃新闻 APP 研究

吴 泱[*]

摘 要："澎湃新闻 APP"是由上海报业集团联合其机构投资3至4亿元组建的一个"专注于时政与思想"的新媒体项目。移动互联网催生新型信息传播环境对"澎湃新闻 APP"提出了挑战。本文从内容策略、盈利模式、运作思维等方面分析"澎湃新闻 APP"在复杂的社会环境下的发展现状及其在"移动互联网+"时代面临的挑战。

关键词：澎湃新闻 APP　移动互联网+　新闻客户端

一、澎湃新闻 APP 出现的背景

"互联网+"是互联网思维的进一步实践成果，它代表一种先进的生产力，推动经济形态不断地发生演变。从而带动社会经济实体的生命力，为改革、发展、创新提供广阔的网络平台。通俗来说，"互联网+"就是"互联网+各个传统行业"，但这并不是简单的两者相加，而是利用信息通信技术以及互联网平台，让互联网与传统行业进行深度融合，创造新的发展生态。

4G 时代的开启以及移动终端设备的凸显，移动通信和互联网二者合二为一的移动互联网产业迎来前所未有的飞跃。"移动互联网+"则成为"互联网+"时代我们更应聚焦探讨的课题。澎湃新闻 APP 正是在这样一种媒介融合的大背景下产生的。

---

[*] 吴泱，北京印刷学院硕士研究生.

二、澎湃新闻 APP 发展现状

（一）着眼内容，坚持内容为王

目前各大门户网站上传播的新闻信息，在内容来源上采用的都是集成策略，即广泛集纳专业新闻机构或自媒体的新闻，大多偏重于报道社会娱乐新闻，还存在内容同质化、标题党严重、低俗新闻多等问题，新闻客户端没有或很少有自己的原创新闻。澎湃新闻 APP 独树一帜，主要关注社会时政问题，并针对热点做出原创的深度调查报道。

澎湃新闻 APP 以自己的记者采写的原创新闻为主，同时广泛使用外来的内容来源，是结合了专业新闻组织和网民智慧而形成的新闻聚合平台。为了扩大原创的内容源，一方面接受优秀的时政新闻生产团队各种形式的合作，另一方面通过"问答"和"评论"，力图使用户产生内容转化为新闻源。可以看出，澎湃新闻 APP 并没有拘泥于自己的记者队伍，希望充分利用 PGC（Professionally-generated Content）、UGC（User Generated Content）两种内容来源，实现内容的原创性。

（二）"问答式"互动传播，"个性化"选择跟踪

1. 问答模式，增强用户参与度

互动性不足是传统报业发展中的硬伤，即使是在报业转型中的电子版、手机报、门户网站等新媒体的尝试中，互动性的问题也没有得到很好地解决。"互联网思维"的核心是用户思维。因此，在媒体转型中必须尽最大努力让用户参与到新闻的生产过程中来。在澎湃新闻 APP 中，用户在阅读新闻作品的时候，可以随时提出自己的疑问，或者为他人的提问做出解答，用澎湃的话说，就是"你的疑惑总有人解答，你的回答总有人注目"。这一功能设计使得澎湃新闻 APP 完全颠覆了传统的新闻生产方式和新闻形态，也就是传统媒体在互动方面的时效性、便捷性的不足，在这里得到了很好的弥补。这种互助方式可以帮助读者更透彻地理解新闻，只要某一位用户生产出了精彩的问答，就可以被海量用户看到，用户之间的讨论可以增加新闻作品的深度与维度，提供更多的解读方式。此外，为了最大限度地鼓励用户进行追问与回答，澎

湃新闻APP设置了一个问吧和热追问页面,优质的追问与回答在这里得到了展现。

2. 选择性跟踪,提高用户黏度

新闻跟踪功能就是用来满足用户对于一个自己关注的新闻事件及时而不遗漏地知道每一步进展的需求。在澎湃新闻APP中,用户在读完一篇报道之后,如果觉得对此新闻事件或话题感兴趣,可通过点击单篇新闻下的"跟踪"按钮,当该新闻有最新进展时,系统会将系列报道自动推送至用户的跟踪中心。

这一功能也是为了弥补新媒体议题碎片化的缺陷,从前在微博上实现的信息传播,重大议题关注度一般能持续3~7天,碎片化现象十分严重。如果说如微博等平台的信息发布是满足了大众的知情权的话,那么澎湃新闻APP的"跟踪"功能则满足了大众的求知功能,"新闻跟踪"功能可满足用户对于事件或人物的后续报道的跟踪,避免"烂尾新闻"的出现。在实现用户自主选择的同时,避免了由于强制推送系列、长篇报道而出现的信息冗余,同时更体现出澎湃新闻APP的新闻专业主义特色以及"内容为王"的特点。

(三)简洁用户界面(UI)设计,提高用户体验度

澎湃新闻APP移动客户端的界面以白色为底色,界面干净整洁。每篇新闻以"标题加图片"的形式呈现,每篇新闻单独成一个板块。其简单的界面不仅能给人视觉上的舒适感,还能传递出一种专业权威的形象感。卡片式设计符合发展趋势,视觉冲击力大。

另外,澎湃新闻APP上的超链接比较少,但整篇报道的末尾有几篇相关新闻,这里的相关新闻也都是澎湃自制的新闻。澎湃新闻APP给读者提供极少的相关新闻,可以避免读者注意力的分散,增加浏览量。

三、澎湃新闻APP存在的问题

(一)内容生产压力大

内容生产方式方面,业界已对澎湃当前"打鸡血"似的内容生产能

力提出质疑。澎湃共列出48个栏目,仅上线第一天即发出120多篇稿件。"每个栏目都由一个小组运营,每组的人员也都相对固定,各小组会每天一起开会,商量选题,有时还会对选题协同操作,做成大的专题报道"。① 以这样的生产能力来看,澎湃在内容创作、消息供给、稿件水准、质量把控上是否稳定、可持续,都将考验澎湃团队以及上海报业集团的支持能力。

而澎湃主张的UGC+PGC的内容生产策略能否成功,还值得商榷。先说UGC,用户良莠不齐的素质可能会使得内容精品有限,这也不符合澎湃新闻APP高品质时政新闻的追求。可以说,UGC的主要作用并非为澎湃新闻APP提供高品质内容,而仅仅是增加用户的活跃度。其次,PGC看上去的确很美,但是问题在于PGC是稀缺的,商业门户网站、视频网站、网络论坛都在努力争取PGC,澎湃新闻APP在这场资源竞争中能否获胜,还有待观察。

在互联网时代,我们或许需要重新审视新闻的价值。原创新闻的含金量已经大大降低。首先,内容并不能涵盖用户所有的需要。从网络媒体发展到网络社会,还体现在人们对于网络的需求,从简单的信息消费需求发展到多重内容与服务需求。其次,内容复制的便利性迅速稀释着传统媒体的内容生产优势,所谓的"独家新闻""独家报道"往往在很短的时间内就会被转发,发布在其他媒体上。再次,更进一步讲,用户使用新闻客户端,并不仅仅是为了获得独家新闻,而是希望在信息海洋中,借助新闻客户端梳理海量的信息,从而获得需要的信息。因此,比起原创内容的提供,对信息进行筛选、加工和整合,并努力挖掘出信息之间的相互关系和内在意义,更契合客户端用户的需要。这也正是今日头条、网易新闻等客户端在市场上获得一席之地的原因所在。最后,从资源投入与产出的角度来讲,纯粹的原创花费巨大,但是并不能够为客户端带来足够的经济层面上的产出。因此,原创新闻策略的主要作用在于实现澎湃新闻APP在新闻客户端市场上的异质性,但是它并不能成为澎湃新闻APP制胜的关键。

---

① 李丹.亲历澎湃诞生."九十九度"微信订阅号,2014年7月24日.

(二)用户结构不合理

从社长邱兵的发刊词《我心澎湃如昨》倾诉的情怀看,澎湃新闻APP期望与之共情的应是60和70后,该年龄段人群无疑与当今社会权贵阶层、精英人士、财富人群的年龄结构是重合的,属于具有社会影响力的群体,也符合原有印刷版《东方早报》既有"影响力至上"的目标定位。但是根据中国互联网络信息中心(CNNIC)发布的第34次《中国互联网络发展状况统计报告》,30岁以下网民占比达到57.2%、学生占比达到25.5%,该年龄段用户对时政和社会新闻的需求是增长的,然而,目前澎湃新闻APP的内容和新闻态度并不能满足和兼容年轻的使用人群。

(三)盈利模式难实现

盈利模式的前提是思维模式。根据上海报业掌门人裘新的构想,新媒体盈利模式有两种:第一种是通过优质原创内容吸引流量,依靠海量用户来获取广告收入;第二种是面对窄众人群,以高度专业化的内容和精准服务获得用户付费收入。[①]澎湃新闻APP采用的就是第一种模式,并没有跳出"优质内容→积累用户→二次贩卖→广告收入"的传统媒体外生收入模式。首先,澎湃主打的是政经新闻和社会新闻。定位于时政与思想、精英气质浓厚的优质内容能否吸引海量用户,从而获取广告收入,以实现广告收入的交叉补贴,引来广泛质疑。其次,澎湃的产品定位和价值追求使其难以像"上海观察"或"界面"那样采取包月的收费模式。最后,澎湃当前的关注和转发主要来自APP等移动端,而广告对于移动端的用户体验影响远超过PC端。难以实现盈利的创新模式是缺乏复制价值的,澎湃的产品定位决定了其需要在长期"烧钱"的情况下逐步摸索,那么寻求多元资本的进入将是当务之急。

---

① 孙健.澎湃新闻APP与今日头条,何者可以言新——从两款风格迥异的新闻客户端看媒体融合之道[J].传媒评论.2014(11).

四、对澎湃新闻 APP 的建议

(一)真正转变运营思维模式

"互联网+"时代奉行的是"服务至上"的理念。商业网站客户端关心的不仅仅是用户对内容的消费,更是通过服务去满足用户因内容而产生的其他相关需求。[①] 内容和服务,相当于手段和目的。内容是手段,服务是目的。服务理念强调的是以用户为中心,根据用户需求来进行产品和服务的提供,进行产业链的开发。"服务至上"的理念融入商业网站客户端的血液之中,在这个基础之上,才有用户思维、平台思维、流量思维等一系列的互联网思维。商业网站客户端能够用这些理念和思维去统筹新闻客户端的内容生产和提供、产品开发、产品营销、技术改进等各个价值链环节。因此,澎湃新闻 APP 客户端现在缺少的正是这种服务的理念。从澎湃新闻 APP 的发刊词到上海报业集团的发展规划,都可以看出澎湃新闻 APP 仍然是以作者为中心的,作者生产和提供优质原创内容,对用户进行教化与引导,在这个全过程中,用户只是配角。从内容到服务的转变,这或许是澎湃新闻 APP 在思维变革上亟须突破的地方。

(二)明确产品定位,调整用户结构

在产品定位战略上,澎湃新闻 APP 定位为"专注时政与思想的媒体开放平台";目标是成为"中国时政第一品牌";实现路径为"互联网技术创新与新闻价值传承的结合"。[②]在用户结构方面,澎湃新闻 APP 的用户定位为"时政爱好者",没有基于原有《东方早报》的品牌进行延伸,而是在移动互联网上建立新的品牌,争取新的用户,在这一点上是成功的。除此之外,如果澎湃对新闻的态度能够兼容年轻人群并与之共同成长,那么用户结构将成为机遇,而非挑战。

[①] 郑青华.澎湃新闻 APP,能否成为新闻客户端的标杆?——对澎湃新闻 APP 的几点思考[J].编辑之友.2015(01).

[②] 澎湃新闻网站.关于澎湃[DB/OL].http://www.thepaper.cn/about_paper.Jsp.

(三)寻求新的盈利模式

在当今的媒介环境中,报纸经营面临第三次销售。前两次销售分别是"卖报纸"和"卖广告","卖报纸"也就是对新闻信息收费,这在目前的互联网的分享思维环境中,已经被证明是难以实现的。"卖广告"只能为其提供部分收益,新闻客户端的广告数量和浏览量都是有限的,一旦广告过多,会影响用户的体验,不利于产品形象的塑造。[①]

"澎湃新闻APP"的口号是专注做时政新闻,可是在它的栏目设置中一共有50个栏目,从时事政治到历史文化,内容包罗万象,这看似与它专注于做时政与思想的平台的理念相违背。众多的栏目必定会分散其团队的创造力。但如果只做时政新闻,必定会流失部分读者,减少流量,难以吸引广告商。因此,澎湃新闻APP必须找到适合自己生存发展的新的盈利模式,也就是"卖服务"。

媒体转型的任务就是,如何发挥传统媒体社会资源丰富、信息流汇聚、公信力强等核心优势,在纸下线下布局垂直产业,把服务卖给读者,把读者变成客户,最终形成一座挖之不竭的金矿。"澎湃新闻APP"这类新媒体平台未来起到的作用就是汇聚用户资源,承担集团盈利的"中端"而非"末端"环节。但是,微博、微信、门户网站客户端已经在互联网的信息传播争夺中站稳脚跟,作为后起之秀的澎湃新闻APP想要在改变用户的信息接收习惯,抢夺到足够的用户资源以及培养持久的用户使用习惯等方面有所突破,还是令人担忧的。

---

① 刘强.试析报业转型期"澎湃新闻APP"的探索价值及发展前景[J].东南传播.2014(10).

新媒介环境下的出版经营与管理

我们走进的是"+互联网"时代
——再论传统出版在坚守与变革中前行

吴培华[*]

摘　要：在今天媒介融合的时代，新技术给我们的生活带来了巨大的变动与冲击，在冲击与震撼之余，我们应该思考，什么是互联网？内容产业与互联网是怎样的关系？我们是永远跟着互联网信息技术的发展去做自己的事情，也就是"互联网+"，还是在努力做好我们自己事情的过程中去充分利用互联网，从互联网思维到互联网技术，也就是"+互联网"？从"互联网+"到"+互联网"，这不是文字游戏，笔者以为，这是摆正主体与客体关系的问题，是被动跟风还是主动吸取利用的问题。

在互联网时代，我们更应该发挥自己的优势，努力更新我们的手段。我们应该而且必须去"+"互联网，利用互联网来帮助我们转型，帮助我们创造、创新价值。然而，我们不可也不能忘记，我们传播的对象还是内容，在信息向知识转换的过程中，即使是互联网，也是无法替代我们的。

关键词：+互联网　内容传播　信息服务　坚守与变革

---

[*] 吴培华，教授，编审，清华大学出版社总编辑。

自从媒体融合成为文化产业发展的主题词,互联网为整个信息传播的生态链带来了巨大的变革。总理的政府工作报告都把"推进传统媒体与新媒体融合发展"写进去了,各级政府纷纷加大了在信息技术领域的投资与建设的力度。于是,信息传播领域乃至各行各业几乎是众口一词地热议着我们今天已经走进了"互联网+"的时代,各种论坛、各种研讨"互联网+"成了最时髦、最激动人心的热词。尤其是我们各类出版业内的高层论坛、学术研讨会更是把"互联网+"看成出版业发展的必由之路,是唯一符合历史潮流的发展形态。

作为一名老出版人,在今天媒介融合的时代,确实感受到了新技术给我们带来的巨大变动与冲击,同时在运用新媒介、运用互联网的过程中,确实也体会到了前所未有的便捷与震撼。在冲击与震撼之余,笔者也在思考,什么是互联网?内容产业与互联网是怎样的关系?我们是永远跟着互联网的信息技术的发展去做自己的事情,也就是"互联网+",还是在努力做好我们自己事情的过程中去充分利用互联网,从互联网思维到互联网技术,也就是"+互联网"?从"互联网+"到"+互联网",这不是文字游戏,笔者以为,这是摆正主体与客体关系的问题,是被动跟风还是主动吸取利用的问题。

笔者2014年曾在"开卷社长论坛"发表过《从来就没有什么救世主——传统出版在坚守与变革中前行》的演讲,最近阅读了"数字出版在线"冯宏声先生的《出版的未来:从"互联网+"到"内容+"》(以下简称"冯文"),深有同感。今天,以《我们走进的是"+互联网"时代——再论传统出版在坚守与变革中前行》为题,说说一个老出版人的思考。

一、互联网只是一种工具,一种手段

互联网是什么?互联网是干什么的?这是个极其简单又貌似幼稚的问题,可要真正说清楚,说到点子上似乎也不甚容易。"冯文"的解释是"人类追求信息自由的结果,是人类满足打破信息垄断、追求信息公开与共享的技术成果的集成与应用"。简而言之,是为了传播信息的。而传播信息的手段早已有之,随着人类文明的发展,传播的手段不断在进步。从树皮竹简、金石刻字到木刻活字印刷,一直到今天的大规模机器复制方式、录音录像、电子光盘,乃至网络、互联网、移动互联网、云计算、大数据,传播的手段从来也没有停止过变革与进步。

人类由于互联网的产生,又催生了大量的应用技术,尤其是进入到移动互联网阶段,不仅便捷了人们关注信息和传播信息,而且更能帮助人们关注到信息背后的人与物的延伸信息,运用大数据、云计算,人们又能通过分析处理,获得更多具有规律性的信息,使得信息的传播也更具有价值。

由此可知,互联网只是一种传播信息的工具,作为一种信息传播的技术,它还将不断地进步与变革。互联网只是传播技术在今天的表现形态,它还会变,它还要变,这是必然的。

而我们的出版,正如"冯文"所言,"出版一直在做互联网正在做的事"。说得严密一点,出版在互联网之前,一直在做着互联网出现后所做的事情,互联网出现后,出版仍然与互联网做着同样的事情,那就是总结社会化生产经验,存储各个专业领域的知识,而因为这些成果的出版,又反过来指导人们的再生产,用于降低再生产的成本,提高再生产的效率。当然,互联网与出版所做的不仅仅是这些,人们的精神文化领域显然没有包括在内。

鉴此,我们可以知道,互联网与出版所做的事情,大方向与目标是一致的。不同之处在于,互联网因为其信息技术的先进,在向消费端传播信息的过程中,改变了传统商业社会中供应方与需求方信息不对称的状况,平衡了双方对话的地位,打破了传统产业的封闭状态,打破了单一的点对点的传播方式,推动了各个传统产业朝着"产品+服务"的模式发展,产业形态也就由"产品生产型"向"服务供应型"转型与升级。而出版因为其对信息内容的处理能力,充分发挥了它对信息内容的发现、采集、整理加工、传播的能力,不断地促进着思想与知识的创新。信息不经过加工,它永远只是信息。在今天信息浩如烟海的时代,不经过加工处理,它永远不可能成为知识,人们无法在有限的时间内吸取对自己有用的东西,正如毛坯材料不经过加工,不会成为产品而且是合格的产品一样。

那么,我们是否可以这样说,在传播的过程中,互联网所做的是信息的集成、传播的工作,它在最短的时间内,以最便捷的手段、最大限度地传播到消费者手里,它传播的只是信息。而出版所要做的事是对信息的采集、整理加工、传播的工作,从浩如烟海的信息中将有用的部分经过整理、记录、表达、呈现、传递与传播开去,因此,它是一种兼具着信息属性与文化属性的"内容生产活动",它传播的是知识,是可以有用的信息。由此可见,互联网与出版并不是你死我活的敌对双方,从产业进步的角度来说,两者应该是具有依附关系的,是相辅相成的。融合,共生双赢是它们必然的出路。正如电影一样,有了网络视频,电影院不但没有消失,反而成为一个消费电影的高雅的去处,它们以不同的方式、在不同的场合做着共同的事情,那就是传播内容,消费文化。

融合,如何融合?如何双生共赢?对于出版业来说,这就带来了一个是"互联网+我们"还是"我们+互联网"的问题。

二、"互联网+"不是我们的职责

互联网是一个高效而又巨大的平台,它不仅具有史无前例的传递功能,而且具有强大的整合力量。然而,当互联网仅仅作为一个独立的产业部门,那它就只是一种工具,一种平台。只有当它与其他产业相联结时,它的巨大功效才得以淋漓尽致地发挥,它可以联结一切,这就为它的发展提供了巨大的空间。这个就是"互联网+",也是从事互联网技术服务人士奋斗的目标,在他们眼里,就是为互联网提供信息服务的原始特性找到用武之地,它可以"+工业",可以"+农业",可以"+军事",可以"+交通",可以"+旅游",可以"+出版"……,也就是将我们的产业,将我们的社会,将我们的生活彻底地信息化,这个就是"互联网+"概念真正的核心所在,也就是"互联网思维"。显然,如果离开了外部的产业,互联网也就没有了用武之地,因为它就是一种工具,就是我们传递信息的一种平台。在从事互联网技术服务的人士看来,"互联网+"就是他们为之奋斗的目标,他们提出了"互联网+"的概念,并且将其无限放大也是可以理解的了。

然而,出版——当然其他领域也是同样——这样一个被提供互联网信息技术服务一方"+"的对象,如果也跟着走"互联网+"的道路,那结果只能永远在后面跟着,因为在技术层面,我们传统的产业当然也包括出版产业是永远无法去与他们比拼的,我们的优势恰恰是在被互联网"+"的部分,对于出版来说,也就是内容的部分,我们出版要做的与互联网提供的是信息技术服务的不同,出版业提供的是知识服务,是提供内容的服务。我们应该抓住自己的优势,去做我们所擅长的事情,为我们做擅长的事情去寻找最合适、最便捷的工具与平台,那才符合时代发展潮流,用一个成语来表述那就叫"如虎添翼"。

这里以商业服务业巨头亚马逊与沃尔玛为例。

亚马逊公司是美国最大的一家网络电子商务公司,位于华盛顿州的西雅图。它是网络上最早开始经营电子商务的公司之一。亚马逊成立于 1995 年,一开始只经营网络的书籍销售业务,现在则扩展到范围相当广的其他产品,已成为全球商品品种最多的网上零售商和全球第二大互联网企业。亚马逊全资收购卓越网后,使亚马逊全球领先的网上零售专长与卓越网深厚的中国市场经验相结合,进一步提升了客户体验,并促进了中国电子商务的成长。显然,亚马逊是一家网络电商巨头。沃尔玛公司则是一家美国的世界性连锁企业,以营业额计算为全球最大的公司,其控股人为沃尔顿家族,总部位于美国阿肯色州的本顿维尔。沃尔玛主要涉足零售业,是世界上雇员最多的企业,连续三年在美国《财富》杂志世界 500 强企业中居首位。沃尔玛公司有 8500 家门店,分布于全球 15 个国家。沃尔玛在美国 50 个州和波多黎各运营。沃尔玛主要有沃尔玛购物广场、山姆会员店、沃尔玛商店、沃尔玛社区店等四种营业方式。我们说沃尔玛是国际零售业巨头应该不为过。

仔细观察这两个不同领域里的巨头的动作十分有意思,正好回答了我们是"互联网+"还是"+互联网"的困惑。亚马逊是网络电商巨头,最近却离开了它的电商主业,加大了对云计算平台的投资。因为它一方面觉得在传统零售上干不过沃尔玛,另一方面又觉得云计算与平台的利润率要高于传统的电商。它必须回避自己的劣势,继续去发挥它"互联网+"的优势,干自己所擅长的东西才是正道。而沃尔玛恰恰相反,它从传统零售业开始,再到网上做电商。因为它看到互联网给它带来了销售渠道和信息传播渠道的变化,就利用它遍布各地的线下实体店做电商。它可以方便地发货提货,使消费者既可以体验,又购买便捷。显然,沃尔玛也是在干着自己所最为擅长的事情,而且它又充分利用了网络便捷的优势,这不正是实实在在的"+互联网"思维吗?

显然,互联网业其实也应该认清自己的主业是为传统产业的发展提供正向价值,它应该去发展完善自己的技术平台,通过不断的创新,让自己的便捷功能、整合功能、传播功能更加强大。如果只是一味地把注意力放在如何"+"别人的领域,产业链过长,而且又是自己不擅长、不熟悉的领域,这样本末倒置,或许反而会丧失了自己的优势。

在出版业提倡专业化的过程中,我们常常说的一句话是"耕了别人的田,荒了自己的地",用在这里其实也是十分贴切的。跟着,就永远慢一步;跟着,就永远没有话语权。因为我们出版业传播的对象永远是内容,只有内容才是我们的优势,我们唯有坚守住自己的优势,又充分利用好互联网带给我们的便捷,才可能在自己的领域里施展身手,游刃有余。

三、我们需要做的是"+"互联网

互联网对今天的社会,对人们的生活引发的冲击和震动是史无前例的,它完全颠覆了人们传统的思维方式和生活节奏,使人们陷入了恐慌性的崇拜,将互联网看成是一种无往而不胜的神器,似乎没有互联网就将一事无成,而忽视了互联网只是一种工具,而且它的形态本身还在不断地发展变革中这一特点。作为传统的产业,我们应该去研究的真正课题是如何利用互联网开发新的产品,如何利用互联网提高自己企业的效率。

作为出版人,我们应该看到,互联网除了它本身的功能外,还有一个功能就是在倒逼传统产业包括传统出版必须不断创新,以跟上发展的潮流。我们应该看到,互联网、数字出版给我们带来的不仅仅是冲击和蚕食,新技术的运用,也同时给我们传统出版带来了新的发展动力,无论是在信息采集、传播、营销,还是在资源的维护、开发、整合上,都变得更加快捷,更加低成本,更加低碳化。只要我们抓住机遇,在做好内容提供商角色的基础上,利用新技术、新媒体,扩大我们传统出版的领域,拓宽我们的视野,就将会使传统出版焕发出新的生机。应该说,共生双赢才是我们目前对于互联网、数字出版的正确态度。

承上所述,我们的传统出版需要互联网,需要新技术,运用大数据进行选题调研和论证,运用新的管理系统加强对流程的监控管理,运用大数据对印量、营销、库存进行测算和监控。而数字出版更是与互联网有着千丝万缕的关系。互联网时代的数字出版,绝不只是将图书内容从纸介质转换成数字介质那么简单。出版平台的日常工作,也不再局限于一本本图书产品——调查具体图书产品的市场需求;联系作者,组织具体图书产品的编写和编辑工作;图书出版之后,围绕具体图书产品开展营销活动。出版平台从内容为王的产品型公司转型为信息服务为王的服务型公司之后,数据服务的特性,将从围绕客户工程实践需求的大格局出发,建设海量、全品种、跨专业和跨领域的知识资源库。出版平台的规划和生产组织,更偏重于"大项目制式"复杂的组织和管理,对市场信息调研、知识库生产组织和管理等,也将更精细、更严密,这打破了出版行业诞生以来的生产组织模式,这就需要我们去"+"互联网,去利用互联网。尤其是教育出版的数字化实践,目前正处于传统出版与数字出版相结合的转型期。利用互联网、移动互联网,把握数字化教学的发展趋势、追求数字化教学产品形式和传播手段的创新、实现经营机制和增长方式的转变,互联网为我们提供了可能与机遇。

今天的时代,已经到了以作者为中心的传统出版模式向以用户需求、读者需求为中心的新型数据服务模式转型,也就是内容为王向信息服务为王转型的时代。我们应该围绕用户需求提供服务,而不是简单的产品。

在互联网时代,我们更应该发挥自己的优势,努力更新我们的手段。我们应该而且必须去"+"互联网,利用互联网来帮助我们转型,帮助我们创造、创新价值,然而我们不可以也不能忘记我们传播的对象还是内容,在信息向知识转换的过程中,即使是互联网,也是无法替代我们的。更何况,时代在发展,技术在进步,今天我们是在"+互联网"时代,那明天呢,也许就进入"+智能化"时代了。到那时,互联网也许就真的只是一种工具了!

这就是我们出版人在"+互联网"时代的行动,坚守是必要的,变革是必需的。传统出版(当然是在不断变革中的出版)与互联网之间不存在一个你死我活的问题,它们可以长期共存,共生双赢,在各自的优势领域里,去超过对方,而不是也不可能全方位超越对方。这应该成为我们的共识,成为我们出版人思考问题的根基,而不是人云亦云,对"互联网+"陷入恐慌性的崇拜中,从而迷失了自己。

媒介融合时代的出版内容弥散式增值[*]

刘玉清　张晓青　李红玲[**]

摘　要：以国家新闻出版广电总局提出的"七个一变多"出版内容增值方式为导向，梳理出版内容增值方式由直线向弥散的变革轨迹，探寻实现出版内容弥散式增值的路径，期望为出版企业建立健全"七个一变多"生产经营方式、实现双效益的最大化提供有益的参考。

关键词：媒介融合　弥散式　出版内容增值

当前传统出版进入微利时代，出版企业最关心的就是内容增值。2015年3月国家新闻出版广电总局、财政部发布的《关于推动传统出版和新兴出版融合发展的指导意见》针对出版内容增值，提出"变革和融合传统出版和新兴出版生产经营模式，建立健全一个内容多种创意、一个创意多次开发、一次开发多种产品、一种产品多个形态、一次销售多条渠道、一次投入多次产出、一次产出多次增值的生产经营运行方式，激发出版融合发展的活力和创造力。"[①]这里的"七个一变多"为出版企业描绘了一个出版内容弥散式增值方式，为媒介融合时代出版企

---

[*] 本文是河北省社会科学基金项目"河北省平面媒体与新兴媒体融合发展研究"(项目批准号：HB15XW010)的研究成果。

[**] 刘玉清，河北经贸大学人文学院教授、硕士生导师，编辑出版学系主任；张晓青，河北经贸大学人文学院传播学专业硕士研究生；李红玲，河北经贸大学人文学院传播学专业硕士研究生。

[①] 国家新闻出版广电总局，财政部.关于推动传统出版和新兴出版融合发展的指导意见[EB/OL].(2015-03-31)[2015-10-08]. http://www.pac.org.cn/index.php?m=content&c=index&a=show&catid=6&id=988.

业的内容增值指明了方向。本文以"七个一变多"为导向,梳理媒介融合时代出版内容增值方式由直线转向弥散的变革轨迹,探寻实现出版内容弥散式增值的路径,期望为出版企业建立健全"七个一变多"生产经营方式、实现社会效益和经济效益的最大化提供有益的参考。

一、出版内容增值方式由直线向弥散的变革

（一）传统出版的直线式增值

毋庸置疑,我国出版企业在传统出版中就有内容增值的行为,出版企业通常是在出版内容转化为出版物以后才开始筹划出版物的增值的。在某种出版物发行取得非凡业绩、预计读者仍有较大需求的情况下,出版企业往往会在后期通过出版其他版本等方式谋求出版内容的增值,增加出版物附加值的方式主要包括出版修订版、袖珍本、连环画、电子版,推出报刊连载、翻译作品,以及版权的转让、许可、输出等。由于多种版本的销售及版权贸易可以获得额外的利润,因而也可实现出版物增值。但是传统出版的增值方式是直线式的,从出版者的思维方式到生产经营方式无不体现出直线性的特征。其一,实现出版物增值的思维方式是直线式的。即先推出一种出版物,再将销售业绩较好的出版物制作成多种版本,自始至终一直围绕单一的纸质印刷出版物做文章。出版者的思维方式是顺序的、直线式的,只注重出版物的横向规模数量扩张,忽视多品种、多形态产品的多维度开发。其二,出版物的生产与销售方式是直线式的。传统出版物的生产与销售运作方式大致如下:作者将创作内容交给出版者→出版者选择与加工内容并使之具有适合出版的形式→印制者把经过出版者加工的内容与形式批量复制在载体材料上形成出版物→发行者通过各种渠道把出版物出售给读者→读者购买出版物,出版者与发行者从由此而获得的利润中按比例分成,出版者收回成本获得利润。随后对市场需求较大的某些出版物进行重版、重印,推出多种版本。整个生产与销售的运作过程是"作者→出版者→印制者→发行者→读者"由前到后直线下传的过程,只在出版印刷业内打转,不敢越雷池一步。由此可见,传统出版增值的方式是直

线式的,不仅增值空间十分有限,而且出版物的影响力也十分有限。在这种直线式的出版物增值运作方式下,除部分有刚性阅读需求的和畅销的出版物可获得额外增值以外,一般出版物获得的利润往往十分有限,很难实现额外的增值。

(二)传统出版和新兴出版融合发展中的弥散式增值

伴随着传统出版和新兴出版的融合发展,出版物的种类和形态日益多样化,出版内容的增值方式也发生了根本性变化,出版内容增值方式已开始由直线式转向弥散式。所谓出版内容弥散式增值,是指在将作者提供的内容制作成出版物之初或之后,依托这一内容资源,将出版创意、开发、设计、制作、营销等环节向周围扩散,推出多品种多形态产品,从而产生多次价值增值,实现产品社会效益和经济效益的最大化。在媒介融合时代,出版内容增值应围绕"七个一变多"展开,即以一个可延伸拓展的内容资源为基础,对这一内容进行多次开发,设计制作多种产品,形成多个形态的产品,通过多条渠道销售,最终实现"一次投入多次产出、一次产出多次增值"的增值目标。与传统出版直线式的后期扩展谋求增值不同,在媒介融合环境下,出版企业应从出版选题开始就站在生产经营各环节向周边弥散的高度,审视自己的创意与策划方案,以期为出版内容多次增值创造条件。因为增值环节越多,则累积价值能力越强,因而出版企业应竭力寻求出版物生产经营各个环节的不断扩大分散、拓展延伸,寻求一个内容的多品种、多形态产品在多种渠道销售中的利润连续增加。

(三)媒介融合时代出版生产经营方式变革对出版内容增值的影响

在媒介融合时代,出版内容增值方式由直线向弥散的变革,与出版内容编排方式、出版生产方式和出版经营方式的变革有着千丝万缕的联系,可以说,出版内容增值方式由直线向弥散的变革是这些因素共同作用的结果。

1. 出版物编排方式的变革为出版物赢得更多受众、实现增值奠定基础

传统出版物受到印刷技术和载体的限制,其内容是固定的,形态是静止的,载体上编排的文字、图片或表格等符号都是直线性的,只有由前到后顺序排列的文、图、表等。传统出版物在内容编排上很难体现出

事物与事物、知识与知识之间的联系,尤其不符合当代青少年读者的阅读习惯。新兴出版物,尤其是网络出版物采取了超链接、超文本技术,改变了以往出版物内容的直线编排方式,不仅体现了出版物内容之间的关系,而且可以体现出它与其他出版物之间的关系;不仅表现出文字与文字之间的关系,而且还表现出文字、图像、声音等各方面的关系。[①]有的新兴出版物在编排方式上不仅有声音、有图像,还编排了读者与出版物互动的图标。安徽时代漫游文化传媒股份有限公司推出的儿童家庭安全教育电子书,"有声音有图像,同时孩子也能参与进来。有一个闪动的小图标,会提醒你应该怎么做,跟它互动一下,点一下答案,它会告诉你该怎么办"[②]。这些新兴出版物内容编排的方式更符合受众多维、发散的思维活动,更符合受众对知识和信息的表达和获取习惯,因而赢得了更多的受众,为出版物内容增值奠定了基础。

2. 出版生产方式的变革使出版物增值能力大幅提升

如前所述,传统出版的生产方式是直线式的,主要在出版物的多种版本上进行直线式的后期扩展,谋求增值。除这些多种版本的出版物有一定的增值能力外,其他出版物的增值能力十分有限。新兴出版物的创意、开发、设计制作、发布等生产和销售方式都是弥散式的:作者在社会环境中采集包含文字、图形、图像、音视频等多种类型的内容素材→出版者分析、选择与加工多类型内容素材并形成多种创意方案,根据创意方案进行多次开发,设计制作成适合多种媒体传播的多品种、多形态作品→发布者通过各种渠道把出版物出售给读者、听众、观众、用户。因为产品的品种和形态越多,则面向的受众越多;受众越多,则产品的增值能力越强,而多品种、多形态出版物是面向读者、听众、观众、用户开发的,所以多品种多形态出版物有望受到更多受众的青睐,出版企业有望凭借其销售,获得丰厚的增值利润。

3. 出版经营方式的变革使出版内容增值由可能变成现实

传统出版经营中,在出版物的收益上过度依赖出版物的发行和发

---

① 师曾志. 现代出版学[M]. 北京:北京大学出版社,2006:99.
② 中央电视台焦点访谈. 让文化插上科技的翅膀[EB/OL]. (2012-05-21)[2015-10-08]http://news.cntv.cn/china/20120521/115461.shtml.

布广告。有数据显示,中国新闻传媒的收益中,90%以上来自广告和发行,而国外媒介集团来自广告和发行的收益不超过全部收入的50%,其他收益来自多种经营。① 单纯依赖发行和广告来获得收益的这种直线式的出版经营方式已经不适应媒介融合的大环境,也很难获得额外增值,出版企业必须采取跨媒体弥散式经营策略。所谓跨媒体弥散式经营,就是向周边媒体扩散,由经营平面媒体向兼营电子媒体(如电视、广播、电影等)和新兴媒体(如网络、手机等)扩散,通过不同的媒体传播文字、图形、图像、音视频、动漫等多形式信息,在为受众提供多元化的阅读视听服务的同时,获得增值收益。如江苏凤凰出版传媒集团采取跨媒体弥散式经营策略,在集团旗下成立凤凰传奇影业有限公司作为影视制作运营的专门公司,实现出版企业影视增值运作,其商业巨制《天机·富春山居图》自2013年6月9日在全国上映,票房过两亿。②在媒介融合时代,唯有采取跨媒体弥散式经营策略,才能独立地使自己拥有的内容取得"七个一变多"的效果,使出版内容增值由可能变成现实。

二、实现出版内容弥散式增值的路径

(一)树立弥散式思维方式,充分论证作者提供内容的可弥散性

并不是所有作者提供的内容都适合进行多种创意策划,也不是所有作者提供的内容都能够进行多品种、多形态产品的开发。出版企业应从选题伊始,就充分论证作者提供内容的可弥散性和弥散中增值的可能性,论证作者提供内容的可弥散性是带全局性的、对全局有决定意义的第一步,稍有不慎就可能出现一着不慎、满盘皆输的局面。一般来说,值得进行多次创意和开发的内容资源应满足两方面的条件:一方面,作者提供的内容应当可以采集到文字、图形、图像、音频、视频、动漫

---

① 张君浩,兰海燕.变革时代中的变革管理——媒介经营管理面临的新挑战[J].前沿,2011(7):125-126.
② 百度百科.凤凰传奇影业有限公司[EB/OL].[2015-10-08]http://baike.baidu.com/view/5215331.htm.

等多种形式的素材,或者在其他专业人员的帮助下能够改编成多种表现形式的作品;另一方面,作者提供的内容应当具有以下特征:(1)在某些方面与众不同,具有独创性;(2)对受众是有益的,在认识价值、实用价值或娱乐价值之间至少占一条;(3)是广大受众关切的事情,能够引起众多受众的兴趣,可能会成为多数人谈论的中心;(4)能够引发当下多数受众的沉思和讨论,若干年之后,这些内容可能仍然会使受众兴趣盎然地议论;(5)经过市场调研证实内容是具有刚性阅读需求的,产品潜在的市场需求是巨大的。总之,能够采集到多种素材的、独创的、有益的、有趣的、经得起时间考验的、市场需求巨大的内容资源,才值得进行弥散式开发。

论证作者提供内容的可弥散性和弥散中增值的可能性,需要出版企业调查分析受众需求状况,关注受众的个人需求,关注受众的消费方向和消费潜力,应根据出版内容的特性以及目标受众的阅读习惯进行有针对性的开发。针对作者提供的多类型内容素材,出版者要运用发散性思维形成多种方案,并对这些方案进行可行性论证,然后将具有可行性的方案编制为一个项目整体策划方案,将这个创意项目在出版企业内部以及相关机构间进行多次开发,形成多品种多形态产品。

(二)建立弥散式生产方式,生产多品种多形态内容互补的产品

当下,我国的出版集团大多更名为出版传媒集团,这种更名意味着作为出版传媒集团,已经不限于生产图书等出版物,而是在生产出版物的基础上兼顾生产各种传媒产品,"为出版而积累和开发的内容资源应该生成更多形式的产品,而不限于出版物"[①]。将内容资源生成更多形式的产品需要建立弥散式生产方式,针对一个内容进行多次创意策划和深度开发,设计制作多品种、多形态内容互补的产品。生产多品种、多形态产品应采用弥散的、多维的生产方式,应运用弥散式设计制作方式生产立体化、多媒体产品。如教辅产品的弥散式生产,在纸质教辅图书的基础上,可将教辅图书的习题详细解答、附录等扩展内容开发成网络出版物,供用户学习参考;可开发电子智能型题库,供用户进行习题练习训练、个性化"自诊断"以及对学习过程和结果进行比较分析;可开

---

① 杨红卫.产品创新:文化创造商业价值[J].出版发行研究,2008(6):15.

发数字教材或数字教案,既展示文字、图片、表格、公式等静态内容,又展示音频、视频、动画等多媒体内容,使得教师教得更加生动活泼、学生学得更加愉快有趣。教辅读物的产品形态可以是多种多样的,包括在纸质图书内容的基础上提供的通过网站、电子书包、点读机、视频学习机、平板电脑、智能手机等获取的各种形式的学习资源,如电子教材、网页、课件、习题库等。以上各种形态的教辅出版物增值的来源主要有两个:一是读者为获取更多信息所支付的费用;二是纸质教辅出版物和数字化出版平台线上线下互相提供的广告服务。① 由于纸质图书与电子教材、网页、课件、习题库为读者和用户提供内容互补、功能外延的服务,同时,不同形态产品之间又互相提供了广告服务,起到了相互宣传促销的作用,因此实现"一次投入多次产出、一次产出多次增值"的目标就成了水到渠成的事情。

生产多品种多形态的内容互补的产品是一个系统工程,需要出版企业与文化创意和设计服务业、软件服务业和数字内容服务业、电影和影视节目制作业、互联网信息服务业和增值电信服务业等行业的人员通力协作。

(三)健全弥散式营销方式,开展多种经营和多渠道销售

弥散式营销要求既要开展弥散式多种经营,又要开展弥散式多渠道销售。发达国家大型传媒集团大多已开展弥散式多种经营。如德国贝塔斯曼集团,是一家跨媒体、多业务经营的大型综合传媒集团,其业务范围涵盖图书出版、杂志报纸出版、音像制品出版、广播电视制作、印刷、多媒体和专业信息服务、媒体俱乐部等领域。② 我国的大型传媒集团也在着力打造新型媒体集团。2014 年 8 月 18 日,习近平总书记在中央全面深化改革领导小组第四次会议上强调,要着力打造一批形态多样、手段先进、具有竞争力的新型主流媒体,建成几家拥有强大实力和传播力、公信力、影响力的新型媒体集团,形成立体多样、融合发展的

---

① 陆耀东.教辅图书基于数字出版的增值服务[J].出版科学,2014(4):90.
② 姚红宇.贝塔斯曼集团的价值链对中国出版发展的启示[J].中国报业,2012(5 下):109.

现代传播体系。① 打造新型媒体集团,首当其冲的就是开展多种经营。唯有开展多种经营,由出版向周边传媒业务拓展延伸,才能避免自身的内容传播和销售受制于人,才能顺利实现双效益的最大化。尽管当下我国多数主营图书、期刊、音像产品、电子出版物业务的出版社,并不具备兼营电影、电视、广播、手机等多种媒体的条件,但可以利用出版物版权与关联媒体联姻,可以与其他媒体合作制作各种形式的传媒作品,可以以投资人或投资合伙人的身份进入到周边媒体产品的生产经营环节。

实现"一次产出多次增值"的目标,最关键的还在于销售环节上实施弥散策略,还需要将多品种多形态的产品在消费者市场中进行弥散式多渠道销售。不同类型产品的销售渠道存在较大差异,必须根据产品的种类和形态选择销售渠道。假如出版企业将某一内容资源制作成图书、音像制品、电子出版物、互联网出版物、手机出版物、游戏出版物、内容软件等,那么就可以通过实体书店和网店销售;假如使用书中形象制作了服装、文具、玩偶、饰品等衍生品,则可以在百货店、文具店和网店同步销售。同时还可以利用二维码技术,将纸质图书与互联网建立联系进行销售,通过手机终端推送信息或者广告。由于多品种多形态产品是在消费者市场上进行弥散式多渠道同步销售的,因而很容易形成一时的轰动效应,很容易产生"一次产出多次增值"的效果。

总之,实现出版内容弥散式增值,需要出版企业树立弥散式思维方式,在传媒产品的生产经营各环节上,始终坚持以弥散式思维来运作;需要将出版创意、开发、设计、制作、营销等环节向周围扩散,对出版内容进行多媒体、多品种、多形态开发,并开展多渠道销售。建立健全出版内容"七个一变多"的弥散式增值方式,是出版企业实现内容增值的有效途径。

---

① 《关于推动传统媒体和新兴媒体融合发展的指导意见》审议通过.中国广电技术文萃[J],2014(3):110.

转企改制后高校出版社发展模式研究[*]

王云石　王祎　李盛楠[**]

摘　要：自出版社转企改制以来，全国高校出版社各自开始了不同形式的探索。通过对现状的系统分析，本文得出了高校出版社发展的七种发展模式，并且在研究的基础上，大致将这七种模式归为三种类型，分别为：一是出版社合作经营、联合发展类型，其中包括集团化发展模式、横向联合发展模式；二是出版社内部改革、寻求发展的类型，包括自我扩张的内涵式发展模式、股份制改造模式和异地分社模式；三是通过产品革新、业务创新的类型，包括特色 & 精品模式和数字化发展模式。

关键词：转企改制　高校出版社　发展模式

引　言

党的十六大提出了"积极发展文化事业和文化产业"的战略决策，这标志着我国的文化体制改革进入了一个新的历史阶段，推进出版业的企业化转制成为我国出版业发展的关键词，大学出版社也伴随着这股改革风进入了一个新时期。

教育部和新闻出版总署根据中央文化体制改革政策，于 2007 年制

---

[*] 本文系教育部人文社会科学研究规划基金项目"转企改制后高校出版社发展路径研究"（14YJA860020）阶段性研究成果之一.

[**] 王云石，天津大学出版社副社长，副编审；王祎，南开大学商学院信息资源管理系硕士研究生；李盛楠，南开大学商学院信息资源管理系硕士研究生.

定了《高等学校出版体制改革工作实施方案》,这一方案的出台标志着大学出版社的改革进入了"转企改制"时期。《实施方案》规定"将国防工业院校、民族院校等仅出版面向校内和特定行业所需出版物、基本上不依靠市场配置资源,不参与市场竞争的少数大学出版社,以及高校学报、学术性期刊和校报实行事业体制。其他均改为企业单位。""高校出版体制改革要根据出版单位的实际情况区别对待、分类指导、试点先行、逐步推开,有组织、分步骤地组织实施。"[①]另外,《实施方案》提出,高校出版单位体制改革的第一步是先行试点,第二步是总结经验,扩大试点。第三步是将改革全面推开。

2007年4月,按照试点先行、逐步推开的步骤,清华大学出版社等19家(18+1)高校出版社成为高校出版社体制改革的首批转企试点单位。短短一年间,这些出版社重塑市场主体,推动人事、用工、分配"三项制度"改革,坚持了自身的办社宗旨和目标,2007年底全部完成改革任务,成为我国出版市场充满活力的一支力量。

2008年11月24日,在教育部和新闻出版总署召开的高校出版体制改革工作会议上,北京语言大学、南京大学等61所大学出版社被列入第二批高校出版体制改革单位。我国高校出版社体制改革工作进入全面推进阶段,第二批61家试点工作于2009年全部完成[②]。到2009年年底,全国103家大学出版社基本上如期完成了转企改制任务[③]。

---

① 教育部,新闻出版总署. 高等学校出版体制改革工作实施方案[EB/OL]. (2006—09—13)[2015—09—09]. http://www.moe.edu.cn/publicfiles/business/htmlfiles/moe/moe_1581/200708/25273.html.

② 教育部,新闻出版总署. 高等学校出版体制改革工作实施方案[EB/OL]. (2006—09—13)[2015—09—09]. http://www.moe.edu.cn/publicfiles/business/htmlfiles/moe/moe_1581/200708/25273.html.

③ 冯文礼. 中国新闻出版报(2012—02—16)[2015—12—27] http://www.chuban.cc/ztjj/gg/cbs/gx/ggzl/201202/t20120216_101364.html.

一、现状分析

自 2009 年改制任务基本完成,为解放高校出版社生产力提供了动力。2009 年高校出版社的销售收入达 76.91 亿元,占全国图书总产出的 17%;其经营利润并没有受到金融危机的影响,反而有了大幅度的增长,税前利润达 12.78 亿元,占全国出版利润的 17%。高校出版社的转企改制,基本实现了出版社的自主经营、自主发展。从以上数据可以看出,高校出版社的转企改制成效显著,从总体上看是成功的。

在转企改制的过程中,高校出版社各自进行了不同形式的探索。有的出版社,如广西师范大学出版社,找到了适合自身状况的集团化发展路径,规模进一步壮大,发展势头强劲,其码洋从 2007 年的 1.63 亿元猛增到 2014 年的 14.44 亿元,增长了近 10 倍,在高校社中的排名也从第 11 名上升到了第 3 名。而有的出版社,则还未找到适合自己的发展路径,发展缓慢。从某些高校出版社每年的生产码洋可达十亿,而最低则只有一百万码洋的现状,我们可以看出高校出版社发展差距日趋明显。发展持续较好的出版社自然形成了自己的一套经验模式,对其他高校出版社提供借鉴意义。在这样一个改革的背景下,如果不能把握机遇,克服挑战,就很难使出版社发展更上一个台阶,所谓不进则退。对此,我们开展了相应的研究。

我们对 2007 年全国高校出版社实施转企改制以来的行业发展现状进行了全面系统的分析和总结,系统收集了相关资料,并对部分出版社进行了访谈。经过全面总结和分析,得出了高校出版社发展的七种发展模式,并且在研究的基础上,大致将这七种模式归为三种类型。分别为:一是出版社合作经营、联合发展类型,其中包括集团化发展模式、横向联合发展模式;二是出版社内部改革、寻求发展的类型,包括自我扩张的内涵式发展模式、股份制改造模式和异地分社模式;三是通过产品革新、业务创新的类型,包括特色 & 精品模式和数字化发展模式,并且通过案例得到各种模式的启示,以期高校出版社在今后的发展过程中,找到适合自身的发展路径。

二、出版社合作经营、联合发展

(一)集团化发展模式

出版社集团化,一般是指以产权为纽带,优势产品为龙头,骨干出版社为核心,通过资产的合并、兼并、划转等途径,将众多出版社或产品关联度强的企业,组成新的更大的出版社群体,对现有存量资产进行重新配置,实现专业化出版,规模化经营,形成新的规模优势。

2007年7月,北京师范大学出版社在完成资产评估、国有资产产权登记之后,正式注册为企业法人,完成了转企改制。同时,北京师范大学以改制后的北师大出版社为核心企业,组建了出版集团,成为国内高校第一家集图书、电子音像、网络等多类型产品于一体的现代出版集团。2010年3月,北师大出版集团合资重组了安徽大学出版社,实现了国内高校出版社之间首次跨地区、跨学校的联合经营,也迈出了北师大出版集团跨地区经营的第一步。合资重组后的安徽高校出版社有限责任公司的全部业务纳入北师大出版集团的宏观规划范围中,并开始管理新公司。

北师大出版社与安徽大学出版社合并后,在市场竞争日益激烈的背景下,各项指标均创历史新高。据数据显示,2010年销售码洋达12.12亿,定价总金额为13.2亿。主营业务收入同比增长4%,利润率大幅提高,净利润同比增长63.08%,资产总额同比增长27.06%。在销售收入增长的前提下,营业费用、管理费用、财务费用基本与2009年持平或下降。修订书、重印书的比例已达到64%[1]。

另外,在2014年8月21日,新疆大学与北京师范大学出版集团合资重组新疆大学出版社意向书签约仪式在乌鲁木齐举行,这意味着两所高校"牵手"后将优势互补,共谋发展[2]。

---

[1] 北京师范高校校报.北京师范高校出版集团:改革创新结硕果 跨越发展谱新篇[OL]. http://bnu.cuepa.cn/show_more.php?doc_id=389235. [2010-12-30](2010-12-30).

[2] 新疆日报.新大"牵手"北师大重组新疆高校出版社[OL]. http://epaper.ts.cn/ftp/site1/xjdsb/html/2014-08/26/content_127539.htm. [2014-08-21](2014-08-21).

北师大出版集团与安徽大学出版社合资重组,既为安徽大学出版社注入坚实的力量,提供丰富的教育资源与先进经验;又为北师大出版集团跨地区经营,在安徽省乃至华东地区扩大了出版集团的影响力,实现了合作双赢的目标。从某种意义上说,此次高校出版社跨地区合资重组为改制后的高校出版社寻找合适的发展路径提供了良好的借鉴。而北师大出版集团重组新疆大学出版社,可以充分发挥北师大出版集团强大的教育资源,同时扩大其在新疆地区的影响力,借助新疆大学出版社的民族特色,增强自身优势。新疆大学出版社有望在提升品牌影响力、图书特色等方面取得重大突破。

(二)横向联合模式

横向联合的发展模式,指的是有共同的背景、内涵相近、出版内容相近、规模相近的高校出版社进行协同合作发展。

这方面典型的例子要数基于协同创新的卓越大学出版联盟,成员包括北京理工大学、重庆大学、大连理工大学、东南大学、哈尔滨工业大学、华南理工大学、天津大学、同济大学、西北工业大学等9所"985"高校出版社。这9所高校同时具备理工科特色的中小型高校出版社,联盟将本着"搭建平台,信息共享,加强合作,追求卓越"的宗旨,遵循"自愿、平等、分享"的原则,推动各高校出版社间的全面合作,探索高校出版社发展的新模式。

卓越大学出版联盟共同出版100种学术著作和100种本科生教材,统一标志、统一装帧、统一版式、统一销售,各社组织出版的图书实行交叉终审,以保证图书的整体质量,力争推出精品。所谓众人拾柴火焰高,卓越联盟高校出版社的横向联合,可以深入挖掘各高校出版社的优势资源,瞄准国家发展战略和地方需求,以卓越联盟高校出版社为载体,组织策划、联合申报国家和地方重大出版项目,以争取国家出版基金和文化建设基金的支持;共同开展数字出版产业化平台建设,联合申报数字出版项目,争取国家基金支持;联合推进"走出去"和版权引进等国际出版工程,如联盟同牛津高校出版社洽谈学术著作输出事宜[①]。

---

① 哈尔滨工业大学卓越大学出版联盟成立 http://edu.ifeng.com/gaoxiao/detail_2013_11/29/31680634_0.shtml[2013-11-29](2013-11-29).

(三)模式分析

集团化的发展模式最大的优势就是能够重组资产,扩大生产规模,形成出版的规模优势。在形成一定的规模优势之后,甚至可以适当打破行业边界,发展与出版相关的产业,并在与相关产业的互动中建立以出版为中心的产业集团体系[①]。另外是中央与地方的跨地区合作模式带来的优势,一方面可以发挥中央高校出版社强大的资源优势,另一方面,能够借助地方高校出版社的特色资源,实现双赢。

通过北师大集团合资重组的集团化发展案例,我们可以看出该发展模式值得借鉴。但需要具备两个要素:第一,具有上亿规模的中央高校出版社。第二,具有地方特色的高校出版社。具有以上特点的高校出版社可尝试发展集团化模式,让双方合并重组后各自发挥优势,谱写高校出版社新的篇章。

规模上亿的高校出版社积极探索集团化的发展路径,但不是每一家高校出版社都适合走集团化发展战略,规模没有上亿但是实力雄厚的中小型高校出版社可尝试横向联合的发展模式。横向联合模式不仅可以增强各高校出版社的资金实力,还可以深入发挥各高校的资源优势。横向联合模式的好处在于,联盟内部可以通过协商,决定哪一专业领域由哪个高校来主要负责,不仅发挥其优势,还避免了内部竞争,使资源得到充分有效的利用。

但横向联合也需建立良好的工作机制,除了定期组织联盟出版社各级人员进行培训,不断提高队伍素质,还要积极开展交流互访,拓展各高校出版社人员的交流渠道,促进各社的人才梯队建设,以此共同探索高校出版社的发展规律和管理模式,推进出版社改革和发展。

三、出版社内部改革以寻求发展

(一)自我扩张的内涵式发展模式

内涵式发展模式从自身实际情况出发,关注前沿发展趋势,从出版

---

① 肖启明.面对出版集团化发展的大学出版社[J].出版论坛,2001(1):131.

社内部逐步提升综合实力,实现自我扩张。

首先,中国人民大学出版社非常重视对外合作与交流,它是最早与西方出版公司建立合作关系的出版社之一。2003年底确立了与哈佛商学院出版公司的出版合作;2004年又与沃顿商学院出版公司建立了对外合作交流的关系。其次,为顺应出版信息化、数字化、网络化的发展趋势,建立了"中国高校教材图书网"和"中国人文社科信息网",为高校出版界服务。最后,中国人民大学出版社加强了对经营环节的市场化运作方式,建立发行公司、印务中心、储运与物流公司、物业管理公司等综合服务部门,为出版主要业务的发展提供有力的保障。对改制前的"行政部门"的结构重新进行调整组合,在社内设总编辑室、人力资源部、财务部、质量检查部等。同时为了提高人大社出版图书的市场占有率,人大社对原有的发行部进行改造,组建了发行公司,共包括教材发行中心、一般图书发行中心和直销中心三个子公司[1]。

人民大学出版社在改革初期就确立了自己的发展目标:把中国人民大学出版社建成多种媒体互动、产学研一体化的国际化现代出版集团。为了实现这个目标,中国人民大学出版社正在通过整合校内现有的各种出版资源,发挥高校特色优势,通过内部的自我变革,把人大社建成多种媒体互动、产学研一体化和国际化的现代出版集团[2]。

(二)股份制改造模式

股份制改造模式指的是将有限责任公司改造成为由两个或两个以上的利益主体,以集股经营的方式自愿结合的股份制公司。

武汉大学出版社是全国大学出版社首批转企改制试点单位,于2007年12月登记注册为国有独资性质的有限责任公司。转企成功后,武汉大学出版社没有停下脚步,而是持续推进向现代企业、多元化产业、现代出版业的转型。2012年9月,武汉大学出版社有限责任公司引进战略投资,发起成立了武汉大学出版传媒股份公司。武汉大学出版社有限责任公司为股份公司第一大股东,持股比例为40%,其他

---

[1] 周蔚华. 市场化转型过程中中国大学出版社的战略选择——以中国人民大学出版社为例[J]. 编辑之友,2004,03:16-20.

[2] 周蔚华. 市场化转型过程中中国大学出版社的战略选择——以中国人民大学出版社为例[J]. 编辑之友,2004,03:16-20.

三家投资方占60%。目前,武汉大学出版传媒股份公司所辖子公司共有十二家,其中包括四家全资子公司、六家控股子公司和两家参股公司①。

自2012年武汉大学出版社完成股份制改造以来,其出版码洋在高校出版社的排名从2012年的19名,2013年升至12名,2014年更是跻身前十。由此可见,此模式为武汉大学出版社的发展提供了助力。

(三)异地分社模式

异地分社模式指的是,出版社在与总部不同的城市建设出版分社,专门负责某一地区或某一领域的出版事务,通过建立分社的方式扩大规模的发展模式。

华中科技大学出版社成立于1980年。2007年10月31日,华中科技大学出版社有限责任公司正式成立。华中科技大学出版社成为全国首批18家转企改制试点单位中率先完成改制注册的高校出版社。

华中科技大学出版社在全国范围内建立了营销网点和分支机构,其中建筑分社和北京分社是比较成功的分社。建筑图书事业部是于2005年8月在天津设立的,该事业部又于2007年7月在北京建立建筑图书中心,之后逐步成了建筑分社。北京分社则是于2009年2月成立,定位为大众图书市场。北京分社以"悦读体验,品味生活"为理念,以经济管理类大众读物、人文社科类大众读物、时尚生活类大众读物为主要方向。

建筑分社和北京分社均以目标责任制的方式进行经营运作,由出版社直接派人对其进行经营和管理,下设若干图书类别事业部或编辑室。经过几年的运作,华中科技大学出版社在建筑专业出版和大众出版两个领域的出版总量有了较大幅度增长,这两个在京的分社2010年销售码洋占该社全年销售码洋的65%以上,已经成为该社的市场主力②。

目前,华中科技大学出版社的建筑分社主要出版建筑相关图书,内

---

① 武汉大学出版社. 武大出版传媒股份公司[EB/OL]. http://www.wdp.com.cn/baseInfo.action?id=1&pid=2&cid=258.

② 蓝有林. 2011实力版图产业格局之出版新力量[N]. 中国图书商报,2011-11-04029.

容涵盖设计类、施工类、执业资格应试类、高校教材类等。其中,室内设计图书成为建筑图书市场的品牌产品,深受读者喜爱;不仅在国内处于领先,甚至还面向国际,每年向国际市场销售数百万元的相关图书①。建筑专业普及图书也得到市场广泛的认可。

而大众图书分社最初是从经济管理类图书切入的,后来又陆续开发了人文社科类图书、时尚生活类图书等。该分社组织编辑出版的人物传记类图书产生了较好的市场影响,其中,名人传记系列已经超过30个品种,总销量超过4万册②。另外,在经管知识普及类、人文社科类图书上也初具发展势头。

在异地分社的出版特色上,高校出版社有不同的做法。一种是依托所在高校丰富的学科资源,发挥着高校的优势和特色,选取有相近学科背景的院校作为分社基地。比如2011年以来,西安电子科技大学出版社为整合电子信息领域的优质资源,与杭州电子科技大学、桂林电子科技大学等电子科技类专业院校合作,成立了西安电子科技大学出版社杭电分社、桂电分社等高校分社。第二种是脱离院校,以其他具有特色的地域为基地,形成与总社的出版特色互补的局面。上文详细叙述的华中科技大学出版社分社就是采用的这种发展模式,并取得了不俗的成绩。此外,典型的例子还有广西师范大学出版社的柳州分社,主要围绕柳州经济社会发展急需的方面策划产品,出版了城市名片类的"美丽柳州"丛书③。

(四)模式分析

通过自我扩张的内涵式模式发展,出版社的综合实力能够得到稳步的提升,这种方式是最扎实的发展模式,但同时也是成效比较慢的,需要一步步改革,一点点发生改变。

而股份制改造模式,适应了社会化大生产和市场经济发展的需要,

---

① 蓝有林. 2011实力版图产业格局之出版新力量[N]. 中国图书商报,2011-11-04029.

② 蓝有林. 2011实力版图产业格局之出版新力量[N]. 中国图书商报,2011-11-04029.

③ 刘志伟. 大学社异地分社运营管理面面观[N]. 中国出版传媒商报,2014-10-28018.

实现所有权与经营权相对分离,利于强化企业经营管理的职能。股份制的组织形式,不仅可以把不同形式、种类的资本组合在一起,形成资本集聚,充分发挥社会资本的力量,还可以形成良好的监督和激励机制,促进出版社的稳定发展。

股份制改造之后,下一步可能要面对的就是上市。2015年,对于出版传媒上市公司而言,上市融资的步伐进一步加快。众多出版传媒企业纷纷投身资本市场,就是看到了包括出版主业、改革红利、媒体融合、金融融合、经济融合、走出去的六大利好①。中小型高校出版社,适合通过新三板、创业板、中小板上市。这三者都是针对中小型企业甚至微型企业的,且上市要求往往比主板市场更加宽松,对于企业规模的要求也不是很高,可以说是低门槛的上市方式。

高校出版社一旦上市,一方面可以实现融资的目的,规范运营,扩大出版社的品牌影响;另一方面可以通过股权与期权的方式激励员工,提高员工的工作积极性,促使企业的生产力进一步提升。但高校出版社上市还面临一个问题,就是上市公司的员工不能有事业编制,这一点不解决,就阻碍了上市的步伐,也难以提高这部分员工的工作热情。

关于异地建分社模式,一般有两个路径。一条路径是在北京、上海等出版资源聚集的发达地区建立分社,面向全国出版市场。另一条路径是下沉到地级市,面向基层深度挖掘地方资源,面向地方出版市场。

异地分社模式能够打破地域的限制,通过跨区域的"总部—分社"模式,充分发挥分社所在地的资源优势,与总社形成资源上的优势互补,开拓市场,促进出版社的良性发展。

四、产品革新、业务创新

(一)特色精品模式

特色精品模式指的是高校出版社发挥所在高校的学科优势,形成具有特色的、难以替代的优质系列产品,以推动出版社稳定发展的

---

① 庞沁文.出版传媒上市公司迎来六大利好[N].中国新闻出版报,2015-02-02005.

模式。

北京航空航天大学出版社成立于1985年,现隶属于工信部。是一家以出版科技与教育图书为主,综合性的中央级出版社。北京航空航天大学出版社为航空航天事业和国防科学技术发展服务,以高水平学术专著、理工类本科生教材、研究生教材和高职、培训教材为主要出版方向,形成了一定品牌特色和资源优势,走特色、精品发展模式①。从图1数据中,我们可以看出,北京航空航天大学出版社始终坚持自身特色发展所取得的成绩。

图1　北京航空航天大学出版社2010－2014年码洋(万元)

中国人民大学出版社坚持以人文社会科学出版物为特色,大力发展教材与学术出版。它一直注重学术著作的出版,出学术精品,服务于学术研究和文化传承。每年出版的学术著作超过150种,占总出版品种的20％左右。其中,它出版的马克思主义经典著作摘录、注释和介绍,社会影响很大;如《辩证唯物主义和历史唯物主义经典著作摘录卡片》《马恩列斯论报刊》《唯物辩证的工作方法》《毛泽东论哲学》《毛泽东论调查研究》《毛泽东哲学著作学习文件汇编》(共三卷)、《辩证唯物主义历史唯物主义经典著作介绍》《〈唯物论和经验批判论〉简释》《〈资本

---

① 北京航空航天大学出版社简介. http://www.buaapress.com.cn/staticpage.php? spid=6&pmenuid=6 [2010－09－21](2010－09－21).

论〉典故注释》等,满足了当时系统地进行马克思主义教育的需要①。

在坚持以人文社会科学出版物为发展战略的定位下,人民大学出版社坚持构建高校文科教材出版基地,发挥出版高校文科教材方面的独特优势,通过编写出版优质教材来提高市场占有率。为此,人大出版社抓住我国高等教育的学科调整、教学内容更新以及教育规模扩大的机遇,大力推进教材建设工程,发挥中国人民大学在人文社会科学领域优势学科集中的特点,加快教材的更新换代②。

人大出版社通过明确的战略定位,专注走特色、精品的发展模式,因而近些年来的码洋整体处于上升趋势。(如图2所示)

图2　中国人民大学出版社2010—2014年码洋(万元)

(二)数字化发展模式

数字化发展模式指的是高校出版社利用数字技术进行出版内容的编辑加工,形成数字化产品的一种新型出版方式,这种模式不仅包括内容生产和产品形态的数字化,还强调管理过程数字化和传播渠道网络化。

高校出版社中,在数字出版方面发展比较成功的,主要有:北京师

---

① 人大出版社简介. http://www.crup.com.cn/aboutus/index.shtml [2012—10—21] (2012—10—21).
② 周蔚华. 市场化转型过程中中国大学出版社的战略选择——以中国人民大学出版社为例[J]. 编辑之友,2004,03:16-20.

范大学出版社、外语教学与研究出版社、华东师范大学出版社和浙江大学出版社等。

北京师范大学出版社不仅大力推进数字出版机构和制度的建设,还积极整合内外部优质资源,推动跨平台的多媒体出版和网络出版。并且借助O2O模式,让互联网成为线下交易的平台,试图打破传统模式下出版社与读者相隔离的局面。北师大出版社还充分利用其在教育领域内的优势,尝试为客户提供个性化定制服务的学习解决方案,为从内容提供商向内容运营商和教育服务商转变进行了有益的探索。

外语教学与研究出版社率先在业内推行全媒体数字内容编辑、数字产品经理和职业项目经理等复合型人才梯队建设方案。外研社大力推动基础资源建设,不仅在数据库技术和模块化架构的支撑下,将内容资源进行数字化再造,还完成了在线协同编辑和按需出版系统以及国际多语言公共服务平台等底层架构设计,摸索出了全新的数字化出版模式。

华东师范大学出版社有限公司将ERP管理系统与内容管理系统相关联,形成了信息流及业务流的互联互通。在内容资源建设方面,华东师范大学出版社为构建数字内容和谐的生态系统作了有益尝试:将约稿产生的内容与用户阅读过程中主动生产的内容关联起来,构成了互补互生型的内容生产新模式。

浙江大学出版社有限责任公司通过内容重组、流程再造、服务支撑和产业延伸等手段,提高了业务的数字化生产能力及产品供给能力。在机制建设方面,建立了支撑数字出版的管理与控制机制、对外合作机制及内部工作机制,探索出"以项目驱动、产学研一体化、主导型社会化应用"的数字出版发展新模式。[①]

(三)模式分析

特色精品模式的优势在于能够充分发挥所在高校的优势学科背景,一旦形成业内认可的品牌,将可能是持续稳定的利润来源。高校出版社不管整体规模的大小,都应紧紧依托高校的学科特色,把它作为最

---

① 国家新闻出版广电总局. 2013年数字出版转型示范单位公示[EB/OL].(2013-06-28)[2015-12-27]http://www.gapp.gov.cn/news/1664/151665.shtml.

为基本的出版业务,在保障基本出版业务利润的基础上,再发展其他路径。但特色精品模式对高校的学术水平有一定的要求。在同一专业领域的同类书籍竞争的情况下,所在高校专业排名靠前的出版社的读者认可度就会比较高。

而从以上案例来看,高校出版社的数字化发展,应该不仅仅是将纸质书籍数字化,更应该将出版流程数字化,还应顺应潮流将营销方式网络化。高校出版社应注重内容资源建设,结合所在高校的学科优势背景,对现有知识进行再加工,重新形成新书。另外,数据库也是数字化出版的一种形式:依托高校优质的学术背景,高校出版社可以将数字出版与所在高校的优势学科结合在一起,形成特色数据库,一旦做专做精,这种数据库也将有很广阔的市场。

除此之外,高校出版社在进行数字化发展的时候,还要注重人才的培养,要培养既懂传统编辑又懂数字出版甚至还要懂市场的复合型人才。这对高校出版社来说,也是困难所在:高校出版社,尤其是中小型的高校出版社,对于优秀的复合型人才的吸引力不够,因此如何留住人才,也是高校出版社需要解决的问题。

结 语

集团化发展模式和横向联合发展模式是出版社合作经营、联合发展,寻求组织间资金和资源的整合互通的模式;自我扩张的内涵式发展模式、股份制改造模式和异地分社模式则是通过本社内部的改造或建设形成良好的发展模式;特色 & 精品模式和数字化发展模式则是从产品、业务的角度,为高校出版社提供适合自身的发展模式。以上模式有的发展成熟,日渐效果,有的模式正处于探索阶段。不论高校出版社选取哪种发展模式,都应明确自身的规模以及具备的特色,选取某个模式发展并结合实践完善发展模式。

除了以上总结的现有模式之外,还有一种可供参考的发展模式就是借助外部力量,同样适用于规模难以实现集团化的中小型高校出版社。借助外部力量发展模式,是指高校出版社与一个规模较大、发展稳定的大型出版集团合并,由大型出版集团投资控股。由于规模较小,自身力量较弱,如果能够依托一个规模较大、发展稳定的大型出版集团,实现资金和资源的互通,对中小型高校出版社来说,也是一条不错的出路。大型出版集团资金充裕,发展稳定,市场占有率一般也比较高,能够为高校出版社提供一个良好的发展空间。但是这种模式的困难之处在于高校出版社有体制障碍,使其难以与体制外的出版集团展开合作。因此这种模式还没有成功的先例。华中师范大学出版社就曾经打算与长江出版集团合并,但是将方案报到教育部,并没有得到批复。

依托高校的科研背景,高校出版社拥有大量优质的出版资源,因此高校出版社一直是我国出版事业的重要力量。高校出版社中,已经出现了像外研社这样的龙头出版社,2014 年,发货码洋达 30.2 亿元[①]。从 2014 年的销售码洋统计数据来看,高校出版社排名的前四名达到了 10 亿以上,前 45 名达到了 1 亿以上。从本文给出的案例可以看出,一旦选择了适合自身的发展模式,高校出版社将得到更好的发展。高校出版社的蓬勃发展,将带动我国整体出版事业的发展,使我国出版事业更上一个台阶。

---

① 中国新闻出版报.解开外研社首破 30 亿大关的"密码"http://www.pac.org.cn/index.php? m=content&c=index&a=show&catid=6&id=902.

互联网语境下的图书广告：
概念、特征与传播机制[*]

戴 维[**]

摘 要：网络购书风行的环境下，实体售书时的图书展示效应不复存在，图书广告传播日趋重要。本文针对现有研究中图书广告概念模糊不清的问题，识别了"图书媒介广告"与"图书宣传广告"的差异，对图书广告的概念进行了界定。接着，文章探讨了网络图书广告从"模糊推送"到"按需传播"、从依赖"传媒"到依赖"人媒"、从"图书商品传播"到"信息服务提供"等传播特征。在此基础之上，本文对网络图书广告的传播机制进行了分析，指出网络图书广告并非出版企业单方的宣传，而是"多元主体联合基础上的共振传播""再传播机制促成的裂变传播"。互联网语境下，出版企业亟待实现广告身份的转变：从广告传播的主导者转向广告传播的驱动者、整合者。

关键词：网络 图书广告 概念 特征 传播机制

伴随体制改革的深入与媒介环境的变化，图书的广告传播比以往任何时候都显得更为重要。网络购书风行的环境下，实体售书时的图书展示效应不复存在，读者购书前的试读体验由直接变为间接，由全面变为片面，多依据自身对图书的兴趣、了解，通过网络搜寻图书信息，在

---

[*] 本文系天津市哲学社会科学规划项目阶段性研究成果，项目号：TJXC13-002。
[**] 戴维，南开大学文学院传播学系讲师。

这样的情况下,不注重宣传的图书很难获得读者的主动关注、检索和购买,图书广告传播已成为图书经营者不容忽略的问题。

一、图书广告概念的厘清

梳理前人关于图书广告的研究发现,图书广告的概念至今仍缺乏明确的界定。从研究对象来看,前人对于"图书广告"的研究涉及内容迥异的两个方面,其一是关于"图书媒介广告"的研究,即研究以图书为载体的广告、在图书上刊登的商品广告,像刘义琴《我国图书植入式广告存在的问题及规制思考》[①]、向阳《谈全媒体背景下的图书植入广告》[②]等均研究的是书媒广告;其二是关于"图书宣传广告"的研究,即研究以图书为主体的广告,探讨图书经营者对图书的宣传与推广,像范用《爱看书的广告》[③]、李云龙《在数字时代看民国时期的图书广告》[④]、范军《巴金的图书广告艺术》[⑤]等则研究的是图书的广告宣传问题。就目前的图书经营实践而言,以图书为载体刊登、植入商品广告仍属于小概率事件,笔者建议将"图书广告"的研究对象界定为"图书宣传广告",以图书为载体的商品广告研究推荐采用"书媒广告""书载广告"等术语,避免研究概念的混淆。

除研究对象含糊外,图书广告概念的内涵与外延也不够明晰,图书广告与图书营销界限模糊。广告一词源于拉丁语"advertere",意为注意、诱导、传播。美国广告协会指出,广告是付费的大众传播,其最终目的是为了传递信息,改变人们对于广告商品的态度,诱发其行动而使广告主获得利益。该定义中,"付费"指的是广告主需向媒介平台支付费用,明确广告是借助媒介展开的信息传播活动。值得指出的是,图书广告较普通商品广告存在较大的特殊性,"付费"传播的特性不够明显,因销售利润有限,图书广告往往藉由自有、免费媒介(书媒、新媒体平台)

---

① 刘义琴. 我国图书植入式广告存在的问题及规制思考[J]. 出版科学,2015(4).
② 向阳. 谈全媒体背景下的图书植入广告[J]. 出版发行研究,2014(6).
③ 范用. 爱看书的广告[M]. 北京:生活·读书·新知三联出版社,2015.
④ 李云龙. 在数字时代看民国时期的图书广告[J]. 中国编辑,2014(4).
⑤ 范军. 巴金的图书广告艺术[J]. 编辑学刊,2002(5).

传播,租用大众传媒平台传播的情形较为鲜见。即使图书广告采用付费平台传播,因精神消费、知识获取的个性化与专业化,选择的广告媒介也以行业、专业报刊等小众传媒为主,图书广告与其说是"广告",不如说是"窄告"。互联网语境下,图书广告传播的分众化、圈层化趋势更为明显,广告传播的载体日趋丰富多元。依据上述分析,笔者将图书广告界定为图书广告主借助付费、自有或免费媒介,向特定的读者对象展开的图书信息传播活动,以达成销售图书或塑造出版品牌的目的。

二、互联网语境下图书广告特征

互联网去中心化的传播结构带来信息传播内容与传播方式的双重变革,网络图书广告传播除了具有信息量大、时效性强、多媒体呈现等一般性的网络信息特征外,还显现出精准定向、依赖"人媒"、隐性植入等沟通特性。把握网络媒体环境下图书广告的特殊性,有助于图书广告主更好地利用新媒介创新广告形式、展开有效传播。

(一)快速与生动:从单一文本到多媒体交融

传统媒体环境下,图书广告主大多依托书媒、专业报刊、店面海报展开传播,所承载的信息文本局限于单一图文,表现形式单一,时效性差,影响力有限。互联网具备的信息海量、时效性强、跨越时空、信息发布的低门槛等传播特性使得图书广告在短时间内以较低成本实现广泛传播成为可能,有效地提高了图书广告的到达率。网络图书广告包含了文字、图片、音频、视频、H5等多种媒质形式,斑斓丰富、直观生动。以中信出版社为例,其旗下畅销书《S.忒修斯之船》《商业的本质》《向着那光亮的地方》等在当当网宣传时均采用图文、视频结合的方式,图书广告从单一的图文传播转变为图文声像一体化;知乎网在微信推广《金钱有术》时,采用了H5游戏广告推广,3天内实现了300万左右的访问量,新颖的网络广告帮助该书迅速跃升至亚马逊销售榜第一的位置。互联网技术的发展为图书广告创意、创新提供了多元路径。

(二)精准与互动:从"模糊推送"到"按需传播"

网络媒体环境下,图书广告由"模糊推送"向"按需传播"升级。这种"按需传播"首先体现在图书广告的"关联推荐"方面,传统媒体环境下,尽管图书广告主也会考虑到图书广告的定向传播,但识别目标读者群体存在较大的难度。互联网技术的发展与大数据营销的应用,使得图书广告主能够依据用户的地理区位、浏览痕迹、购物经历、分享内容识别用户的兴趣与偏好,有针对性地向潜在读者推荐图书。

伴随传播话语权由传者向受众的转移,网络广告传播由广告主的单向"推送"(push)变为读者主动"拉出"(pull),读者倾向于主动寻求而不是被动接收信息。网络广告的"按需传播"的特征还体现对读者搜索需求的关注与满足。图书经营者首先应通过关键词匹配与内容定制,提升图书广告被读者主动搜寻、检索的可能性;其次应注重与百度问答、百度百科、百度阅读、网易云阅读、豆瓣、知乎、喜马拉雅等平台的合作,使得读者以书名为关键词进行搜索时,能够获得较为全面的图书信息。

(三)分众与圈层化:从依赖"传媒"到依赖"人媒"

互联网语境下,读者在分化中聚合,因兴趣集结成不同的图书部落,例如豆瓣各种类型的"读书小组"便是典型代表。伴随移动互联网的普及,读者分众化、圈层化的趋势更加明显,相似兴趣偏好、价值取向的读者群体汇聚成图书社群,图书信息在群体交流中无形散播。

图书广告传播中,人际媒介的作用首先体现在普通读者对于图书信息的传播与分享。在微信、微博等社交媒体平台,图书信息依托社交关系链在人群中实现扩散,参与图书信息转发的人数与频次直接决定广告传播的广度与深度。2015年艺术畅销书《秘密花园》刷爆微信朋友圈,出版方迎合读者兴趣,在豆瓣网策划了"秘密花园:纸笔碰触的静谧与美丽"的作品分享活动,有效地促进了图书口碑的扩散。图书广告传播中的人际媒介的作用还体现在典型读者——意见领袖的推荐方面,与商品广告的"代言人"相仿,图书意见领袖向读者承诺着书籍的价值。笔者考察电商平台的图书广告宣传发现,意见领袖的推荐已成为当下不少畅销书广告词的"标配"。以经管畅销书《从0到1》为例,其当当网页面推荐者多达11人次,意见领袖的吸引力、专业性、权威性大大提升了图书的影响力。此外,逻辑思维、童书妈妈三川玲等自媒体大V带来的图书畅销也在一定程度上反映着网络意见领袖对于图书广告所起的作用。网络媒体环境下,重视人际媒介,激发读者和意见领袖分享、推荐图书至关重要。

(四)隐性与植入:从图书商品传播到信息服务提供

如前所述,互联网语境中受众的信息选择权显著提升,往往根据自己的兴趣与需求决定是否将信息"拉出"。商业意图明显、叫卖式的硬广告易被受众过滤,商业意图深埋、有价值的软广告则更易获得受众青睐,出版企业可将图书商品信息植入、隐匿于优质内容,以"润物细无声"的方式引导读者接收广告。读客营销部研究发现,读者在社交媒体平台不愿意接收干巴巴的硬消息,与读者相关、贴近读者处境是当下最重要的诉求。就微信传播而言,大部分出版企业利用微信公众号推荐新书时,不再采用"新书推荐""某某图书上市"等直销标题,而是改之以信息性、趣味性的标题冲淡广告意图,以精彩内容吸引读者,仅在文尾揭晓书名。内容为王的时代,"内容营销"已成为网络图书广告的主流,图书广告主可通过创造与读者相关的、高质量的内容诱导读者关注、分享图书信息。

网络媒体环境下,图书广告一方面由显性传播向隐性植入转型,另一方面也从侧重传播图书商品转向提供信息服务。湖北教育出版社在推广《中国好字贴》时,为该书设立了微博、微信公众平台,定期发布书法鉴赏、书法示范视频、书法资讯;作者王芳在宣传《最好的方法给孩子》时,面向144个微信群7万名妈妈开展微信讲座,5个月时间在今日头条、喜马拉雅等平台讲授近100场微课,微信课程在购书引流方面贡献巨大。图书广告主可通过提供专业的、有吸引力的信息服务,培育读者对于图书品牌的信任与忠诚。

三、互联网语境下图书广告传播机制的演化

《辞海》将"机制"诠释为"一个工作系统的组织或部分之间相互作用的过程和方式",图书广告的传播机制涉及图书广告传播主体、传播客体、传播媒介、传播内容等传播要素之间相互作用的过程和方式。笔者在前文探讨网络图书广告传播特征的基础上,试图梳理互联网语境下图书广告传播机制的演化。

(一)多元传播主体联合基础之上的共振传播

传统媒体环境下,图书广告的传播主体主要由出版企业与图书经销商构成,网络图书广告则是出版企业、作者、电子书商、意见领袖多元联合基础之上的共振传播。以微博传播为例,出版企业、作者、意见领袖、媒体公号之间的信息互动、转发屡见不鲜,关键节点间的信息共鸣迅速提升图书热度,为图书造势。网络媒体环境下,图书广告的传播主体与媒介均由集中化、一元化转向分散化、多元化。以作者这一传播主体为例,传统媒体环境下,出版商往往将有限的图书营销预算聚焦于少数、知名度较高的作者,网络媒体虽然不能改变出版商的营销预算在不同作者身上的分配,但是却在很大程度上赋予了作者营销主动权①。网络信息发布的零门槛使得任一作者都能够通过网络向大众宣传图书、成为网络图书广告传播的中坚力量。

(二)再传播机制促成广告信息的裂变传播

如前所述,网络图书广告传播从依赖"传媒"转向依赖"人媒"。网络媒体环境下,读者由传播链条的终端(End)转变成信息传播的中转环(Linked Chain)②,参与图书信息再传播的读者规模直接制约图书广告的效果。值得指出的是,传统媒体环境下,读者对图书信息的再传播亦是存在的,但这种传播多属一定区域范围内的口耳相传,因缺乏承载媒介而日渐衰减。网络平台拓展了读者的传播能力、渠道与范围,网络图书口碑跨越时空限制,借助网络人际关系链实现二次传播、三次传播……N次传播,具有典型的多级传播、裂变式传播的特征。

(三)互联网语境下出版企业广告角色的转变:由主导者到驱动者

网络媒体环境下,图书广告传播不再是出版社单方面的宣传,而成为多元主体联合基础之上的共振传播、读者再传播基础之上的裂变传播,出版企业在图书广告传播中的身份亟待转换:由图书广告的主导者转变为图书广告的驱动者、整合者。驱动营销成为网络图书广告传播的关键性问题,出版企业需考虑如何以最小的成本、最少的资源来驱动、激活尽可能多的传播力量。

---

① 邵萍、徐丽芳. 美国图书市场社交媒体营销发展态势[J]. 出版参考,2014(9).
② 戴维. 网络媒体环境下图书口碑的嬗变及营销应对[J]. 出版科学,2016(2).

1、善用驱动与激励，以系统思维规划图书广告的传播流程

出版企业除关注、瞄准读者外，也需要考虑与网络图书广告传播相关的"关系利益人"。"关系利益人"由整合营销传播著名学者汤姆·邓肯提出，笔者借用这一概念来指代图书广告传播中与出版企业利益相关的群体与个人，包括电子书商、作者、意见领袖、媒体等。广告策划学传统教科书的范式多强调单一主体的线性决策流程：广告调查、广告定位、创意与文案、媒体投放到效果评估的一般性流程构成了当下广告策划教材的主要框架。网络媒体环境下的图书广告，却是多主体、多线性传播，传播效果有赖于多方传播的共振与整合。出版企业从传播伊始，就应考虑规划多线性传播的整体框架，在关注读者的基础之上，重视图书经营"关系利益人"需求的满足，调动、激发图书经营的"关系利益人"参与图书传播。

2、动态创意，根据读者口碑及时调整广告策略，构建传播链

网络媒体环境下，出版企业还应以动态而非静态的眼光看待图书广告策划。网络图书广告因多方介入、读者的再传播呈现出多变性、碎片化、随机性的特征。出版企业精心设计的图书卖点、主张有可能伴随时间推移出现无法适应网络舆论环境的情形。出版企业应依据读者在口碑传播过程中呈现出的新问题、新情况重构图书广告的价值主张。以《秘密花园》为例，该书虽2013年就已出版，但却在2015年成为书市黑马。起初，《秘密花园》只是主打黑白线条的组合图形，随后有网友在社交平台上发帖称该书有减压功能，出版商迅速响应，依据读者反馈的动态创意，将成人涂色书与现代心理学中的色彩疗法结合起来，定位《秘密花园》为"减压利器"。一时间，全球的社交网站均被该书"刷屏"[①]。读者的再传播延伸了图书广告的传播链条，促进了广告传播涟漪效应的产生。出版企业从广告传播的主导者变为驱动者，借力营销，达成了事半功倍的传播效果。

---

① 刘亚.2015年海外图书营销一点[N].中国出版传媒商报，2015-12-22(007版).

媒介融合趋势下我国出版企业的转型与发展

汪曙华[*]

> **摘 要：** 媒介融合是世界传媒业的重要发展趋势，当代媒介融合进程主要体现在传媒数字化、集团化、跨界发展等层面。我国出版企业应视媒介融合为重要发展契机，以媒介融合趋势下传媒业发展的产业规律为依据，着重实施数字化转型和集团化发展，以提升发展空间和竞争优势。
>
> **关键词：** 传媒　媒介融合　出版　出版企业

媒介融合是当代传媒业在数字技术变革及市场变化等因素推动下显现的重要发展趋势。在媒介融合进程中，传媒技术、传媒组织及整个传媒业的格局都发生着深刻变革，当今世界出版业同样也深受媒介融合大潮的影响。近年来，我国出版业在业态升级、体制机制创新等方面不断改革探索，但对于媒介融合趋势仍需更为积极地应对，如何在媒介融合时代拓展生存空间，发展核心竞争力，则是我国出版企业急需思考与探索的课题。

一、我国出版企业的发展需顺应媒介融合大趋势

（一）媒介融合的内涵与意义

媒介融合现象具有相当的复杂性，涉及传播介质、传媒产品、传媒

---

[*] 汪曙华，闽南师范大学新闻传播学院讲师．

业务乃至传媒产业等,几乎涵盖了传媒业的所有层面,甚至超越了一般意义上的传媒业范畴,实现跨界融合。相应地,学界对于媒介融合现象的研究视角也非常多元化,这导致媒介融合概念的界定角度和具体表述方式较为繁多,事实上,媒介融合已成为当代传媒研究领域"最难把握的概念之一"①,因为它有太多不同层面的意义。本文认为,可分别从微观、中观、宏观等层面来考察媒介融合,具体而言,在传播媒介层面,媒介融合表现为传播媒介的数字化及数字化媒介在传播功能上的一体化;在传媒产业组织层面,媒介融合表现为传媒产业组织间并购重组为大型的传媒企业或传媒企业集团;在传媒产业层面,媒介融合表现为传媒产业与信息产业等相关产业间发生互相渗透,形成跨产业的新生融合市场,这三个方面是当代媒介融合的核心内容。因此可以认为,对当代传媒业而言,媒介融合是传播媒介的数字化及其带来的传播功能的集成、传媒相关产业组织的集团化、传媒与相关产业间的交叉与渗透等融合趋势的总称。

  媒介融合趋势对于传媒业的发展意义重大。美国学者章于炎指出,传媒的多元化融合可以使媒介组织结构与工作流程发生巨大的变化,将会大大增强媒介影响力,使媒介经济得到有效的增长,使媒介集团实现规模经济和范围经济,因而,媒介融合能带来更多的经营利润,提供更优质的内容服务,并能够降低传媒经营成本,为传媒组织带来更大的竞争优势。② 由此可见,对传媒企业而言,媒介融合带来的不仅是因变革所要面临的风险和压力,同时也意味着难得的发展机遇。传媒企业如能顺应媒介融合趋势,积极主动且稳步地走向融合,那么将能在传媒竞争中获得更多的发展机会和竞争优势。媒介融合同样深刻影响着出版业的发展,已成为当代出版业技术进步、企业发展和产业升级的重要推动力。20世纪90年代以来,欧美国家的一些主要出版企业紧跟媒介融合的步伐,抓住时机,积极变革,从而有效地巩固和发展了自身的竞争优势。这些欧美出版企业应对媒介融合的变革措施主要体现

---

  ① Espen Ytreberg. Convergence: Essentially confused? New Media Society, 2011(13):502.
  ② 章于炎.媒介融合:从优质新闻业务、规模经济到竞争优势的发展轨迹[M].中国传媒报告,2006(3):5.

在数字化转型、集团化发展和扩张、经营领域的跨界融合等方面。

(二)我国出版企业应以媒介融合为契机转型发展

进入21世纪以来,我国出版业锐意变革,积极实施出版体制改革,使出版企业成为真正的市场主体,激发了出版企业的市场活力,同时,我国出版业也已着手稳步实施业态升级,这些措施使得我国出版业获得快速发展,出版企业的市场竞争力日益增强。但同时,目前我国出版业的进一步发展已遇到瓶颈并一时难以找到解决之道,我国出版企业与欧美国家的主要出版企业相比,无论在经营规模、市场地位等方面,都还缺乏竞争优势。笔者认为,媒介融合不仅是传媒业的一种重要产业发展规律,同时也是一种发展战略或发展观,对于我国出版业而言,媒介融合是一个不容忽视的发展契机,媒介融合视角能够给我国出版业突破发展瓶颈带来新的思路和途径,而我国出版业在以往在一定程度上恰恰忽视了媒介融合这一重要发展途径。因此,当前我国出版业应重视和抓住媒介融合契机,在当代媒介融合进程中顺势而为,而我国出版企业则应在这一进程中积极承担起参与主体的角色。

具体而言,我国出版企业应根据媒介融合趋势下传媒业及出版业发展的总体规律与趋势,积极探寻适合于自身的转型和发展路径。不同的出版企业与出版集团,资本实力各不相同,也有着各自的细分业务领域和业务组合,以及各自的优势与短板,这就需要根据自身情况确定发展目标,再结合媒介融合大趋势制定相适宜的经营与发展战略。另一方面,尽管不同的出版企业与出版集团个体的转型发展战略可能各有侧重,但在媒介融合大趋势下,就我国出版企业和出版集团当前的发展状况而言,也面临着需要共同实施的两大发展战略,即数字化转型和集团化发展,这两方面不仅是媒介融合的核心内容,也是突破我国出版业发展瓶颈迫在眉睫的工作,是媒介融合趋势下我国出版企业与出版集团制定个体发展战略的基本依据。

二、媒介融合视角下我国出版企业的数字化转型

当代媒介融合趋势的一个重要方面是新兴数字化新媒介集传统媒

介功能于一体,并逐渐成为人类信息传播的主导媒介,从人类传播媒介的发展与演进的角度而言,这意味着所有传统媒介都必须实施数字化转型。对于我国出版企业而言,近年来虽已部署数字化转型,但进展缓慢。而从媒介融合视角出发,我国出版企业可从如下方面着力推进数字化转型。

(一)突破现实困境,发展数字出版新业态

目前,在美国等出版业发达国家,出版企业实施数字出版的技术条件与市场条件均已成熟,其数字出版业市场如电子书市场快速增长,数字出版业务在美国出版企业总体收入中的占比逐年快速增加,已经成为美国出版业新的增长点。但是在我国,虽然目前传统出版企业实施数字出版的外部技术条件也已成熟,但市场环境还不成熟,数字出版业务收入还非常低,主要原因首先是我国数字出版产业利益分配严重失衡,传统出版社与作者的合理回报得不到保障;其次缘于数字版权保护力度不够,侵权现象一时还难以得到遏制;最后也与市场不规范,一些数字出版企业的商业伦理缺失有关。

因此,我国出版企业要实施数字化转型,顺利开展数字出版业务,必须首先存在一个良好的市场环境,而这一环境的营造则需要政府及数字出版产业链各方的共同努力。政府应尽快提高数字版权法律保护水平,采取措施加强数字出版行业的管理,规范数字出版产业市场,以此为我国传统出版企业的数字化转型创造良好的市场环境。而数字出版产业链相关各方应着眼于产业发展大局,在平等合作中寻求互利共赢,以共同推动我国数字出版产业的快速发展。我国传统出版企业则应为开展数字出版业务做好各方面准备,而非被动等待条件成熟再开展数字出版业务,从而以积极的姿态迎接出版数字化转型。

(二)以数字出版为根基,努力开拓融合市场业务

在媒介融合趋势下,出版企业要实施数字化转型,销售传统出版物的数字化版本并非唯一选择。在媒介融合进程中,由于包括传媒业在内的多个相关产业间的融合与渗透,在各产业市场重叠的领域已产生一些融合市场,近年来正处于高增长与高收益发展阶段,出版企业开展数字化转型时,也应积极关注这些新生的融合市场,条件具备时应积极开拓融合市场业务,当前尤其值得关注的是信息服务业市场。当代欧

美大型出版传媒集团因为信息服务业市场的高收益性,大多凭借原有出版传媒业务的优势或通过并购进入该市场领域,占据可观的市场份额,获取高额利润。例如,励德·爱思唯尔集团通过数字化转型,积极扩展信息服务业务,目前其专业信息服务业务的收入已超过其传统出版业务的收入,成为集团收入的主要来源;而汤姆森集团甚至已从出版传媒集团彻底转型为信息服务提供商;又如美国著名教育出版商麦格劳-希尔集团,信息服务业务也已成为其核心业务之一。目前我国出版企业或出版集团目前开拓或转型发展经营信息服务业的仍较为少见,事实上,信息服务业可视为出版传媒业务的衍生业务,出版传媒企业原有的内容资源可成为开展信息服务业务的重要基础,我国出版企业或出版集团也应通过数字化转型积极开拓信息服务业业务,尤其在专业出版领域,我国出版企业值得尝试。

(三)优化传统出版业务,巩固原有优势

在实施数字化转型的同时,我国出版企业还必须解决传统纸质出版业务发展方式转变的问题。进入21世纪以来,我国传统图书出版业尽管出版品种、规模呈现出快速增长的趋势,但实际上,这是一种表面繁荣,图书出版业已整体陷入"滞涨"困境,出版企业利润水平并未相应增长,纸质图书出版业务整体盈利预期不佳。因此,在传统出版市场空间已难以增长的情况下,我国出版企业要实现转型发展,还必须要优化传统出版业务,改变单纯追求品种、数量增长的发展方式,即控制出版品种规模,同时努力提高单品种图书产品的质量和效益,将传统出版做精做优,这也是传统出版企业顺利实施数字化转型、数字出版业务获得较好收益的重要基础和前提。而政府也应通过合适的经济或财政手段对传统出版业实施调控,逐步改变图书出版业依赖品种、规模扩张的局面,使我国传统出版业从"滞涨"困境中逐步脱身,以提高我国出版企业的发展质量和效益。

三、媒介融合视角下我国出版企业的集团化发展

当前,世界范围内传统出版业都面临市场规模难以增长,甚至逐渐

缩减的困局。出版业要获得进一步发展，必须转变发展方式，延伸出版业务价值链，开拓新的市场领域。20世纪90年代欧美出版业的发展表明，产业资源通过出版企业的集团化实现集聚，以此为基础提高出版企业的整体经济效益，是当代出版业实现增长的重要和必经途径，这一途径是媒介融合的重要表现形式，符合传媒与出版产业总体的发展规律。从媒介融合的观点看，我国出版企业的集团化发展应重视如下方面。

（一）积累大数据优势，实施规模化和集约化经营

集团化发展有利于出版企业获得规模经济和范围经济效益，也为出版业顺利实施数字化转型、开拓传统出版业务以外的市场领域提供了条件和可能。出版企业要实施数字化转型，其业务的开展必须以大规模的内容和信息资源作为基础，也就是说，传统出版企业要实施数字化转型，乃至进入信息服务业市场，获得新的增长点，必须首先在数字化内容资源上实现规模化和集约化经营，即必须以能够实现内容资源的"大数据化"为前提。这对于传统的单体出版社实际上并不现实，尤其在我国，传统出版社的内容资源规模大多不足以单独开展数字出版或信息服务业务，但出版企业实现集团化发展，就可以在集团范围内聚合内容资源，形成大数据优势，为开展数字出版业务乃至进军信息服务业开辟有利条件。这表明我国出版企业实施数字化转型和集团化发展是密切相关的，推进集团化有助于我国出版业实现数字化转型，而数字化转型也应是我国出版集团当前的重要战略部署。

（二）以出版业务为基础，开拓关联产业大市场

出版企业集团化发展，有利于个体出版社抱团发展，并通过资本化运作，在更大的相关产业领域中寻找新的市场机会，使出版集团获得新的市场定位和市场地位。在媒介融合趋势下，从一些欧美出版集团的发展可以看到一个重要的趋向，即以集团化和资本化运作为基础，在原有出版业务的基础上，将主营业务扩大化，从而获得更大的市场空间，如培生集团近年来将其主营业务定位从过去的"教育出版"提升和扩展为"教育"，这对于我国出版业集团化发展有重要启示。我国出版企业集团化后，要实现快速发展，如果固守出版业务，已难以达成发展目标，但可以以出版业务为基础，根据出版业务所属的更大科技、文化或教育

领域,将集团主营业务定位为涵盖出版业务、面向更广泛的市场空间的更大型的业务,例如将教育出版业务扩展至教育业务,进而通过并购等资本化运作手段打造包含出版业务的新的业务产业链与价值链,这无疑将使我国出版集团得以在更大的市场领域获得发展,而新的大型业务的开展也有助于原有出版业务的发展,从而实现范围经济优势。这表明,产业融合能够带来新的产业机遇,在这样的融合趋势下,出版集团中既可以包含出版业务,也可以包含其他相关产业领域的业务,但这些业务间应能够相互衔接,形成相对完整的产业链和价值链,从而实现产业协同效应。

(三)提升集团化规模,在全球市场建立专业竞争优势

20世纪90年代以来,在媒介融合趋势下,欧美出版业通过行业的并购,产生了为数更少,但规模更为庞大、市场地位更为重要的跨国经营的出版传媒集团,这些出版传媒集团在其所在国家乃至在全球出版业市场上都占据着较大的市场份额,欧美出版业已呈现高度集中化的局面,这也是世界出版业的发展趋势。但现阶段我国出版集团仍表现为省域分布的格局,几乎每个省有一个出版集团,从整个出版业来说,出版集团数量较多,但规模都不够大,即使是目前的数个"双百亿"集团,和欧美大型出版传媒集团相比,规模上差距也非常大。这就要求我国出版业集团化下一阶段应尽快打破集团化发展的地域限制,使我国出版集团能够顺利实施跨地区并购和重组,进而打造全国性的更大规模的出版集团,使其足以在世界出版市场与当今欧美大型跨国出版集团相抗衡。

在发展规模的过程中,我国出版传媒集团应注意处理和协调好多元化和专业化的关系。我国出版集团发展时间短,通过多元化经营可增强整体资本实力和抗风险能力,因而多元化经营就成为出版集团的发展战略之一。如安徽出版集团涉足医药行业,凤凰出版集团涉足房地产领域等,这些高利润行业可为出版集团创造丰厚的利润,在一定程度上能够起到反哺出版主业的作用。国际出版集团的发展历史也证明了多元化经营在企业特殊发展阶段的作用。但是,当前大多数国际著名出版传媒集团经历了多元化发展之后,都逐渐收缩业务领域,出售与主业相关性不大的产业,逐步转向专业化,将自己的目标定在范围较狭

窄、专业性的业务上。① 如培生集团目前已集整个集团的资源发展教育业务。专业化有利于在细分市场中形成规模优势和品牌优势,我国出版集团在下一阶段的发展过程中,也应逐步向专业化转型。目前,我国出版集团同构化严重,缺乏专业特色,难以在特定市场领域确立领先优势,今后应通过内涵式专业化重组发展培育核心竞争力,形成自己的品牌优势、规模优势和市场优势。

在产业组织层面,媒介融合意味着围绕着传媒产业组织开展的传媒及相关产业资源的大规模重新整合,这种整合有时需要突破很多限制因素。对于我国出版业而言,在媒介融合趋势中,面对欧美大型跨国出版传媒集团的竞争压力,我国出版企业与出版集团还须充分开展跨地区、跨媒介、跨行业、跨所有制的整合重组,培育出少数专业优势突出、集团规模和竞争力堪比国际一流出版传媒集团的大型出版传媒集团;我国的大型出版传媒集团还应参与世界出版市场竞争,在世界出版业大格局中占据若干席领先地位。这应成为我国出版传媒集团下一阶段的重要发展目标,同时也是我国发展成为世界出版强国的重要途径。

---

① 孙宝寅,崔保国主编.准市场机制运营:中国的出版集团发展与现状[M].北京:清华大学出版社,2007:174.

媒介融合环境下的校园媒体创新

韩 诚[*]

摘 要:互联网技术的快速发展,加速了新媒体与传统媒体的融合,为校园媒体的创新发展提供了良好的机遇。但目前多数高校的新媒体建设仍处于初级阶段,缺少真正意义上的创新与融合,未能形成影响力较大的校园新媒体平台。本文以南开大学等高校的媒体创新活动为例,分析媒介融合环境下校园媒体在技术、政策、人力、模式等方面开展创新活动的策略。

关键词:媒介融合 新媒体 校园媒体 创新

随着微博、微信、手机客户端等新媒体的出现,"互联网+"时代的传统媒体与新媒体融合的步伐正在加速,传统的"校报+广播+电视台+新闻网+BBS"的校园媒体模式,已无法满足师生学习、工作和生活的需求。为适应新媒体带来的冲击,部分高校主动开通了官方微博、官方微信,但这些尝试多是形式层面上的改进,将新媒体看作传统校园媒体的延伸,缺少运用互联网思维开展的校园媒体创新活动,还未能实现校园传统媒体与新媒体的有效融合。为推动校园媒体的创新,需要深入了解当前新媒体发展趋势,分析校园媒体在新媒体环境中的优势、弱势、机会和威胁因素,在技术、政策、人力、模式等层面探索校园媒体的创新策略。

---

[*] 韩诚,南开大学文学院博士研究生。

一、新媒体发展推动校园媒体创新

在新媒体蓬勃发展的环境之下,商业网站通过技术、模式和思维上的创新,不断推动校园媒体的形态和内容变革。根据中国互联网络信息中心(CNNIC)发布的《第 37 次中国互联网络发展状况统计报告》,截至 2015 年 12 月,中国网民总体规模达到 6.88 亿。① 网民总量增长虽放缓,但在互联网内部酝酿着诸多的变化,其中以手机为代表的移动终端接入比例不断提升,手机网民规模接近总体网民规模。互联网与用户之间的关系日益密切,服务精确性提升,用户体验得到完善。互联网产业的发展,特别是新媒体的迅速发展,为校园媒体开展创新活动提供了良好机遇。

新媒体发展对网民日常生活带来深刻的影响。2015 年,我国网民的平均每周上网时长达到 26.2 小时,传统的电子邮件、BBS 应用率下降,搜索引擎、即时通信等基础网络应用趋向饱和,但移动互联网络的发展引人注目,特别是无线网络覆盖普及,移动通信网络(3G/4G 上网)技术快速发展,为移动互联网的快速崛起提供了技术支持。手机网民规模达到 6.2 亿,占网民总数比例达到 90.1%,其中,有 1.27 亿的网民是仅通过手机上网,占整体网民比例的 18.5%。移动互联网对网民日常生活的渗透能力远强于传统互联网,即时通信工具、社交媒体等立足于移动终端的平台,逐渐取代门户网站成为网民最主要的信息获取渠道。②

新媒体的快速发展不仅改变了传统互联网的格局,也对教育部门管理的校园网络产生了巨大影响。根据中国教育科研信息网统计数据显示,2014 年全国高校无线网络建设逐步完善,近半数高校的无线接入点超过 500 个,校园无线网络已成为同学们重要的上网渠道。目前

---

① 第 36 次中国互联网络发展状况调查统计报告[EB/OL].[2015-07-23]. http://www.cnnic.cn/gywm/xwzx/rdxw/2015/201507/t20150723_52626.htm.

② 第 36 次中国互联网络发展状况调查统计报告[EB/OL].[2015-07-23]. http://www.cnnic.cn/gywm/xwzx/rdxw/2015/201507/t20150723_52626.htm.

已有 65 所高校部署 IPv6 网络,服务范围涵盖了网络教学平台、管理系统、邮件系统、信息门户网站及站群等内容,解决了高校 IP 地址匮乏的问题。① 在校园网络加强硬件建设的同时,校园媒体也在主动适应多种新媒体形式,满足师生新需求:从早期的 web 1.0 时代开设学校官方网站、新闻网站,将校报、校电视台、校广播台等传统校园媒体电子化,以门户网站形式推送校园信息,到开展校园 BBS 建设,出现了如北大未名、水木清华、南大小百合、我爱南开 BBS 等一批知名高校论坛,再到面对以微博、微信的冲击,高校积极借力商业网站,开设微博官方账号、微信公共号,校园媒体始终在紧跟商业网站的步伐。以手机为代表的移动无线终端逐渐进入校园媒体传播体系,成为校园中最重要的新媒体形式,很多高校抓住这一机遇,开始自主研发校园移动客户端,在移动互联网层面努力建设校园媒体平台。

在校园媒体进行形式创新的同时,校园媒体的受众和信息内容也逐渐发生了变化。以往的校园媒体用户主要是在校师生,为强调校园媒体的独特性,高校甚至将部分校园网站限定为校内访问。但随着信息发布渠道的转变,校园媒体从教育网拓展至社会网络。特别是移动互联网的发展,让校园网与社会网的界限愈加模糊,校园媒体的受众范围不断扩大,从在校师生扩展至社会中所有关心学校事业发展的人士。从校园媒体的管理角度看,校园媒体通常采用"学校党委－职能部门－学生团队"的采编模式,这一制度在互联网媒体兴起前,还可以进行比较好的自上而下式的宣传,但在媒体融合的环境下,则难以适应新媒体传播规律,无法满足广大校园受众的新需求。为弥补传统校园媒体的不足,多数高校已经开始在新媒体领域进行创新尝试:内容方面从文字为主转为图文并茂,以适应学生的碎片化阅读;形式方面从单一媒体转为多媒体同步发布,丰富了校园新闻的内容;团队方面从单纯的学生记者团转为"记者团＋技术团队＋运营团队"的模式,纷纷效仿商业媒体模式,开展团队建设。

---

① 中国教育科研信息网.高校信息化网络基础设施建设状况对比[EB/OL].[2015－03－24]. http://www.edu.cn/xxh/xy/xytp/201503/t20150324_1240395.shtml.

二、校园媒体的多元化创新

面对新媒体带来的冲击,校园媒体创新活动走上了多元化的道路,或借力商业公司开发新平台,或自主建设移动客户端,或开展高校与企业合作共建,或推出校园媒体衍生品,充分利用新技术、新模式为传统校园媒体寻找新的发展空间。

(一)借力商业平台推广校园媒体

与传统的校园媒体相比,商业公司开发的微博、微信等新媒体平台,具有较强的技术实力和对网民的吸引力。选择在微博上开通公共账号、在微信上开通公共号是校园媒体进行创新的重要手段。以南开大学为例,传统媒体中,校报发行量约为 1.4 万,学校电视台观众约为 1 万,新闻网的日均访问量约为 3 万。与之相对,通过五年左右的校园新媒体建设,南开大学官方微博、官方微信的用户数量已分别达到 49 万、6 万①,并且用户数量仍在不断增长。仅从数量和影响范围上看,微博、微信的受众已经超过传统媒体,成为校园媒体开展创新活动的首选途径。

微博、微信等新媒体的影响力之大,不仅体现在用户数量上,更体现在高校师生对新媒体的认可程度上。在本课题组的调查问卷中,针对"你经常通过哪些渠道获取信息"的问题,受访人群选择"微信订阅号、微信朋友圈"选项的比例最高,达到了 69.27%,"新浪微博"排在了第二位,比例为 52.45%,相比之下,仅有少数受访者选择了学校新闻网站和校园论坛。② 从获取信息来源的角度看,新媒体已经逐渐取代传统的报纸、电视台和新闻类网站,微博、微信已经成为师生获得信息的重要来源。特别是微信凭借公共号和朋友圈两种模式,具有大众传播与人际传播的双重属性,是最有影响力的新媒体平台。

---

① 统计时间为 2015 年 9 月 28 日,其中微博粉丝数量包括新浪微博 26 万、腾讯微博 23 万,合计 46 万。

② "高校网民基本情况及参与网络活动的调查"问卷调查时间为 2015 年 7 月 6 日至 9 月 20 日,样本总量 654 份,原始数据网址:http://www.sojump.com/report/5403780.aspx?qc=。

正如新媒体一词是一个相对概念,随着技术发展和环境变化,新媒体涵盖的范围也在不断变化,这为传统校园媒体借力新媒体创新带来了一定困难。微博、微信的发展趋势各有不同,新浪微博用户数量已经开始萎缩,一度火热的社交网站也不再被关注,受此影响,高校在相关平台上的官方账号影响力下降,部分官方微博、人人网官方主页停止更新,出现了"死账号"现象,给校园媒体带来负面的影响。

(二)自主建设校园新媒体平台

借力商业公司能够为校园媒体扩大影响力,但微博、微信持有者、管理者均为大型商业公司,学校在其平台上难以开展有效的管理,因此有必要依托校内技术力量,推动校园新媒体平台的自主建设。以《南开大学报》为例,为应对读者阅读习惯的转变,一方面通过南开大学官方微博、微信公共号、人人网官方主页发布信息,依托校报学生记者团开设相应的公共账号;另一方面通过校内技术力量建设了校报新媒体平台,如"南开大学手机报""南开新闻邮件报"、南开新闻手机客户端,并在报纸版面设置、内容编辑上加以完善,鼓励校报记者、编辑使用通俗易懂的网络热词,并在报纸上印刷二维码,鼓励报纸读者使用手机开展深度阅读。

在自主建设的校园新媒体平台中,基于移动互联网的新技术开发建设是重点。在课题组调研中,手机每月流量超过 400M 的受访者比例近 60%,"交通工具上""排队等候时"已经成为手机上网的重要时间,使用"手机 APP 软件"阅读已经成为 59% 受访者习惯的阅读方式。[1] 与微博、微信、人人网等商业网站相比,基于移动互联网的客户端开发,是一个相对自由和开放的领域,高校可以通过技术团队重点建设校园新闻、论坛、服务等领域的客户端,通过校园客户端整合校园服务,打造综合性的校园新媒体服务平台。

自主建设校园新媒体平台离不开优秀的新媒体团队。如南开大学依托计算机相关专业师生,成立了南开大学八里台网络工作室技术部,

---

[1] "高校网民基本情况及参与网络活动的调查"问卷调查时间为 2015 年 7 月 6 日至 9 月 20 日,样本总量 654 份,原始数据网址:http://www.sojump.com/report/5403780.aspx?qc=。

先后为学校开发了"南开新闻""我爱南开 BBS"的客户端,并为官方微信开发辅助功能。与依托商业网站相比,由校内师生组建的技术团队,虽然技术力量相对薄弱,但更熟悉校内师生需求,能够做出具有本校特色、满足师生需求的校园新媒体平台。在宏观层面上,高校新媒体团队的发展也受到国家的高度重视,2014 年教育部将北大新青年校园网络文化工作室、清华大学学堂路上工作室、华中科技大学冰岩作坊、天津大学天外天工作室、南开大学八里台网络文化工作室等具有较大影响力的团队纳入高校网络文化工作室试点工程,从国家层面为校园新媒体团队建设提供支持。

(三)校园媒体衍生品创新

在借力商业公司和自主建设之外,校园媒体衍生品的开发也同样重要。在"互联网+"时代,校园新媒体的建设不是简单的"互联网+传统校园媒体",而是在建设过程中引入新媒体意识,以新媒体为技术平台,将新媒体思维与传统的校园媒体深度融合,扩展校园媒体的范围,打造具有校园特色的媒体系列衍生品,并鼓励师生主动参加到校园媒体创新活动中。

打造具有学校特色的媒体衍生品,需要将校园文化与新媒体技术充分融合,开展校园媒体 LOGO、吉祥物设计等活动,将抽象的校园媒体具象化。如上海交通大学校训为"饮水思源,爱国荣校",学校将 BBS 定名为"饮水思源",并设计了学校的社会实践吉祥物"思思"、志愿者吉祥物"源源",抽象的校训和校园论坛变为可爱的吉祥物,并开设"@交大思思"微博账号,以拟人的吉祥物与同学们在网上沟通交流。南开大学为官方微信设计了卡通形象"南小开",用"身着配南开校徽的青莲紫服,胸前画有'允公允能'字样与南开主楼的 Q 版可爱山羊"作为官方微信形象。在官方微信发布的新闻中,将玩具版"南小开"化身为一名普通的在校学生,撰写了"南小开的津南校区图书馆学习记"等文章,"又萌又可爱"的卡通形象获得了师生的好评。

校园媒体衍生品不仅可以是拟人化的卡通形象,也可以是带有商业性质的校园产品推广。在课题调研中,对于购买校园纪念品的动机,71%的受访者选择了"学校情怀","对学校的认可"是广大师生的共同意愿,也成为打造校园媒体衍生品的一个良好契机。① 2015年9月,南开大学新媒体团队的5名同学,借助中秋节的机会设计了一款"南开月饼",通过微信公共号进行推广和销售,几天之内售出了7000多块月饼。月饼的制作、销售本身并不复杂,但良好的销售业绩却得益于该团队对校园新媒体的熟练使用。该团队充分利用学校元素,并依托微信平台进行销售,节省了广告和店面成本,最终取得了良好的校内销售业绩。这类带有创业特色的实践活动,有助于实现商业推广和媒体创新的双赢局面。

三、校园媒体创新存在的问题及对策

与社会上的媒体和网络公司相比,校园媒体作为学校宣传工作的一部分,有着特殊的优势和不足。校园媒体创新活动在受到教育部和学校的重视,能够获得资金和政策上支持的同时,也需要承担体制所带来的问题,如资金较少、人力不足、团队结构不稳定、运营缺乏灵活性,导致校报、校电视台、校广播台难以与新媒体充分融合。

对校园媒体影响最大的是校园媒体的自身属性。校报等校园媒体通常由学校宣传部门负责,主要工作人员为高校教工,因此决定了校园媒体创新活动属于校园宣传工作的一部分。这一固有属性使校园媒体具有一定优势因素,不必像社会媒体那样核算商业成本、考虑市场需求,但也无法避免体制带来的不利因素,使得多数校园媒体处于"守成有余、创新乏力"的状态,难以及时跟上商业媒体的脚步。管理模式上的弊端成为校园媒体创新发展的最大障碍。

从校园媒体创新发展的外部环境上看,由于网络技术快速发展和新媒体环境鱼龙混杂的现状,导致机会和威胁并存。一方面,良好的互联网大环境为校园媒体创新提供了技术和理念支持,国家不断出台支持互联网发展和学生创业的政策,商业网站也极为重视与高校开展合

---

① "高校网民基本情况及参与网络活动的调查"问卷调查时间为2015年7月6日至9月20日,样本总量654份,原始数据网址:http://www.sojump.com/report/5403780.aspx?qc=.

作,为校园媒体提供了前所未有的良好环境。另一方面,互联网空间鱼龙混杂、泥沙俱下,传统媒体的"主流声音"在互联网中相对边缘,校园媒体在新媒体上的声音更是微乎其微,难以担任媒介融合环境下校园新闻的"把关人"。

校园媒体的自身属性和复杂的外部因素,让校园媒体创新活动同时面临机遇和挑战,综合考虑校园媒体创新活动自身的优势因素和不利因素,外部的机会因素和威胁因素,本文尝试从基础建设、政策支持、团队建设、模式创新四个方面提出应对策略:

首先,加强校园网络和新媒体的基础设施建设。校园媒体创新活动离不开良好的基础设施。近年来,尽管各高校持续投入网络基础设施建设,但因为基础建设成本极高,多数高校仍存在网络流量不足、无线网络覆盖范围不广等问题,需要教育部门和高校投入更多资金,购买社会网络带宽,以提升校园网络速度,扩大校园网络的无线网络覆盖范围,以满足校内移动终端的需求。此外,校园新媒体如楼宇电视、户外大屏幕、移动客户端等平台建设,不仅需要专项资金支持,还需要更为灵活的管理政策,不能参照校报、广播台等传统媒体的"先规划、后发展"的模式,而应采取"边发展、边规划"的策略,积极引入社会资金和技术,鼓励商业公司参与到校园新媒体的建设之中。

其次,出台并执行校园媒体创新活动扶持政策。校园媒体的自身属性决定了创新活动离不开学校的政策支持。由于校园新媒体属于新生事物,原有的政策或忽略新媒体,或限制新媒体,需要教育部门和高校积极引入新媒体理念,完善相关扶持政策。对此,教育部、国家互联网信息办公室在2013年发布《关于进一步加强高等学校网络建设和管理工作的意见》,为学校的网络建设、管理工作提出了宏观层面的指导意见。高校应结合实际需求,出台相关政策,努力打破体制的限制,转变学校工作中对新媒体不够重视、内容形式与新媒体脱节、审查程序烦琐等不利因素。

再次,建设专业化校园新媒体团队。在开展校园媒体创新活动的诸多因素中,培养具有专业素质的新媒体人才至关重要,也是建设新媒体团队最困难的一个环节。校园新媒体团队一般由专业教师、学生和学校行政工作人员三部分组成。这三部分人群的优势与不足都很明显:专业教师拥有良好的专业知识,但学术科研活动繁忙,难以深入参与到校园新媒体建设中;学生具有浓厚的兴趣和参与意愿,但受到考试、升学影响,难以专注于校园媒体建设;行政工作人员工作相对稳定,但存在专业不对口、缺少创造性等问题。因此,凝聚教师、学生和行政人员三个群体,是建设专业化校园新媒体团队的首要目标。从天津大学天外天工作室、华中科技大学冰岩作坊、南开大学八里台网络文化工作室等优秀团队的经验看,应当对三部分成员采取差异化的培养策略:精简专业教师团队,从重数量转为重质量,从理论指导转为实践指导,重点培养优秀的青年教师参与进来;建立相对稳定的学生团队,改变重点依靠高年级学生的现状,适量吸收低年级同学参与,形成学生间的"传帮带";提升行政人员的新媒体专业素养,为其提供岗位培训和在职学习的机会,使行政工作人员专业化、学术化。

最后,开展"众筹"模式的校园媒体创新活动。在学校牵头开展媒体创新活动的基础上,建设以学术团队为主的"众筹"模式互联网创新服务平台,转变校园媒体的建设思路。从学校管理部门指定建设目标,转变为通过征集师生意愿遴选建设目标。从学校管理部门自行投资并开展建设工作,转变为吸引师生自发组成工作团队并主动承担建设工作。从自上而下的宣传推广,转变为自下向上的普及发展。如南开大学采取"集赞网"的网络评价模式,为网络选拔出来的优秀项目提供政策、经费、场地、专家指导等多方面的支持。此外,学校还以活动立项为手段,通过鼓励学生团队申报"挑战杯""国创""百项""知行南开"等项目,并给予经费、场地的支持,实现校园媒体创新项目化。以项目制的方式培养熟悉互联网的创新型人才,辐射和带动校内外网络文化建设工作,推动校园媒体的创新活动,形成百花齐放、具有学校特色的校园媒体建设良好局面。

结 语

在"互联网+"的时代大潮中,新媒体技术将带动校园媒体不断变革和创新,校园媒体不仅要借力微博、微信、手机客户端等新媒体形式增强影响力,还需要依托校内资源,自主建设新媒体平台,持续开发校园媒体的衍生品。面对技术力量不足、体制限制等问题,校园媒体在创新活动中需要充分发挥自身优势因素,加强校园网络和新媒体的基础设施建设,出台并执行校园媒体创新活动扶持政策,建设专业化校园新媒体团队,开展"众筹"模式校园媒体创新活动,实现校园媒体从技术创新、形式创新提升至模式创新。

编辑出版学理论研究

媒体融合时代编辑出版体系的消解与建构研究[*]

南长森[**]

摘　要：媒介融合时代，我国正处于社会急剧转轨变型之中，尤其是互联网思维可能颠覆传统的思维方式。在新媒体急剧变革的环境下，我们针对编辑出版体系建设的状况，应积极消解编辑出版体系建设中的不利因素，以辩证思维、互联网思维积极建构编辑出版体系新常态、新常规、新规制，以应对国民经济建设和文化产业发展。

关键词：媒介融合　编辑出版　体系建设　消解　建构

在社会主义计划经济与市场经济转轨过程中，高等院校纷纷开设编辑出版专业，那么，编辑出版专业体系建设处于何等地位？新媒体技术是否对其构成了消解或淡化？编辑出版体系建设是否还在建构中？我们认为，编辑出版体系受社会主义市场经济的牵制，始终处于消解和建构的状态，可以说呈现出一种虚弱、普泛、混乱的现象。这就使人们很难对编辑出版体系有一种清醒的认识。2014年8月18日，习近平总书记在中央全面深化改革领导小组第四次会议审议通过了《关于推

---

[*] 国家社会科学基金项目"边疆地区少数民族媒介变迁与国家安全意识研究"（14BW071）.

[**] 南长森，陕西师范大学新闻与传播学院教授.

动传统媒体和新兴媒体融合发展的指导意见》中指出,传统媒体和新媒体在互动传播中,应加强对新媒体的舆论引导。要遵循新闻传播规律和新兴媒体发展规律,着力打造一批形态多样、手段先进、具有竞争力的新型主流媒体,建成几家拥有强大实力和传播力、公信力、影响力的新型媒体集团,形成立体多样、融合发展的现代传播体系。编辑出版体系在新媒体融合中呈现怎样的状态?它的发展前景如何?它对社会主义先进文化建设具有何种指导意义?这些带有学术研究的问题引起了业界、学界对此问题的思考。

一、媒介融合时代社会转型对编辑出版体系形成的社会成因分析

众所周知,中国社会转型是由传统社会向现代社会转型、由农业社会向工业社会转型、由传统媒体向新媒体转型。而在具体转型中,呈现出多种多样的状态。

(一)由社会主义市场经济向公民社会转型

自1978年改革开放以来,我国国民经济告别短缺经济,迎来了相对自给自足并相对富裕的时期。在社会主义市场经济中,自由竞争呈现出我国物力强盛、地大物博的特点,尤其是我国的综合实力跃居世界第二位,人民群众在逐渐迈入小康社会并向现代化奋进。但是,在国家建设中,政府的社会运作起到了至关重要的作用,民间力量在社会发展也应起到补充推进的作用。因此,公民社会的介入就为我国现代化的推进起到了无法替代的作用。公民社会的表现特征呈现为一种典型的政府主导,具有明显的官民双重性,标示着公民的道德良知和社会风气的广泛传播,并形成良好的社会风气,也表明社会主义核心价值观建设的中坚力量。更为重要的是,在社会主义法制建设中,它讲求公平、正义,也标举"理性、智慧、自由、服从、重德和求善"[①]。在社会主义市场经济向公民社会的转轨过程中,传媒运作是社会主义市场经济向公

---

① 秦树理,陈思坤,王晶. 西方公民学说史[M],北京:人民出版社,2012:14.

民社会转型的物质基础,编辑出版体系建设是传媒运作的风向标。

(二)向法制社会转型

秦汉以降,我国由封建社会转入高度的集权政治社会,国家治理,百姓安康,都是由集权政治控制下的封建王朝运作,百姓生活自然处在"民可使由之,不可使知之"的状态;也就是说对于老百姓,只能使他们按照政府的意志去做,不能使他们懂得为什么要这样做?百姓生活在信息闭塞之中。直到清末民初,这种状况还是绵延不断。新中国成立以来,实现了人民当家做主,公布了《中华人民共和国宪法》,体现出从集权政治向民主政治的进步。由于我国最初实行的是社会主义计划经济,从农村到城市实行的是"一大二公"的模式,加之三年自然灾害,偌大的中国处于短缺经济状态。改革开放以来,随着社会主义市场经济的建立、完善,我国迅速改变这一状况。经过30多年的建设发展,经济实力雄踞世界第二。但是,政府主导市场的状况并没有太大的改进,国退民进似乎只是一种口号。十八大以来,强调民营企业尤其是中小民营企业大力发展,激活了市场经济并大放异彩。尤其是以习近平总书记为首的党中央科学决策,特别是社会主义核心价值观以及其中倡导的富强、民主、文明、和谐、自由、平等、公正、法治、爱国、敬业、诚信、友善已经深入人心。可以说这是一个良好的开端。这说明传媒运作是集权政治向法制社会转型的政治基础,说明编辑出版体系建设是先进文化发展的指路明灯。

(三)由传统媒体向新媒体转型

传统媒体的思维方式注重以新闻信息求实思维呈现于世,无论是平面媒体的报纸、期刊、出版还是广播、电视,受众思维受单极传播的时空限制,受众信息接受有一定时空差,且接受的信息都是传播主体针对传播内容进行的渠道传播,而传播渠道的或渗入或浪费或消耗会使受众产生过目即忘的感觉,这样会使传播效果的质量大大降低,甚至产生弱效果或零效果。而新媒体时代,数字传播是将"所有的信息都以统一的二进制代码的数字化形式贮存于光、磁等介质中,信息的处理与传递则借助计算机或类似设备进行。它强调内容的数字化、生产模式和运作流程的数字化、传播载体的数字化和阅读消费、学习形态的数字化"①。同时根据文字、图像、声音、影像等信息组合成各种内容的出版物,分别输出在纸张、磁带、光盘等介质上,实现一种资源多种开发、一次制作多种形态输出的信息资源传播方式。随着互联网思维的进一步发展,它扩展视觉思维的时间维度、空间维度和精神维度,形成了"在资源上以丰裕替代稀缺;在传播行为上以互动替代单向;在传播渠道上以平台替代管道"的优势②,应该说新媒体是所有人对所有人的传播。即传统媒体向新媒体的转型改变受众的思维方式,使人们从求实思维向求真思维改变。这是人们重新认识世界的思想基础,也是编辑出版体系建设通向先进文化的重要途径。

二、媒介融合时代编辑出版体系消解的影响

社会主义计划经济向市场经济转轨过程中,编辑出版体系建设取得了长足的进步。但是,编辑出版专业尽管适应了社会主义先进文化建设的需求,舆论导向上没有出现大的波动,然而在国民经济建设中所占的比重却微不足道。这就使人们不得不思考的是,我们一再提倡要加强文化产业建设,文化产业尤其是编辑出版专业在国民经济建设能占多大的份额呢?对此,我们建议,破除传统的认识,树立以文化产业为龙头,全方位建设编辑出版专业体系的新理念、新体系、新规律等,那么,就应消解一些过时的、传统的旧弊。

(一)破除事业单位,企业化管理的传统习惯,向着先进文化生产力迈进

计划经济时期,编辑出版专业作为新闻传播学科的一个学科单位,隶属于媒介机构中党和政府的喉舌机关,其政治属性表现得尤为明显。随着市场经济的不断健全与完善,特别是受众的多样化、差异化、分层化的发展,行政指令或摊派的信息内容已经不能满足受众的要求。因此,在媒介机构的归属上顺应社会发展,变成"事业单位,企业化管理",

---

① 王昇. 数字出版,作出你的选择[J],科技与出版,2006(5):8.
② 黄升民,刘珊. "互联网思维"之思维[J],现代传播,2015(2):2.

等于说媒介管理规制发展极大的变化,承认媒介机构作为一个企业,无形中就淡化政治属性,但是,舆论导向始终是辨析政治的风向标。企业作为单个的人或法人代表有充分的市场运行空间,可以发挥人们的积极性和创造性。但是,我们认为还没有发挥人的创造性到极致。因此,社会主义文化市场是媒介,为编辑出版体系建设提供广阔的社会空间和市场空间。众所周知,中共中央、国务院发出《关于深化文化体制改革的若干意见》指出,"牢牢把握先进文化的前进方向,遵循社会主义精神文明建设的特点和规律,适应社会主义市场经济发展的要求,全面推进体制机制创新,解放和发展文化生产力"。从中可以看出,迈向先进文化是编辑出版专业体系建设的当务之急。

(二)破除社会效益第一、经济效益第二的常用理念,向着现代企业管理制度迈进

长期以来,我们奉行的社会效益第一、经济效益第二的理念,似乎文化产业奉行这一理念天经地义,编辑出版专业也不例外。人们不禁要问,这种提法科学、可行吗?如果是这样,出版系统的从业员工吃什么?当然,这一提法也遭到一些著名学者的非议。周蔚华在《对"在坚持社会效益第一的前提下,实现社会效益和经济效益的统一"重大命题的一点看法》中指出,"通过长期思考,我认为所谓社会效益与经济效益的矛盾是一个虚假命题,它们不直接构成一对矛盾。出版物以及出版工作中的矛盾应该是文化价值与经济价值的矛盾、个体效益与社会效益的矛盾"[①]。我认为出版企业应在舆论导向正确的前提下,秉持社会效益和经济效益和谐发展,无所谓谁第一和第二,关键是以双赢为目的,以服务于文化为根本,与满足受众需要为旨归,共同在意识形态场域下,遵循现代企业制度,以市场经济为基础,以企业法人制度为主体,以有限责任制为核心,以产权清晰、权责明确、政企分开、管理科学为条件的新型企业制度。我们应仿照"商务印书馆以人才建馆、以文化兴馆,实现传统印刷业向出版业的进步,并进而实现以出版业务为主体,辐射甚广的行业扩展,其多元化的经营方式、产业化的管理模式,对于

---

① 周蔚华."在坚持社会效益第一的前提下,实现社会效益和经济效益的统一"重大命题的一点看法[J]. 现代出版,2009(1):11.

我们今天出版行业的集团化、多元化发展有着巨大的借鉴和指导意义"①。对此,应向健全、合理的现代企业出版制度迈进。

(三)破除编辑出版专业归属新闻传播学科三级学科的限制,向着文化产业为学科发展的一级学科迈进

众所周知,自1997年新闻传播学科被语言文学擢升为一级学科以来,新闻传播学科又被分为新闻学和传播学二级学科,其中,编辑出版学变为传播学旗下的三级学科。长期以来,无论是业界还是学界都对这一既成事实多有非议,认为有失公允。在意识形态的操控下,新闻传播学发展极为迅速,其中985、211大学新闻传播学科院部共建就是明证。但是,我们认为,学科建立应符合科学性、理论性、实践性。朱丽·汤普森·克莱恩在《跨越边界——知识、学科、学科互涉》中说,"专业有五个主要特征:拥有一个系统化的理论主体和广泛的培训;具有专业和评判权威;有团体允可权;拥有一套伦理调节符码;具有一种专业文化和惯例"②。这说明学科发展要符合科学性、理论性、实践性。因为从行政逻辑看,既然国家新闻出版广电总局列有新闻、出版、广播、电视的行政名称,那么,出版中出版文化处于编辑出版专业的核心部位,但是,编辑出版专业却是三级学科(专业),这就埋没了学科的应用性。从现实逻辑看,各省都有新闻出版局,甚至各省几乎都有编辑出版专业,而且编辑出版专业社会应用广泛,因此,将编辑出版专业提升为一级学科能充分体现出学科现实应用性。从理论逻辑看,教育部公布《普通高等学校本科专业目录》中主要是考虑学科应用性,并未注意学科的理论性、前景性。对此,武汉大学黄先蓉认为,"学科设置落后于时代,学科定位不明确,教学模式缺乏系统性、科学性"③,此言极是。

我认为,编辑出版专业的学科地位是学科建设的基础,基础不牢,地动山摇。对此,我建议编辑出版专业应避开新闻传播学科的窠臼,向文化产业方向的一级学科迈进。因为文化产业包括的内容相当广泛,如图书馆、电影院、戏院、文化站、文化馆、博物馆、历史馆等,在国民经

---

① 范军.商务印书馆企业制度研究[M].武汉:华中师范大学出版社,2014:5.
② 朱丽·汤普森·克莱恩.跨越边界——知识、学科、学科互涉[M].南京:南京大学出版社,2005:135.
③ 黄先蓉.论编辑出版学专业的培养目标与学科建设[J].出版科学,2007(3):18.

济中所占的比重越来越大,编辑出版专业作为培养高级人才的摇篮,承担的作用越来越大。孔正毅认为"出版学科体系似可作如下建构:一级科学——出版学。三个专业——编辑学;印刷学;发行学"[1]。截至2005年12月,全国已有100余所高校设置了编辑出版学本科专业,在校学生近万人,专业教师500余人,培养硕士研究生的教学点已有31个,博士生教学点有7个[2]。十年前是如此,现在的发展到底如何呢?

三、媒介融合时代编辑出版体系建构的创新路径

我们认为新闻传播学科应密切意识形态的关系,应以先进文化建设为指针,以社会主义核心价值观为目标,正确认识互联网思维与新媒体技术的关系;正确认识官方舆论场与民间舆论场双向互动的关系;正确认识社会效益与经济效益和谐发展的关系,正确认识先进文化与现代企业制度的关系,确立编辑出版体系向一级学科迈进并获得应有的地位。

(一)文化产业建设要以编辑出版专业体系建设为龙头,进行合理布局、科学规划,以适应国民经济和社会发展

传媒作为机构,历来以传媒记录文本,以传媒记录历史,以传媒记录文化[3],在社会主义计划经济向市场经济转型过程中,过去那种束缚人们意识形态和文化思想的传统旧观念、旧思想似乎都应抛弃。理论建设姑且不论,仅以编辑出版体系教材建设为例,继1997年辽宁教育出版社推出全国统编的编辑出版专业18种教材后,武汉大学出版社、黑龙江教育出版社、河南大学出版社、中国书籍出版社、山西经济出版社、苏州大学出版社等也陆续推出一系列编辑出版专业的教材[4]。时至今日,其他出版社只是零星出版编辑出版教材,并没有像辽宁教育出版社那样以国家统编教材的形式进行系统出版。在文化产业迅猛发展

---

[1] 孔正毅.关于出版学学科体系建构的若干思考[J].出版科学,2009(3):20.
[2] 李建伟.谈编辑出版学的学科地位[J].河南大学学报,2006(3):12.
[3] 肖小穗.传媒批评——揭开公开中立的面纱[M].哈尔滨:黑龙江人民出版社,2002:90.
[4] 黄先蓉.论编辑出版学专业的培养目标与学科建设[J].出版科学,2007(3):16.

的今天,编辑出版专业呈现出这样的状态:缺乏全国统一的编辑出版学教育协调机制,使全国的编辑出版学教育发展带有盲目性;出版教育规模发展太快,很多办学点办编辑出版学专业的条件并不成熟;办学层次与实践需要存在脱节的现象①。针对这种状况,我们应以社会主义核心价值观建设为指导,以文化产业发展为龙头,进行统筹规划,统一布局,科学实施。好在全国成立国家新闻出版广播电影电视总局出版专业教学指导委员会,目前正积极筹备教材建设,以此来适应国民经济和文化建设的发展。

(二)以互联网思维与新媒体技术建设为先导,在媒介融合背景下统摄传统阅读方式和新媒体阅读方式,以适应新老人群阅读方式的转化

互联网思维是一种求实求真的思维方式,"将文字、图像、声音、影像等信息以数字化形式储存起来,并根据需要组合成各种内容的出版物,分别输出在纸张、磁带、光盘等介质上,实现一种资源多种开发、一次制作多种形态输出的信息资源传播方式"②。可以说,互联网不仅改变了人类的生产生活方式,也改变人类的精神生活方式,进而改变了人类的文化生活方式。说到实质上,互联网从时间上是以迅速、直接、互动、个性化,空间上呈现出"无限"状态,穿越国度、民族、区域的界限,精神上也超出思想、精神、价值观等具体特征。它对世界的物质、精神贡献是无法估量的,"21世纪之初,就有人预言,新世纪头三年所产生的新信息会超过过去30万年所积累的信息总和"③。这说明信息的迅猛发展,改变了人类传统的思维方式,在客观世界变化莫测的今天,人们到底该相信什么?不能以眼见为实作为评判标准,应该透过现象看本质,判断它的价值和趋向。因为仿真、3D打印可以以假乱真,导致人们是非难辨。

---

① 黄先蓉. 论编辑出版学专业的培养目标与学科建设[J]. 出版科学,2007(3):17.
② 张志林,张新华,陈丹. 支撑学科建设,推动出版研究——关于出版传播重点实验室功能定位的思考[A]//张志林. 出版传播与管理学院论文集[C]. 北京:北京艺术与科学电子出版社,2004:378.
③ [美]比尔·科瓦奇·汤姆·罗森蒂尔. 真相:信息超载时代如何知道该相信什么[M]. 中国人民大学出版社:12.

(三)以平衡官方舆论场和民间舆论场双向互动为核心,在舆论环境复杂变革的情况下,力求促进民间舆论场向官方舆论场的转化,以适应市民素质向公民素质的转化

信息时代,人们讲求信息传播的公开化、公正化、透明化、及时化,在媒介即信息的年代,信息传播受制于媒介机构进行内容传播。而在新媒体技术时代,它一改传统的思维方式,新媒体技术改变人类的思维方式,形成两个舆论场域,即官方舆论场和民间舆论场。这种横贯中国意识形态领域的观点是由新华社原总编辑南振中提出来的。他认为,现实生活中实际存在着两个舆论场。一个是老百姓的口头舆论场,一个是新闻媒体着力营造的舆论场[①]。在我国着力营造信息开放、信息公开的今天,老百姓直接获取信息的方式多种多样,其中微信、微博最为快捷,网知天下事成为市民了解天下大事最快捷的渠道。以往传统媒体的报纸、期刊、广播、电视传播的信息,都被市民手机网知天下,试想市民能有多少人购买权威大报?除非公买私阅。那么,如何使市民生活向公民生活转化,尤其是市民素质向公民素质如何提升?只有坚持社会主义核心价值观,倡导富强、民主、文明、和谐,倡导自由、平等、公正、法治,倡导爱国、敬业、诚信、友善,以理性、智慧、服从、重德的方式教育民众,才能引领富裕社会、公平社会、法治社会的到来。

(四)以社会效益与经济效益的和谐发展为先导,在社会主义市场经济的激烈竞争中,力求呈现并展示先进文化引领社会主义意识形态主阵地

长期以来,我国的媒介生态环境发生了极大的变化,由原来的媒介是党和政府的喉舌机关逐渐发展为"事业单位,企业化管理",并发展为现代企业制度。这一变化极大地影响了国民经济和文化发展,进而对国民的社会生活带来天翻地覆的变化。正如英国约翰·汤普森所言:"我们生活在这样的世界里:文化经验在深层次上由大众传播的象征形式传播所形成。意识形态分析不应当集中于由组织政治集团所指定和信奉的世俗信仰体系,而应当首先面向象征在社会领域中流通并与权

---

① 陈芳. 再谈"两个舆论场"——访外事委员会副主任委员、全国人大常委会委员、新华社总编辑南振中[J]. 中国记者,2013(1):43.

力关系交叉的多种复杂形式"①。针对所谓"社会效益第一,经济效益第二"的传统说法以及它到底在现实社会中是如何应用的？我认为,恐怕这种说法生活在真空中,找不到现实依据,只能是对社会高唱赞歌而已。因为首先,它不符合理论逻辑,试想"社会效益第一、经济效益第二"的说法让出版社员工如何生活？其次,不符合现实逻辑,因为现实生活中,"社会效益第一、经济效益第二"难分伯仲,无所谓谁第一、第二。第三,不符合形式逻辑,因为"社会效益第一、经济效益第二"违反生活常识,如果按照这样的逻辑行事,社会如何进步？故此,我认为应秉持社会效益和经济效益和谐发展,出版单位应坚持双效益、双管齐下的原则,也可能某一时期出版社会效益的书,也可能某一时期出版经济效益的书,应强调平衡发展。正如周蔚华所言,与"社会"对应的不应是经济,而是"自然",与"社会效益"对应的不应是经济效益而是"个体效益"②,而经济效益自然贯穿在社会效益之中。我认为这种观点符合现实社会经济和文化发展。

综上所述,我们认为,媒介融合时代,我国正处于社会急剧转轨过程之中,尤其是互联网思维可能颠覆传统的思维方式,在新媒体急剧变革的环境下,我们针对编辑出版专业体系建设的状况,应以辩证思维的态度,以先进文化建设为龙头合理布局、科学规划,正确树立编辑出版专业建设的成就与不足,摈弃传统的旧观念、旧习气、旧认识,以适应国民经济和文化产业的健康发展。

---

① [英]约翰·B. 汤普森. 意识形态与现代文化[M],南京:译林出版社,2005:286.
② 周蔚华. "在坚持社会效益第一的前提下,实现社会效益和经济效益的统一"重大命题的一点看法[J]. 现代出版,2009(1):12.

媒介形态嬗变与出版方式创新[*]

王华生[**]

摘　要：传播的历史是一切历史的基础,人类的一切活动及其文明成果的积累和传播,都有赖于传播媒介,媒介、媒介形态及其媒介的使用状况是人类社会众多变化的一个极其重要原因。传播媒介的性质决定着传播的特征和实际效果,进而极大地影响人类文明的发展。从历史的发展过程来看,媒介形态即传播媒介本身比传播的内容更重要,对人类和人类社会发展的影响更根本、更深远。出版在人类文化的传播过程中占有极其重要的地位,媒介形态与出版方式之间存在着内在的、本质的必然联系,媒介形态嬗变必然导致出版方式的变革与创新,即生产力的发展——媒介形态的变换——表达方式的解放——出版方式的变革与创新。

关键词：媒介形态　表达解放　出版创新

传播的历史是一切历史的基础。媒介形态理论把"媒介""媒介形态"作为理解人类社会的一把钥匙,媒介理论大师英尼斯、麦克卢汉、梅罗维茨、利文森等研究的最终目的均是从媒介形态及其变化的角度来探索和解读社会历史的变迁。他们认为人类的一切活动及其文明成果

---

[*]　2015年度教育部人文社会科学研究规划基金项目"媒介形态嬗变与出版方式创新"(15YJA860015)阶段性成果.

[**]　王华生,《河南大学学报》编辑部编审.

的积累和传播,都有赖于传播媒介,媒介、媒介形态及其媒介的使用状况是人类社会众多变化的一个极其重要的原因。传播媒介的性质决定着传播的特征和实际效果,进而极大地影响人类文明的发展。他们甚至认为,从历史发展过程来看,媒介形态即传播媒介本身比传播的内容更重要,对人类和人类社会发展的影响更根本、更深远。同样,出版在人类文化的传播过程中占有极其重要的地位,媒介形态与出版方式之间存在着内在的、本质的必然联系,媒介形态嬗变必然导致出版方式的变革与创新,即生产力的发展——媒介形态的变换——表达方式的解放——出版方式的变革与创新。

一、媒介嬗变:社会发展进步的一种必然趋向

媒介、媒介形态是人类生存方式的重要组成部分,它深刻地影响人类社会生活的各个方面,并且随着社会生产力的发展不断变换自身的存在形态。因此,了解了媒介史,媒介形态嬗变的历史,也就找到了解读人类社会历史和文化出版创新发展的钥匙。

从本质上讲,"媒介"是人类器官的延伸,它需要一定技术基础作支撑。在人类社会发展的早期,由于社会生产力极其低下,人类还没有发展出延伸人类自然器官的辅助手段,因此,人类信息的传播只能依赖直接的口语传播,即人类处于最自然的"口语媒介"时代。随着生产力的发展和社会技术基础的积累,出现了文字和文字书写媒介——竹简、木牍、帛、青铜器和纸。早期文字媒介(书写媒介)是媒介形态的第一次革命性变革。它第一次摆脱了大脑自然记忆的控制,是人的自然器官的第一次真正的延伸,它使人类文化得以真正地保存和流传下来。18世纪下半叶至19世纪上半叶的第一次工业革命,特别是机器大生产的出现,使人类文化传播进入了机器印刷媒介时代。机器印刷媒介的出现将大量低廉的文化产品送到千家万户人的手中,实现了普通民众的大众文化消费,是社会文化的一次解放运动,也是人类文化出版发展史上的一个里程碑。

20世纪40年代开始的第三次科技革命,极大地促进了社会生产

力和媒介技术的进步与发展,以"网纸替代"为标志的电子媒介发展,是一场全方位的社会生活方式的大变革。Web 2.0时代的来临,使得互联网用户已经不再仅仅是网络庞大、繁复信息流中的冲浪者,而是逐步成为层层信息波浪的推动者和发起人。他们不再仅仅是网站内容的被动接收者、使用者,而且已经成为网络信息的主动创造者、发布人。在信息传递的运作模式上,它已经由之前单一的"读"向当下"读"和"写"并用,乃至"大胆创新、共同建构"的发展模式演变,从而使数字网络大环境变得更加人性化、合理化和实用化,互联网已经进入了"自媒体"(个人媒体)的崭新时代。

数字网络的发展必然导致自媒体平台的形成,自媒体平台的出现又必然导致自出版的产生与发展,自媒体平台上信息的流动与传播其实就是广义的"自出版":一方面,点对点、点对面的信息传播方式成为主流和常态,使得传统出版行为中繁杂的出版流程被简化,成为一种个人化的行为;另一方面,自媒体营造出一种自由的信息传播环境,普通公民可以随时随地地发布自己的作品和信息。自媒体的"零成本"出版优势,以及分享与链接等现代信息技术的功能特征,使普通公民轻而易举地获得了表达自我、展示自我的机会和能力。总之,只要愿意,不仅人人都可以成为创作者,而且人人都可以成为编辑:自己创作,自己编辑,自己出版,这是数字网络时代公民身份的又一次变更。编辑自己的作品,简单来说,就是自媒体时代编辑角色从职业化向公民化的一种变换。① 自媒体既是现代信息技术发展的必然结果,又是自出版成功运作的现实平台。② 总之,社会技术进步必然导致媒介形态的变换并进而促进人的表达的解放和文化出版方式的变革与创新。

二、表达的解放:媒介嬗变的内在逻辑

媒介理论大师麦克卢汉曾经说过:"媒介是人体的延伸。"那么,从

---

① 魏倩.自媒体时代的出版业变革研究[D].北京印刷学院硕士学位论文,2014.
② 程黎.Web 2.0时代自媒体的仪式传播行为研究[D].郑州大学新闻与传播学院硕士学位论文,2013.

一定意义上讲,媒介的变革与发展也就是不断完善人类自身,将传播层面上存在的种种限制——消解,使人类的表达不断得到解放的程序与过程。表达的解放是人类追求的永恒主题,是媒介嬗变的内在的必然逻辑。

1. 口语媒介时代,延伸了人类个体的思维,促进了人的表达的解放。口语媒介出现以前的上古时代,人们只能是依靠非常有限的原始发声、简单的体态来表达自身的内在诉求,用结绳记事帮助大脑进行记忆。显然,这样的表达所包含的信息是极其有限的,对人类自身的束缚是全方位的。口语媒介的出现,使人类的表达得到极大的解放。所谓语言,就是人们在长期共同劳作的基础上,彼此交换体认、共识,将自己的声音加以组合变化形成的媒介符号系统。有了这种共同的媒介符号系统,人们不仅可以表达自己的喜怒哀乐等自然情感和具体需要,而且可以表达自己抽象的思想,从而使人类的表达得到了极大的解放。然而,口语媒介有其自身的局限:它受面对面传播的局限,表达范围极其有限,且瞬间即逝,不易留存,给大脑的记忆造成负担。

2. 书写媒介的变革与发展,进一步促进了人类表达的解放。随着人类社会的发展,文字的出现,人类社会进入文字书写媒介时代。文字书写媒介是媒介形态的第一次革命。它第一次摆脱了大脑自然记忆的控制,是人的自然器官的第一次真正延伸,它使人类文化可以真正地保存和流传下来。但是,由于当时用于书写的媒介是竹简木牍、帛和青铜器,由于这些物质媒介稀少且昂贵,又主要掌握在统治阶级手中,这个阶段可以说是文化出版传播的"贵族介质时代"。纸张的出现,不仅使人类文化传播告别了"贵族介质时代",而且在一定意义上改变了人们的思维方式,促进了人们表达的解放。纸媒取代简、帛,释放了巨大的写作空间,使创作思维获得了极大的自由和解放。在纸前时代,由于素帛成本昂贵和简册写作过程刮削的不易,人们在正式写作前,必然是辗转反侧,惜墨如金,因此,这就使这一时期的作品或篇制不长、缺少变化,或忧虑太多,阻塞内在情义的自然流露,使这种表达既缺少随心所欲、跌宕起伏的文气,又缺少一以贯之、酣畅淋漓的风骨与霸气,自然而然地给人们的表达以制约与限制。造纸技术的发展与成熟,纸媒介质的出现则在很大程度上改变了这种局面。纸媒的低廉、轻便、易于写作,在一定程度上突破了创作者惜墨如金的心理负担,由于解除了过于谨慎的心理障碍,使思绪更加流畅,表达更加解放。从表达解放的角度看,纸媒写作是一次人类表达的革命性变革。①

3. 印刷媒介在更大程度上将人从大范围传播的体力劳动中解放出来,实现了人类表达的社会化。机器印刷媒介是一次更为广泛的人类表达解放运动。机器印刷媒介的出现将大量的低廉的文化产品送到千家万户人的手中,实现了普通民众的大众文化消费,是社会文化的一次解放运动。书写媒介由于其低下的手工劳动过程和传播效率,因此,在当时还没有真正意义上的公共传媒,文化产品的传播尚属于私人行为、个人喜好,藏之名山,传之后世。机器印刷媒介的出现,使其成为一种真正的公共媒介,使个人意识的表达、文化的传播不再仅仅是一种个人行为,而是成为一种社会行为。但是,由于印刷媒介的特性所决定——它既是社会生产力有了较大的发展,实现了个人意识表达的公众化、社会化;但又没有充分地发展,还不能做到私人创作劳动的直接的社会化,还要经过社会(编辑)的把关,才能使个人创作的私人劳动转化为社会劳动,才能使个人的思想意识在社会层面展现出来,因此,这又是社会表达方式的一种局限。不仅如此,由于机器印刷媒介的社会化、大资本特征,又不可避免地受到社会资本的一系列控制。通过对机器印刷生产过程的控制和一系列议程设置,资本实现了对社会文化和社会舆论的更加全面和牢固的控制,这就不可避免地使印刷媒介时代人类表达的解放带有了资本的色彩和特性。

4. 电子媒介(计算机互联网)时代,真正实现了人类表达的自由与解放。电子媒介时代特别是计算机互联网时代的来临,是一次真正意义上的个体表达的自由与解放。由于计算机和数字网络的快速发展,当代社会已进入一种全新的现代信息时代,特别是以自媒体为基本特征的信息传播,以它私人化、平民化、广泛化、自主化为特征的信息生产和信息传播,全方位地发展与解放了人的自身,是一次真正意义上的个体表达的自由与解放。

如果说"全媒体"是对当下数字网络环境下众多媒体形态宏观层面

---

① 王华生.自媒体自出版与公民主体的全面自由发展[J].河南大学学报,2015(4).

的把握与描述,那么"自媒体"则更多的是从微观角度来描述媒体大众个人参与媒体活动的方式与过程。在当代民主治理方式下,知情权与表达权是实现民主的重要方式和手段,它不仅是执政者和新闻媒体的基本权利,而且同样也是每个公民的基本权利。然而,在以往的所有社会形态下,要么受制于社会利益集团的控制,要么受制于有限的表达途径和过高的参与成本,即便是所谓的民主国家和民主政府,也很难实现实质上的真正的民主政治和民主治理,而表达的自由——这是现代公民的一项重大的基本权利和公民个人全面自由发展的必备条件——则更是无从谈起。当代信息技术条件下的自媒体、自出版平台的发展则很好地适应了广大社会公众参与社会治理与社会民主监督的时代需要。它以其技术优势引领了网络舆论与社会民主治理和民主监督的时代潮流,为社会民主与法治实践提供了重要的技术渠道,使人民当家做主的社会诉求通过个性表达的方式在自媒体、自出版平台上得到了充分实现。它实现了社会舆论的即时性传播,"强化了社会舆论影响力;它以廉价便捷的传播方式,赋予媒介传播更强烈的平等色彩;它以去中心化的结构特点保证了高度的开放性,促进了全民参与热潮;各抒己见、众声喧哗的交流与互动提供了传统媒体无法比拟的交互性体验。自媒体以鲜明的个性化特点促进了大众信息活动的爆发式繁荣,引领了大众传播个性化时代的来临"。① 它不仅为公民参与社会民主政治和进行社会民主治理提供了便利、快捷和有效的工具,突破了以往民主政治、民主治理参与时间和参与空间的种种困难和限制,而且在一定意义上(由于它所具有的隐秘性、灵活性、快捷性)更加激发了民众的参与和表达欲望,极大地提高了社会公众的表达热情,成为社会公众参与社会治理和社会监督的有效方式和手段。

计算机互联网最重大的价值和意义就在于,它将我们从大众传播时代带入了现代个人传播时代。正如德克霍夫在其《文化肌肤——真实社会的电子克隆》一书中所说:"计算机不是一种大众媒介,而是一种个人媒介",现代意义上的(有大众传播效果的)个人媒介。

个人媒介——大众媒介——个人媒介(螺旋式上升:在大众媒介基

---

① 刘振磊.自媒体的传播个性与公共性重塑[J].传媒,2014.10(下).

础上的"有大众传播效果"的个人媒介)。这样,语言延伸了个体思维、书写解放了人体有限的脑力记忆、印刷和机器复制从更大程度上将人从大范围传播的体力劳动中解放出来,而大众媒介中网络的发展则进一步解放了传播者;媒介的发展同时也在逐渐消除由传播者自身特点所造成的分化现象,"任何人都可以借助传播媒介进行有效的个人表达传播"是媒介发展可以预见的趋势,同时也是一个必然的目标,即在媒介发展变革的基础上提高个人的总体自我表达能力。① 由此不难看出,媒介的变革与发展必然导致表达的解放,表达的解放是媒介嬗变内在的必然逻辑。

三、出版创新:水到渠成的变革与选择

社会生产力的发展与进步必然导致媒介形态的嬗变、表达的解放,并进而导致出版方式的变革与创新,出版方式的变革与创新是社会进步和媒介形态嬗变的必然。

1. 口语媒介时代文化"出版"的自由与局限。口语媒介时代是一种自由、平权的文化传播和"出版"(当时还没有真正意义上的文化出版)时代。口语媒介的自然属性(只有人的自然语言,是面对面的,不借用任何外物和外力的交往时代,因此既没有等级和权力的控制,也没有资本的控制),决定了这是一个文化传播的自由时代、平权时代。但是,口语媒介时代具有天然的局限性。口语传播靠的是人的大脑的自然记忆,这既是平权的基础,但又具有极大的局限性。从本质上讲,媒介是人类器官的延伸,由于当时还没有发展出人类自然器官的辅助手段(其他传媒),对人类文化出版传播来讲,自然也是一种天然的局限,以口语为主导的媒介形态还没有真正意义上的文化出版。

2. 书写媒介时代,真正的文化出版时代的来临。随着社会生产力的发展和文字的发明,人类由口语媒介时代进入书写媒介时代。书写媒介是媒介形态的一次革命,它第一次摆脱了大脑自然记忆的控制,是

---

① 吴琼.媒介视角下的个人表达传播行为研究[M].厦门大学硕士学位论文,2006.

人的自然器官的第一次真正的延伸和解放,人类第一次拥有了自己的文化出版,使即传即逝的信息到流传可存,使人类文化可以真正地流传和保存下来。正如利普斯在他的《事物的起源》一书中所言:"有了书写的知识,一个新的时代开始了。"① 简牍和缣帛的出现为个人表达传播提供了较为普遍的书写材料,它极大地促进了私人著述和出版的发展,由此形成了春秋战国之交我国古代出版史上的第一个高峰。

作为一种书写载体和重要的传播媒介,廉价易书写的纸的广泛使用与个人的出版传播活动紧密相连,标志着个人表达传播的第二次飞跃。特别是适合书写且价格低廉的"蔡伦纸"的出现,最终为文字传播注入了新的生命和活力,并提高了人们通过文字进行个人表达传播的能力,自然而然,也促进了出版活动的发展与繁荣。两晋南北朝时私人修书盛行,动辄鸿篇巨制;东汉出现了抄书的职业,文学家左思用10年时间写成的《三都赋》,传诵一时,士人竞相传写,一时间"洛阳为之纸贵"。古抄本的时代"始于纸的发明,终于印刷术的发明"②,对书籍的出版与流传影响深远。

当人们感受到手抄书籍劳动的繁重和困难时,印刷术应运而生。雕版印刷产生后,人们开始从低效率的手抄复制出版传播中解放出来,刻书代替了抄书,推动了社会传播和出版事业的发展。

3. 机器印刷媒介发展,进一步推动了出版传播和社会文化解放运动。机器印刷媒介的问世,是一次广泛深入的出版传播和社会文化解放运动。机器印刷媒介的出现将大量低廉的文化产品顷刻之间送到千家万户,实现了普通民众的大众文化消费,是社会文化出版和传播的一次解放运动。英国著名学者赫·乔·韦尔斯在《世界史纲》中谈到,由于造纸业和印刷业的产生,"世人的生活进入了一个新的和更为活泼有力的时期。它不再是从一个头脑到另一个头脑的涓涓细流,它变成了一股滔滔洪流,不久就有数以千万计的头脑加入这一洪流"③。

由于种种主客观原因的作用和限制,中国的印刷术特别是效率更

---

① [德]利普斯(汪宁生译).事物的起源[M].兰州:敦煌文艺出版社,2000:239.
② 吴东权.中国传播媒介发源史[M].台北:中视文化事业股份有限公司,1988:493.
③ 李敬一.中国传播史论[M].武汉:武汉大学出版社,2003:210.

高的活字印刷的出现,并没有在中国催发大众传播媒介的诞生,而在几个世纪以后,德国古登堡发明的金属活字印刷术和造出的印刷机却因为与现代生产力相结合,"真的抬起了用印刷符号的经纬线编织的、世界地理大发现后的地球"①。印刷术的进步推动了报业的发展,从 16 世纪初欧洲出现的单页印刷报纸到 19 世纪 30 年代第一张成功的廉价报纸纽约《太阳报》的诞生,在印刷技术的发展基础上,报纸走向了"大众化"阶段,面向普通大众的大众传播媒介开始发挥它强大的社会作用。

机器印刷媒介的出现使社会文化出版和传播摆脱了"贵族介质时代"的局限和传统权力的控制,然而,机器印刷媒介的生产线、大资本特征又自然地具有一种极强的权力集中化趋势。通过资本的渗透和一系列议程设置,资本实现了对社会文化出版和文化传播的更加全面和系统的控制。并且,从媒介形态的特性来说,印刷媒介倾向于隔离不同的社会场景,即按照场景理论来说,有利于保护前后台的表演,从而有利于维护统治集团的政治权威和政治统治,从而使其控制更加系统和牢固。

4. 电子媒介(计算机互联网):全息化的出版与传播。客观地讲,人们要求在交往中全面占优对象,以自己的全部感觉肯定自己,但文字、印刷媒介只能把交往限制在视觉范围内,通过思维这种"精神的眼睛"与书报上抽象的对象发生交往。恩格斯说:"站在真正的活生生的人面前,直接地、具体地、公开地进行宣传,比起胡乱写一些令人讨厌的抽象文章、用自己'精神的眼睛'看着同样抽象的公众,是完全不同的两回事。"②希望通过媒介实现对对象的全面占有,这是人类一直以来的向往与追求,然而,这一切只有到了电子媒介时代特别是计算机互联网有了一定发展的今天,才能逐步成为现实。

电子媒介技术的变革与发展,为这种全息化地占有与交往提供了可靠的技术基础和广阔的发展空间。可以说,电子媒介时代的文化出版是迄今为止人类社会最灿烂的文化景观,特别是近年来由于计算机

---

① 陈力丹.精神交往论:马克思恩格斯的传播观[M].北京:开明出版社,1993:96.
② 马克思恩格斯全集:第 27 卷[M].北京:人民出版社,1972:24.

互联网这一新的媒介的革命性变革和快速发展所导致的"网纸替代"，是一场全方位的社会生活方式的大变革，显然同时也是社会文化出版领域里的一场最广泛、最彻底的文化出版革命。

封闭的圈子不论多么庞大，其实都是渺小的，而电子媒介，特别是计算机互联网，它将众多符号体系的传播功能熔为一炉而产生的"聚变"效应，使当代所构建的庞大的信息系统成为一个由无数节点所组成的包罗万象、化育万物且永远也续写不完的大书。它实现了全息化地与对象的交流，极大地促进了人类表达的解放，从根本上变革了社会文化的出版方式。

电子媒介特别是计算机互联网，使社会文化出版实现了人类更大范围内的自由"出版"和更高基础上的复归。口语媒介时代人类的文化传播是自由的，即便是文字媒介发展的早期，人类的文化出版也是自由的：自创、自编、自刻，自由出版，藏之名山，传之后世。然而，随着技术的进步，媒介的变革，特别是机器印刷媒介出现后，人类的文化出版受到了资本和社会诸方面的制约与控制，人类的文化创作和表达活动不能够再直接地表现为一般的社会劳动，而是要经由社会的文化出版控制，才能将个人劳动转化为一般的社会劳动。电子媒介时代的到来，特别是计算机互联网（自媒体、自出版）的出现，人类再次迎来了出版传播的春天：自创、自编、自出版，人类一般的个体劳动直接地表现为一般的社会劳动，人类文化出版和传播实现了更高基础上的复归。①

由此不难看出，媒介和媒介技术是社会生产力的重要内容，随着社会的进步和社会生产力的发展，必然促进和导致媒介形态的嬗变，而媒介形态的嬗变又必然带来了人类表达的自由与解放。从青铜、竹简、布帛、纸张到电脑网络，媒介形态在不断变革的同时，其文化传播的参与者和受益人群也在不断扩大，媒介技术不仅仅是手段，而且是一种思想展开的方式和表达的自由与解放。传播介质、书写工具的廉价化和表达的自由与解放又总是这样或那样地驱动着社会的民主进程和社会文化出版方式的革命性变革。

媒介、媒介环境，特别是当下蓬勃兴起的数字网络媒介不仅从外部

---

① 王华生.数字网络环境下学术期刊创新发展研究[J].河南大学学报，2014(5).

环境方面发挥着作用,而且它已进入到社会文化生产机制内部,对其文化生产的全过程——包括写作方式、承载介质、传播方式、影响范围、文本形态、读者范围、阅读心态等多方面发生着影响,从而给社会文化生态、出版方式以极大的影响。

网络的发展,自媒体的出现,把过去一切媒介变成内容,变成自己的内容。它在开创了一种鲸吞此前所有符号代码形式的传播渠道的同时,开辟了一种全新的出版模式和人类主体自我发展完善的全新模式,从而使每个人都能够充分展现自己,完善自身。电子媒介(计算机互联网)改变了口语交往时代原始低效的"全息化"交往,扬弃了文字印刷媒介时代抽象的(失全息化的)交往与传播过程,从而在更高的基础上实现了社会交往、文化出版和传播的"再全息化"螺旋式上升,为当代出版和传播以及人的全面自由发展提供了条件,奠定了基础。

浅议图书选题开发中的思维模式创新[*]

孙利军[**]

摘　要：选题创意源自策划者对选题信息进行的创造性开发，是图书选题策划的关键。创造性思维在图书选题开发中必不可少。本文结合个案分析，探讨了联想思维、发散思维、收敛思维与逆向思维四种思维模式在图书选题开发中的价值和作用。

关键词：选题开发　选题策划　创造性思维

选题创意源自策划者对选题信息进行的创造性开发，是图书选题策划的关键。创新思维模式是获得选题创意的前提。

一、创造性思维与图书选题开发

创造性思维是相对于线性思维而言的：线性思维认为事物直线式向前发展、先后顺序固定不变，创造性思维则发散式或者逆向考察事物；线性思维认为凡事都是先因后果，并孤立地看待因和果，创造性思维则有意打破单一的因果关系，把"果"看作"他因""因"看作"他果"，"果"由"多因"导致、"因"也造成"多果"，并以此考察事物；线性思维认为事物既有现象，也有本质，创造性思维则打破现象与本质的二元对

---

[*] 本文系中国人民大学"985"工程中国公共传播基础理论与方法体系成果之一。本文仅代表作者观点。

[**] 孙利军，中国人民大学新闻学院副教授，中国人民大学新闻与社会发展研究中心研究员。

立,视现象如本质、本质如现象。

图书新选题开发是建立在选题信息采集基础上,对既有信息进行加工的过程。思维的本质是将两个以上的信息碰击加工为一个新的信息,学者陶同这样描述创造性思维的方式、过程和结果:"创造思维就是将两个以上的既有信息,越过时空质的阈限,在思维场中或碰击,或交叉,或综合,或排列,或抽象,或翻转,或化合,或升华……为人类所需、世界上尚无的信息,并指导实践外化为人类所需、世上尚无的新事物。"[①]简单而言,在常人眼中,1+1等于两个不相关的1,但在选题策划者看来,1+1→新1,在信息价值上,新1>1+1。

创造性思维不同于传统的线性思维,也不同于纯理性思维,属于整合思维,能够"越过时空质的阈限"把不相干的事物统合在一起,其中包含感性或者说非理性因子。在信息的加工上,选题开发与文学创作类似。创作就是把两类看似互不相干的事物组合在一起,准确地表达作者的微妙感觉。英国文豪萧伯纳曾表示:创作,就是把别人想不到的两种不相干的概念联在一起而产生的。俄国形式主义提出"陌生化理论",认为诗歌语言就是对日常语言的重新组合,以追求陌生化效果;诗歌通过陌生化的语言在读者心中唤起一种有别于日常生活经验的新意象。

重复旧选题或模仿旧选题开发,不符合图书出版文化传承的规律,选题开发必须借助创造性思维。联想思维、发散思维、收敛思维与逆向思维是与选题开发相关的四种典型的创造性思维模式。

二、联想思维

由此及彼的联想思维是选题创意中常见的一种思维模式。联想思维的特点在于有一个思维的起点和多个乃至无数个联想的节点。节点与起点的距离有远近。如由"落叶"既可以想到"秋风",也可以想到《雷锋日记》中关于"秋风扫落叶"的语句,还可以想到"人生无常",等等,

---

① 陶同.编辑思维学[M].哈尔滨:黑龙江朝鲜民族出版社,1993:269.

"秋风""秋风扫落叶"的语句、"人生无常"等就是由"落叶"触发联想而形成的一个个联想的节点。感性的联想越丰富,节点越多,策划者理性选择的余地越大,选题成功的可能性越大。充分运用联想能力能够使选题策划者跳出旧选题的窠臼,但仍然保留思维起点的印记(如核心意象或结构框架)。

由市面成功的畅销图书出发思考选题是业内公开的秘密[①],这是运用联想思维策划选题的惯常做法。如1998年1月,春风文艺出版社出版秦文君的《调皮的日子》大获成功,这是围绕小朋友日常生活所进行的选题策划。后来,出版社相继推出《我的妈妈是精灵》《装在口袋里的爸爸》《我的同桌是女妖》等"小布老虎丛书",全都是围绕小朋友狭小的生活圈子所做的"联想",把一个个小朋友熟悉的身边人物编排进丛书中不同的图书,赋予不同的故事内容。"小布老虎丛书"是继该社"布老虎丛书"品牌诞生后的又一品牌。后来,该社还开发了"小布头丛书"(童话系列)、"小布老虎作文""小布老虎文化屋"和"小布老虎故事"等丛书。从图书品牌"布老虎丛书"到"小布老虎丛书",再到"小布头丛书""小布老虎作文",这是联想思维在选题策划中的具体运用。

联想是人的基本能力,也是创造性思维的基础,其他如发散思维等建立在联想思维基础上。联想需要大量信息的积累,广泛收集信息是策划好选题的前提。联想也需要新信息的触发,经常性感受图书市场的变化必不可少。联想需要放松心情。广告创意大师詹姆斯·韦伯·杨认为广告创意的过程,第一步是广泛收集资料;第二步是努力研究资料;第三步休息或干别的事,让心智之外的力量去做综合工作;第四步创意产生;第五步修改创意。丰富的信息的占有并不必然导致好选题,相反,可能为信息所累。人文气息浓郁的出版社小环境更利于激发编辑的联想能力。

"跟风出书"也跟联想思维有关,但选题策划中的联想思维更多地接近于"举一反三"或者"更进一层",其中涉及理性思维,如思考旧选题开发为何成功,它满足了读者哪方面的阅读需求,新选题应该在哪方面有所继承、哪方面有所突破等,而不是盲目照搬,重复他人的选题思路。

---

① 林均恒. 畅销书榜找选题4法[N]. 上海新书报,2005-08-30.

三、发散思维

由中心向四周辐射的发散思维也是选题策划中常见的思维模式之一。它的思维特点在于存在一个可以依托的点，以它为中心展开丰富的联想。发散思维也离不开联想，发散思维与联想思维的最大区别在于，后者朝一个方向发展，而前者朝多个方向立体发展；联想的节点更多，甚至节点与节点之间再发生有效碰撞，产生意想不到的策划效果。

在动笔写作之前，一篇文章（如议论文论点论据的安排）、一本书的构思（目录的编排）都离不开发散思维。图书选题开发中，套书、丛书选题的开发往往也跟这一思维模式有关。如某出版社多年前出版的《演讲与口才》是本长销书，编辑在该书基础上策划出《演讲语言技巧与实践》《导游语言技巧与实践》《律师语言技巧与实践》《公关语言技巧与实践》《主持人语言技巧与实践》系列丛书选题，与职业培训、各行业实践直接挂钩，市场反响很好。这是运用发散思维的结果。

世纪之交，《各国首脑献给和平的圣诗》一书的出版引起世界轰动，被业界人士称为"当代选题策划典范"，显示了选题创意巨大的增值功能。这也是发散思维在选题创意中得到运用的经典案例。该书策划者张文立对世纪之交联合国确立"世界和平与发展"这一人类共同发展主题深感兴趣，将"21世纪""诗歌""各国首脑""世界和平与发展"这几个看似互不相关的选题要素组合在一起，策划了题为"各国首脑献给和平的圣诗"的选题。策划者发散思维的核心是重大时间节点千禧年"世纪之交"，由此他想到了人类面对重大时间节点的时间意识、各国代表性人物政治首脑、善于表达情感且篇幅不长的诗歌、"世界和平与发展"主题，而各国政治首脑的理想主义以及他们对人类社会美好未来不失时机不遗余力的表达，以及首脑们因日理万机写作文本不能过长。

选题开发中发散思维也须借助联想，但其实质已超出联想思维范畴，视野比联想思维更为开阔。

四、收敛思维

与发散思维正好相反,收敛思维由四周向中心聚集,最后形成一个聚集点。形式上与归纳推理有些类似,但跳出了纯理性思维的藩篱,加入了感性思维的内容。学者赵航指出,收敛思维"不同于'发散性思维'的运动轨迹在于:不是从一个'爆炸核心'点向尽可能多的想象空间去发散,去创造更新的内容;而是从无数个点上进行向'心'运动,把已知的信息、材料及可利用的各种因素向一处收束、聚集、集约"①。

如疯牛病、非典、禽流感、艾滋病肆虐,恐怖分子到处制造爆炸事件,矿难、地震、水火灾害,导致人心惶惶,是不是可以策划有关应急预案的书籍,如相关知识介绍以及如何评价筛选媒介信息、判断事态发展、如何紧急避难等。

中国外交的成功、航天科技的发展、汉语在海外地位的提升、体育竞赛的胜出等都可归结为中国综合国力的增强。围绕中国综合国力可否设计选题?

兰登书屋的创始人瑟夫看好乔伊斯的《尤利西斯》,一心打算在美国出版该书,但这部作品在美国被禁,他不得不等待时机。在等待中,瑟夫获知如下信息,并据此判断为自己赢得《尤利西斯》公开出版权的时机已经成熟。

信息①:喜欢出风头的大律师莫里斯·恩斯特曾说,禁止出版《尤利西斯》是件很不光彩的事,愿为解禁挺身而出。

信息②:美国的社会风气在变,读者私自到欧洲旅游时,常常专门去购买该书。(有利于《尤利西斯》在美国出版)

信息③:作者乔伊斯本人急需钱用。(有利于获得作者授权)

信息④:法官伍尔塞学问渊博,持自由主义文学主张。(挑他的审案时间上诉可稳操胜券)

信息⑤:法庭不允许当庭朗读外界对该书的评论。(把埃兹拉·庞

---

① 赵航.选题论[M].沈阳:辽宁教育出版社,1998:40.

德、阿诺德·贝内特等重要人物的正面评价粘贴在书中,以便赢得官司)

最后,瑟夫设法在自己的法律代理人在场的情况下,让海关人员没收从美国带出、游历了欧洲一圈后返回美国的"证据"——所谓"游客"携带的禁书《尤利西斯》,经过诉讼,最终成功获得该书在美国的公开出版权。此前瑟夫所获得的所有信息同时指向《尤利西斯》的出版,就像无数铁屑被磁铁吸引,转向它或依附其上一样。该书在美国出版,虽只是版权引进问题,但如何引进却涉及新选题的策划,其中体现了收敛思维。

收敛思维与发散思维存在反向关联,但收敛思维大量信息最终聚合的点绝不是事前理性思考的结果,其中包含着大量感性因子的参与,是感性思维、理性思维和非理性思维三者结合的产物。

五、逆向思维

逆向思维是对常规思维模式的有意打破、逆其道而行。在图书选题创新中,逆向思维能够帮助编辑发现新的策划角度、新的图书选题,故而逆向思维在图书选题创新中的基本原理及其运用方式值得探讨。图书选题创新的逆向思维模式包括观念逆向、内容逆向、内容—形式逆向、单书—丛书逆向、出版流程逆向、出版行为逆向六种。[①] 下面仅从观念逆向角度阐发新选题开发中的逆向思维。

逆向思维中包含着辩证法的内核,它使策划者更接近生活真实。在当今重视交流与沟通的信息社会,具有外向性格的人在人际交往中往往容易成功。市场上的相关图书更多地教读者如何待人接物、与人交往,呈现出外向性格优于内向性格的观念"一边倒"的趋势。2008年1月,华东师范大学出版社引进出版了美国作者莱利的《内向者优势——如何在外向的世界中获得成功》一书,在市场引起较大反响。该书指出,性格内向的人具有独立思考、高度集中注意力、创造性地工作的毅力和能力;内向的人不一定孤僻,倒更有深度;性格本无优劣,外向

---

① 孙利军.图书选题创新中逆向思维模式研究.国际新闻界,2011(10).

内向各有特点,既有优势,又有不足。该书像是对"外向性格优于内向性格"流行观念的拦腰一击,对客观世界进行了纠偏。

借助观念逆向思维模式之所以能够成功推出新选题,主要基于:(1)内在的观念世界不同于客观世界。客观世界非此即彼,而人们对于同一事物可以形成不同乃至完全相反的观念。这为观念的逆向思维提供了可能性。(2)图书对客观世界的反映不是静止的、照相似的,其观念围绕客观世界这一中线,在一定区间内呈现出波浪形的运动,当一种观念走向极端,另一种相反观念随之出现。(3)图书内容既是对客观世界的反映,又是作者、编辑观念的表达。图书除了具有反映客观世界的真实性的特点,还具有反映作者、编辑主观世界"不客观""不真实"的特点。当这种对客观世界的"歪曲"反映积累到一定程度,也就是当观念与现实出现明显舛错,现实必然对观念进行纠偏,进而产生新的貌似"更正确"的观念。

选题就是选生活方式,开发选题就是为人类生活增加一种新的可能。有学者指出,"出版选题是建立在出版价值选择基础上的文化选择"①,作为文化选择的出版选题又何尝不是一种生活方式的选择呢?选题策划者应以多元化眼光看世界,同样以多元化眼光看选题。因其如此,策划者不妨创新自己的思维方式,大胆策划新选题。

当然,创新思维模式的基础和前提还在于多读书、多思考,尤其是多读文史哲方面的书,以提高策划者自身的人文修养,在此过程中注意把所学与实践结合起来。此外,要有意识地进行创造性思维训练。在创新思维模式的过程中,策划者还须注意:选题开发中往往涉及不同的思维模式,面对同样的选题信息,运用不同的思维模式可以获得不同的选题;同时,策划者也应该清醒地意识到,选题开发是多种思维模式共同作用的结果,理论上可以分别探讨这四种思维模式,但实践中不能人为地割裂四者之间的关系。

---

① 苗遂奇.现代出版选题学引论.苏州:苏州大学出版社,2005:59.

媒介融合背景下青春文学杂志书外部生态环境变化

王晓红[*]

摘　要：20世纪90年代以来，随着互联网多媒体技术在我国的快速普及，大众媒介全面参与并有力地推进着我国文学的快速演变，杂志书就是新时期媒介融合的最新呈现。本文分析了传播媒介的融合、政策规制的改变与出版方式的转型，特别是市场对文学出版资源的重新配置，市场经济建设对文化代际转化的加速等文学外部生态环境的变化对青春文学杂志书的影响。通过分析这些因素，本文研究了在各种合力的作用下，文学期刊诉求与受众阅读景观的改写、资本运作与市场策划的介入对文学边界的突破以及文学期刊如何适应这种变化，并利用媒介融合发展的历史契机，满足读者的需求。

关键词：媒介融合　青春文学杂志书　文学生态环境

对传播媒介与文学存在方式关系的研究，近年来日益受到国内学界的关注。毋庸置疑，从文学传播的历史来看，媒介是文学发展的发动机，不同时代的文学传播既是对当时媒介形态的适应，同时又是这一时期媒介形态的集中体现和社会景观的外在反映。文学的发展演变证实了传播媒介不仅是文化生产与文化传播的工具，它还决定了文化的类型、风格以及作用于社会现实的方式和范围。在适应人类文化发展与

---

[*] 王晓红，兰州大学新闻与传播学院副教授。

传播需要的过程中，文学传播媒介的持续更新不断改变着文学的历史和现状，也改变着文学的基本形态和存在方式。同时，全球化与信息化、大众娱乐和消费文化勃兴，社会价值观念多元并存，以及社会转型期政治、经济、文化等多种因素对文学创作的影响与介入等等，所有这些，都使中国当代文学处在一个全新的文学生态中。在这一新的文学生态中，媒介融合所塑造的新的文学场域逐渐成形。

20世纪90年代，以饶雪漫、韩寒、郭敬明、张悦然等为代表的70后、80后生人，凭借他们的才力和对市场敏锐的感知能力，创办了自己的文学刊物——青春文学杂志书，出版了郭敬明的《最小说》、张悦然的《鲤》、饶雪漫的《漫女生》、韩寒的《独唱团》等，他们构建起了别样的、属于年轻人自己的、新的文学生态。

杂志书（Mook）这一名称，是由日本的出版者在1971年的国际杂志联盟伦敦会议上首先提出的。20世纪70年代，日本的出版社、杂志社为了在竞争中开拓新的出版市场，寻求新的营销路径，在出版物形式上大胆创新。融合书籍和杂志特点，将书籍开本放大，增加影像图画的比重，延续书籍内容上的专一性和适于长期保存的特点，使书籍杂志化，杂志书籍化，开创了一种新的出版物形态——杂志书（Mook）。因此，杂志书取英文单词"Magazine"的首字母和"Book"的后三个字母，合成"Mook"一词，汉语取其谐音为"慕客""墨刻"或"慕客志"，在中国大陆一般称为杂志书。在内容上，杂志书多图片，少文字，多情报，少理论，大多提供资讯服务。具备了图书的厚重与深度，同时不乏杂志的广博与灵活；出版形式大多是16开本，一般采用书号ISBN，定期或不定期出版。以期、辑、卷标注，有相对固定的栏目，每期一个或多个主题；版面设计一般强调封面的视觉冲击效果，内页文字与图片互相搭配，形式非常活泼。

笔者通过对中国出版与期刊发展史的考察发现，中国"杂志书"发展的三条路径都是异于日本借助某一杂志品牌出版增刊而形成的独立出版物Mook的。但是20世纪90年代，面对国家出版政策的限制、新媒介技术的挤压和市场竞争的挑战，出版方将外来文化与本土经验相结合，以求得发展突破。因此，在日本Mook的影响下，中国传统的类书、丛书、增刊、丛刊嫁接了当代杂志书的名称、外在形式和营销理念，很快地演变成有中国特色的杂志书。

出版界敏锐地捕捉到这一新媒介形态广阔的发展空间,将杂志书与历史、人文、科普、文学、影像等内容迅速对接。杂志书成批量地涌现,形成了一种新的出版潮流,青春文学凭借这一载体完成了"加冕",并在"浅阅读"时代日渐萧条的文学期刊市场上形成一波接一波的"冲击"与"震荡"。同时,现代传媒、资本神话、市场意志、网络科技等外在因素直接或间接地参与到青春文学杂志书的生产、流通、消费过程中,使青春文学出版表现出了一系列引人瞩目的变化。

鲁枢元先生认为:"在文学艺术领域存在着一个有机的、生长的、开放的系统。而能够从整体上、从其内在联系上对这一系统做出阐释的,恰恰是被遗漏的'生态文艺学'。"① 生态文艺学侧重考察文学在整个文化系统中的状态与联系。在社会发展的历史中,政治、经济、文化以及不同思想体系之间的冲突、对抗及相互间的制衡长期存在。而在社会发展的转型期,这种冲突与对抗以及相互间的此消彼长表现得会更加明显。文学空间结构犹如一个生态场域,文学内部诸元素之间、文学与社会外部文化环境之间彼此制约、相互共生。因此,与青春文学杂志书相关的这些问题,可以归结为文学生态的发展变化问题。

生态学是研究有机体与其环境相互作用的科学。1866 年,德国生物学家海克尔首次提出这一概念。1974 年,美国学者密克尔出版专著《生存的悲剧:文学的生态学研究》,提出"文学的生态学"(Literary ecology)这一术语。文学生态学是文学的生态学隐喻(metaphor),即用生态学的方法来观察、研究和解释文学以及文学与"文学的环境"之间的关系。② 其指涉的是文学、文学内部诸元素的运行状况、它们之间以及它们与环境之间的关系。如果把人类的精神家族比作一个大的生态系统,文学就是其中的一个子系统,它除了与本系统内部的作家、期刊、编辑、读者发生直接关系,还与"文学的环境"不断地进行着各种性质"能量"或"信息"的交换。"将生态学引入文学研究,使一些极具生命力的概念和范式,就像候鸟一样,在不同的理论场域之间长途飞行,传

---

① 鲁枢元.文学艺术是一个生长着的有机开放系统[J].河南社会科学,2001,(1).
② 余晓明.文学研究的生态学隐喻[M].桂林:广西师范大学出版社,2011:4.

布思想的种子"①,这种研究方法的引入改变了文学的研究格局,使文学的内部研究和外部研究成为一个有机的整体,为文学研究提供了全新的视角。

文学作为一种文化的存在,它不可避免地要受制于其外部环境这样一个庞杂的生态场域的制约。在这一生态场域中,政治的、经济的、哲学的、历史的、教育的各种力量相互交织,共同作用于文学的生产、传播、流通与反馈机制,无论是政治思想的制衡、经济市场的嬗变,还是文化中介系统的干预,它们都分别从不同的层面,以不同的方式,在文学实践中产生着或隐或现的影响与作用。这些文学的外部生态环境虽然不直接参与文本的生产与消费,但为文学提供了最基本的土壤、阳光、空气和水分。特别是在转型期的中国,传统、现代、后现代同时呈现;东方、西方、全球,彼此牵连;主流、精英、大众,错综混杂;政治、经济、文化各种现象相互纽结,相互影响。

一个时代的文学体制决定了一个时代的文学格局,一个时代文学的外在生态决定了这个时代文学的主导内容与呈现方式。总体而言,现代文学完成了以创作市场化、机构松散化、传播报刊化、阅读消费化、批评多元化为特征的嬗变过程。在这种体制下,文学样式革新不断,文学体制多元化趋势渐趋明朗。正如朱光潜先生所主张的:"中国的新文学还处在萌芽阶段,它还需要繁驳杂陈和不受阻碍地生长,我们主张尽力探索和尝试,我们不希望某一特殊形式和风格成为'正统'。……别人的文学路向和风格,可能同我们全不相同,但是只要他们的意向是真诚的、严肃的,我们仍应尊重他们。他们的努力方向或许不同,但是条条大路通罗马。只要我们努力向前,我们就有可能经过不同的道路,最后替中国现代文学建立起灿烂的前途。"②以青春文学杂志书为例,20世纪末就已经开始畅销,它既是市场、出版社、读者共同作用下文学商业化的先导性诱因,也是这个特定时代的生活方式、社会思潮、价值取向等力量综合作用和选择的结果。

---

① 余晓明.文艺生态学研究[M].南京:南京师范大学出版社,2004:6.
② 朱光潜.我对本刊的希望[J].文学杂志(创刊号),1937,(10).

一、市场重新配置文学出版资源

在对20世纪80年代中国文学格局变化产生重大影响的诸多力量中,市场无疑是最主要的力量之一。市场重新配置了中国的文学资源,它一方面一次又一次地抽掉传统文学殿堂"木板",不断侵蚀着传统文学的"墙角",另一方面又不断建构着新文学的"话语体系"。正如恩格斯所指出的那样:"当一种历史因素一旦被其他的、归根到底是经济的原因造成的时候,它也影响周围的环境,甚至能够对产生它的原因发生反作用。"[1]当文学期刊触碰到市场的领地,原有的建立在计划经济体制下的文学机制被逐渐消解,商业原则改变了文学出版的法则,文学开始挣脱国家政治意识形态的束缚,进入了自由发展的时代。从大叙事、描述"大写"的人到个人化叙事、关注普通人的平凡生活,从追求人文精神、理想价值到滑入世俗的物质享受、欲望满足,从单一的现实主义表现手法到象征、意识流等多元的表现手法,从以纸张、平面媒体为主要的载体、传播途径到网络传播的流行。

在市场这台"推土机"面前,传统文化精英所固守的"高地"逐渐陷落,市场原则成为大众文学发展的最佳机制。"文化精英们所主要面对的,已经由政治权威转为市场规律。对他们来说,或许从来没有像今天这样感到金钱的巨大压力,也从来没有像今天这样意识到自身的无足轻重。"[2]随着文学的市场化,"过去有过宏伟理想,但那是幼稚不成熟。一切还是从排队买豆腐白菜开始吧"[3]。精英文学不得不从"圈子文学""雅文学"走入世俗世界,不得不放弃精英观念而转向日常生活。一方面,精英文学继续为大众的文化消费提供丰富的精神食粮,但这种提供已经不是原来那种居高临下的馈赠,而是在市场供求规律作用下的一种自由平等地交易;另一方面,在交易中,文学又不断地利用市场机制培养大众的消费趋向和审美爱好。

---

[1] 马克思恩格斯选集(第4卷)[M].北京:人民出版社,1972:502.
[2] 陈平原.当代中国人文观察[M].北京:人民文学出版社,2004:2.
[3] 磨损与丧失[J].中篇小说选刊.1991,(2).

面对着一个"豆腐白菜"的现实世界,原来的作家体制开始走向解体。文学的生产主体不再是单纯的作家,市场和读者也部分地参与了文学的生产。"毫无疑问,全面走向市场的中国当代社会必将急遽改变我国的传统文学生态环境和价值取向。直言之,文学作品的商品属性将得到前所未有的正规、重视乃至一段时间内过分地夸大与强调。大部分文学生产力将逐渐从政治辐射下走出而卷入经济轨道运作,其意识形态色彩会日渐淡化而商业气息将愈加浓厚。这不是谁喜欢不喜欢、情愿不情愿的事,这是时代的潮流。留给作家个人的权利仅仅是选择与被选择,而个人与社会双向选择的结果便导致文学的分化。"①

在这一潮流下,"职业作家"的"象征资本"以及与之转化的"体制资本"开始向"品牌资本"和"市场资本"转化。布迪厄将文学生产场划分为"限制性生产"和"大规模生产"两个子领域。前者独立于一切经济要求,拒绝对普通公众的趣味做出让步。后者则受制于市场,追求市场利润。在这两个领域中,文学批评主要是为限制性生产场服务,大规模生产场中销量是一部作品好坏的最直观的指标,艺术与金钱(商业)的对立构成了绝大部分艺术判断的"生成性原则"(generative principle)②。随着文学市场化的浮现,限制性生产场与大规模生产场之间开始出现互渗与融合,双方取长补短,互利互惠将文学彻底放置在一个复杂的社会经济协作体系内。英国文学和文化研究者康诺尔(Steven Connor)提出,各种社会经济力量对文化领域的渗透,"似乎并没有使文化彻底被同化到商品状况之中;正相反,它也同样使得文化的各种力量、能量和经验回流到政治和经济的制度结构之中"。这导致了"各种文化和文化价值大量滋生,不同的文化共同体、不同的文化少数群体的竞争能力都越来越强"。③ 美国经济学家泰勒·考恩(Tyler Cowen)同样也认为:"市场经济能够促进文化艺术的多样性,推动艺术家对创造力的追求。市场具有支持每一种艺术的能力,它不仅能让通俗艺术家与受众

---

① 谢冕.辉煌而悲壮的历程//世纪末的喧哗.济南:山东教育出版社,1998:2.
② 参见 Pierre Bourdieu,The Rules of Art: Genesis and Structure of the Literary Field, trans. Susan Emanuel,Stanford: Stanford University Press,1996:162.
③ S. 康诺尔.文化社会学与文化科学//布莱恩·特纳.Blackwell 社会理论指南[M]. 李康译,上海:上海世纪出版集团,2003:457.

打成一片,也为晦涩难懂的高雅艺术保留了一席之地。"①比如,2009年第600期《人民文学》杂志,就因刊载《小时代2.0》而卖脱销了。虽然《人民文学》的"倒戈"让部分学院派批评家"黯然伤神"②,但郭敬明却表示:"我要的是《人民文学》的话题性、权威性,我能给它的是商业价值,那我们就做一个交换,很公平。"③

在传统文学机制中,文学期刊占据中心地位,它既是地基平台,又是中枢纽带。新中国成立以来,中国当代文学机制是一个与国家行政级别和计划经济体制严格配套的网状结构。但在这种机制中,文学期刊以自我为中心,以作家为中心,读者则被逐渐疏离。文学期刊不可避免地变成"作家写给编辑看,编辑办给批评家看,批评家说给研讨会听"的权利分享者的利益共同体。因此,文学在一定程度上呈现出封闭与垄断的特点。在向市场体制转换的过程中,纯文学期刊从中心位置撤离并被逐渐边缘化,而在市场这只"无形之手"引导下的青春文学类杂志书则活力四射。事实上,人们在追求利益最大化时,必然把目光投向自己能够在其中获得最大限度的精神满足的文化形式。青春文学杂志书由于对休闲、娱乐,缓解焦虑等方面的重要作用而成为满足青少年阅读群体精神需求的一种重要媒介形式。

二、市场经济建设加速文化的代际转换

如果我们将目光拉的更长一点,我们就会看到,20世纪90年代开始的市场经济建设通过加速文化的代际转换,推动了"浅阅读时代"的到来,这为大众文学、特别是青春文学及其主要载体——杂志书的发展培养了庞大且稳固的受众群。

在历史常态发展时期,既有秩序与既有经验占据社会生活的主导位置,既有秩序与既有经验的代表性人群是成年人、特别是中老年人。这一时期的文化是一种米德所说的"前喻文化",在"前喻文化"的影响

---

① [美]泰勒·考恩著,严忠志译.商业文化礼赞[M].北京:商务印书馆,2005:10.
② 邵燕君.北大刊评[J].西湖.2009,(12).
③ 郭小寒,王坤.郭敬明:青春是一门好生意[J].北京青年周刊,2009-11-27.

下,老年人是"文化的守夜人",他们在多年的常态生活中积累了一套有效经验,成为秩序生活的具体体现。"以前喻方式为特征的文化传递过程中,老一代传喻给年轻一代的不仅是基本的生存技能,还包括他们对生活的理解、公认的生活方式以及简拙的是非观念。为了维系整个文化的绵延不断,每一代长者都会把将自己的生活原封不动地传喻给下一代看成是自己最神圣的职责。……年轻一代只能是长辈的肉体和精神的延续,只能是他们赖以生息的土地和传统的产儿。"① 在这种情况下,论资排辈成为重要的人才价值标准,青年群体完全成为受教群体与依附群体,他们只能循规蹈矩地在成人的操控下生存。"在宁静的无知山谷里,人们过着幸福的生活。永恒的山脉向东西南北各个方向蜿蜒绵亘,知识的小溪沿着深邃破败的溪谷缓缓地流着。它发源于昔日的荒山,它消失在未来的沼泽。这条小溪并不像江河那样波澜滚滚,但对于需求浅薄的村民来说,已经绰有余裕。在无知山谷里,古老的东西总是受到尊敬。谁否认祖先的智慧,谁就会遭到正人君子的冷落。"②但互联网击碎了乡村世界的古老神韵,技术的飞速发展加剧了人类的漂泊与疏离感,年轻人从传统权威的领地中不断"出走",他们在漂泊与还乡中,接触到许多祖辈不曾拥有的体验,一种不折不扣的"反向社会化"宣告了"前喻文化"圣殿的崩塌和"并喻文化"与"后喻文化"时代的到来。"你怎么能指望待在农场,既然他已经看到巴黎。"③在市场经济快速流动与迅捷传播内在要求的驱使下,年轻人占据话语舞台的中心位置,他们开始挑战、继而鄙夷传统权威的文化说教,以叛逆的姿态不断架构属于青春岁月的言说结构。青春文学杂志书因捕捉到这一文化模式的转型而迅速繁荣。可见,文学的大众化、期刊的市场化是现代社会商品经济发展的必然产物,文学适应市场经济的叙事策略由诗意的栖居转化为欲望化的写作与当下现实的介入。

---

① [英]玛格丽特·米德著,周晓虹、周怡译.文化与承诺[M].石家庄:河北人民出版社,1987:27.

② [美]亨得里克·房龙著,连卫,靳翠微译.宽容[M].北京:生活·读书·新知三联书店,1985:1-2.

③ [美]拉尔夫·林顿著,何道宽译[M].文化树——世界文化简史.重庆:重庆出版社,1986:44.

与文化模式转变相适应的是市场为文学提供了游戏空间和时尚元素,同时也改变了读者的阅读方式。不可否认,市场会造成文学创作的媚俗冲动,但同样不可否认的是,只有市场才是自由的、宽容的,才能保障读者阅读选择的多样性。在对传统文学作家"祛魅"的同时,以迎来青春文学作家的闪亮登场,并实现与市场经济时代快节奏生活相契合的阅读方式——浅阅读的转变。

在书籍、杂志种类比较丰富的国内出版市场,为何会出现杂志书这么一种另类读物? 文化观察家毕文昌分析认为,是因为读者对"快节奏、大容量、粗加工、浅阅读"的读物有强烈的需求。它避开传统图书出版周期长、一般杂志内容不够深入的缺点。传统的杂志多为大开本、薄页码,而这些杂志书却是小开本、厚页码,其优点是容量更大、内容更丰富。① 伴随"浅阅读"而来杂志书的畅销,反映了当下年轻人快速获得信息、快速浏览作品的阅读倾向:他们需要的是更多的作品,而不是更有深度的作品。

市场是挡不住的力量,一旦市场撕开了政治权力主宰的文学权力场的裂缝后,就会不断扩大自己的地盘。进入二十一世纪后,经济与文化的关系日趋密切,市场需求成为调节文学生产、传播和营销的主要手段,于是为了迎合市场的需要,满足大众心理需求,趣味与娱乐性较强、定位精准的青春文学杂志书得以迅速发展,因此,市场经济的发展,为青春文学杂志书的出场和繁盛创造了良好的环境。

市场促使文学生产向商业化迈进,而商业化则深刻地改变了文学的性质。青春文学积极融入商业社会的游戏规则,文学工场形成,作家观念转变,以杂志书为载体,青春文学写手们开始了兼容市场身份与文学身份的大胆试验,作家编辑以二合一的身份充当了文学传播的主体,作品世俗化的倾向及商业消费的气息日渐浓郁。

"大众文化具有一种赤裸裸的商品性,它也不打算掩盖自己和资本的关系——通过能够大批量生产的文化产品的消费,它不但想多赚钱,还要像其他商品生产一样,以实现利润最大化为根本目标。"② 以前,文

---

① 梁子民,毕文昌.杂志书的发展空间[N].中国青年报,2008-2-27.
② 李陀.双重视域:当代电子文化分析[M].南京:江苏人民出版社,2001:序.

学通过书店发行的单一模式被拓宽了,书商、传媒经纪人、文化公司等参与了文学的传播,极大地提高了文学传播的速度和范围,作家也在市场化运作中实现了自己价值的最大化。毫无疑问,市场经济条件下的文学和传媒一起激发了公众物质消费和精神消费的欲望,营造出一套完全符合消费社会的文化符号和文化消费时尚,形成了现代消费奇观。

总之,市场与青春文学其他外部生态因素一起解构了传承了几千年的文学传播方式和接受传统,影响了作家创作的方式,改变了文学的生态环境。文学作品的商品属性得到前所未有的释放,并且按照市场经济的生产、流通、消费方式进行运作。于是,文学刚从意识形态的阴影下走出来,就投入了商业的怀抱。

版本、文字之间的"神实主义"
——从《受活》版本演变看阎连科"神实主义"创作理念的形成

董仕衍[*]

摘　要："神实主义"作为阎连科对自己文学观的理论概括,已经在其近年来的创作实践中取得了丰富成果。而初刊于2003年的小说《受活》,则可视作他与传统的现实主义创作方法公然"决裂"的标志。文学观与创作方法的转变,势必是一个历时性的过程,很难划分出一条泾渭分明的分界线,本文正是通过考察《受活》自初刊以来版本与文本的诸般细节变化,追溯阎连科从现实主义到"神实主义"写作的演变过程。

关键词：版本　《受活》　阎连科　现实主义　"神实主义"

"神实主义"是阎连科为了跳脱出现实主义的理论窠臼,凸显自己作品在写作手法与审美特征等方面的不同,而选择或曰创造的一个理论用语。这一用语自诞生之日,就是作为二元对立的另一面,来否定历史悠久、成果巨硕的现实主义文学传统。小说《受活》自初刊之时,就在题记中明确地写出："现实主义——我的兄弟姐妹哦,请你离我再近些。现实主义——我的墓地,请你离我再远些。"[②]这可以看作阎连科对现实主义公开反叛的一则宣言,是他关于所谓"真实"认识的临界点,正如

---

[*] 董仕衍,南开大学文学院博士研究生。
[②] 阎连科.受活[J].收获,2003(6).

评论家南帆所言:"《日光流年》寓含了一个神话结构,《坚硬如水》沉溺在夸饰的政治话语之中,《受活》的奇诡更加惊人——放手一搏的时候到了。"①

创作于《受活》之前的小说,作者对现实主义的突破意识虽已有所萌动,但还不能做到自觉、全面,而在《受活》之后,无论是《丁庄梦》《风雅颂》还是《四书》,作者对"真实"的看法,已然纯粹到如其在一次演讲中所言:"只有作家自己的眼与心灵是真的,其余的都是假的。"②只有《受活》,公然打出了超越现实主义的旗号,但同时又是一种由过去的现实主义向新的"神实主义"的过渡状态,是过程中的演进。这种创作的过渡状态,在多年以后的今天,或许连作家自己都已淡忘而不能自察,但作为物质形式永生不灭的各种小说版本,却能够以一种直观而确切的形式,为我们提供现实向"神实"过渡的种种蛛丝马迹。

一、初刊本与初版本在形式、语言、副文本方面的变化

《受活》初刊于《收获》2003年第6期,截至目前共正式出版过4个单行本,分别是2004年1月春风文艺出版社出版的初版本、2007年9月人民日报出版社《阎连科文集》本、2009年6月北京十月文艺出版社出版的再版本,以及2012年1月天津人民出版社出版的作为《阎连科精品文集》之一的"精典博维"版本。这5种不同的版本,以2003年初刊本与2004年初版本的版本差异最大。这一差异,首先体现在小说形式、语言和副文本等几个方面。

《受活》为了追求某种荒诞的、陌生化的叙事效果,在小说的叙事结构、篇章形式层面可谓做足了文章。例如,初读小说的读者一定会对其"一、三、五、七、九"这样奇数的卷序、章序设置留下深刻印象。在谈到进行这种设置的原因时,阎连科自己是这样解释的:"其实,我要讲究的

---

① 南帆.《受活》:怪诞及其美学谱系[J]. 上海文学,2004(6).
② 阎连科. 什么叫真实——在山东师范大学的演讲(2004年4月20日)[A]//阎连科文论[C]. 昆明:云南人民出版社,2013:228.

是在乡村里存在的'阴性文化'问题,因为在民间奇数都是不吉利的数字。"①但是,这种让读者展卷惊奇的形式设计,始自2004年春风文艺出版社的初版本,之后各版沿用,而2003年发表在《收获》上的初刊本中,是没有这种体现"阴性文化"的奇谲序号的,无论是卷号还是章号,都以普通的"一、二、三、四……"奇偶交错顺序排开。

关于《受活》中的方言使用,一直为评论界津津乐道,这种方言并非日常生活中纯粹的豫西土话,而是如评论家在一篇文章里指出的那样"在《受活》中,我们常常看到一些半文半白、书面语和口语混合、意义暧昧模糊的语言。"②但即使是这种混合模糊的语言,也是在2004年版中经过刻意修改、强化突出了方言使用后而呈现出来的效果,初刊本的语言使用要更为书面、正规,这里简单列举几个例子:

	初版本(2004)	初刊本(2003)
第一卷第三(二)章	大孛胎	四胞女
	儒妮子	孺妮子
	幺蛾儿	四蛾儿
第三(二)卷第一章	拍节	节奏
	地步	无对应词
	脚地	无对应词
第三(二)卷第五(三)章	台踏子	台阶
第七(四)卷第一章	好落果	好结果
第九(五)卷第三(二)章	圪蹴	蹴
第九(五)卷第七(四)章	天眉	无对应词
	顶门	无对应词
第十一(六)卷第一章	哨子	无对应词
	人身影	身影
第十三(七)卷第一章	足对足	足日对足日
第十三(七)卷第五(三)章	偏兴	无对应词

以上只是在行文过程中出现的比较明显的词语使用差异,基本都是将原先初刊本里较为规范的汉语用法,在初版本中加以方言变化,或直接加入更多方言词汇。除此之外,初版本还对初刊本中原先存在的

---

① 张学昕、阎连科. 现实、存在与现实主义[J]. 当代作家评论,2008(2).
② 梁鸿. 妥协的方言与沉默的世界——论《受活》兼谈一种语言精神[J]. 现代中国文化与文学,2006(1).

一些方言词汇加上了"絮语"注释,例如"田旁头、上边、洋车子、狼遏子、念物、卖肉生意、白搭搭、命道、歇晌"等,以这种形式为方言词汇提供了更为丰富的阐释性文本,使得数量有限的方言词汇呈现一种旁逸斜出的枝蔓效果,大大增强了方言对现实主义叙事规范的冲击力。而这种冲击力,在方言用量更少、阐释亦不突出的初刊本中是不甚明显的。

初版本相较初刊本在副文本方面的变化,最明显之处要属附在文末的《寻找超越主义的现实(代后记)》。虽然在初刊本就已经有了"现实主义——墓地"的题词,但这篇代后记第一次以直截了当的态度陈明了作者的"真实观",指出过于苗壮的现实主义成了"真正阻碍文学成就与发展的最大敌人"。至此,评论界才真正开始注意到阎连科对于现实主义在文学观层面起的变化,在作者自己正式提出"神实主义"之前,评论家们曾试图将之概括为"现代现实主义"[①]、"心灵现实主义"[②]、"反现实主义""民间现实主义"[③]等等,以期填补作家创作背后的理论阙如。

二、从初刊本到初版本内容的增删与改写

发表在《收获》杂志上的初刊本,本身由于刊物的限制,对全文做了删节,刊物也在小说文后对此删节进行了说明。但通过对刊、版两本进行全文比较,笔者发现刊物进行的删减,主要是针对与故事内容关系不大的场景描写,以及作者为增强故事的夸张程度而进行的略带重复性的渲染烘托。例如,第七(四)卷第五(三)章——"门前处地儿上,自行车挂到树上了",初版本全章约 8300 字,而初刊本仅有约 3200 字,属于删节比较严重的章节,但通过比较可以发现,删去的文字都是为了进一步突出"绝术团"表演的受欢迎程度,以及进一步夸大柳县长对双槐县经济前景的无限幻想,删去这些文字,对全章主旨的表达效果影响并不甚大。其余各处删节也都情况类似,甚至有些地方经刊物删减后,反倒

---

① 张瑜. 现代现实主义——阎连科《日光流年》[J]. 西南民族大学学报(人文社科版),2004(12).
② 阎连科、张学昕. 写作,是对土地与民间的信仰[J]. 西部,2007(4).
③ 张学昕、阎连科. 现实、存在与现实主义[J]. 当代作家评论,2008(2).

显得更简洁明快。

与刊物进行的无关紧要的删减不同,2004年初版本对2003年初刊本进行的删改明显更值得关注,这种删改,涉及作家对真实的重新认识,以及对现实主义写作原则的有意突破。

(一)开篇第一章的"反现实"重写

初刊本的开篇第一章,内容相较初版本要远为丰富。除了初版本中保留的内容外,还对夏雪后的受活进行了一番自然主义式的环境描写:先是详细叙述了时令的正常状态应是怎样,之后便以一种乡土风情画的笔触细描了雪后的农具、禽畜、各类农作物等,中间还穿插了一段邻居们因雪感冒而上菊梅家拿姜和辣椒的情节。品读初刊本中的这一章,除去一开始设定的夏天降雪这一反常识气候事件外,从内容到手法,其实都未曾超越"五四"以来的乡土小说传统;同时,"视线始终处在一个向作品内涵和作品人物平视的角度上"①,读者很难去进行某种超越性的哲学思考。这种对传统的不自觉因袭,显然不是处在"真实观"转型期的阎连科愿意看到的。因此,在明确阐明了其反现实主义主张的初版本中,作家对小说的第一章进行了全面的修改或者说是重写。上述有关人及农事生活的情景白描全部删去,另添加了一段关于"白成一堆"了的树的描写,这样,一下子便将叙事焦点拉远了许多,使读者能够从具体的人间琐事中抽离出来,思考这荒诞天候背后的沧桑与永恒。被雪埋了的小麦被保留了下来,但这一场景被渲染得更加阴郁、更具"阎连科风格",添加了"……小麦倒卧了,惨痛地伏在地上被大雪埋盖着……"等词句。

(二)以"非客观、不全面"的方式增强文本的政治解构意义

以奇观化的形式解构革命历史叙事②,一直都是阎连科小说创作的一个鲜明特点。在写于《受活》之前的《坚硬如水》里,可以说作家已经将这一主题演绎得出神入化、酣畅淋漓,而到了《受活》,传统现实主义"真实、客观、全面"的条条框框正在加速崩塌,很难再束缚作家的手脚,小说政治解构意义也正是通过由"现实"走向"神实"而相应得到了

---

① 丁帆.中国乡土小说创作审美观念的蜕变.当代文坛,1998(2).
② 参见王德威.革命时代的爱与死——论阎连科的小说.当代作家评论,2007(5).

增强。这种束缚的解除及政治解构意义的强化具体表现为刊、版两本几处细节的差异。

正如上文提到的,初刊本中删去的文字基本都是杂志编辑部所为,与小说内容无涉,而初版本相比初刊本少了的部分,就值得我们加以关注了。例如初版本第一卷第五章——"絮言——死冷",这一章正文的结尾"生了四胞女,茅枝是去了公社找了他"一句之后,初刊本中还多了12个自然段的额外故事情节。这部分文字在初版本和之后的各种再版本中均被删去,其主要内容是公社书记在供销社与一对受活夫妇之间的问答对话,部分摘录如下:

> 瞎子说,知道呀,毛主席是丙辰龙年丁酉月的甲子那日死了的,享年八十三岁嘛。
> 公社书记说,不是死了,是逝世。又说,毛主席逝世了,谁是接班人?
> 瞎子想不起来了,那推车上的瘸子媳妇就抢着说了一个人名字。
> 公社书记有些意外地望着车上的瘸媳妇问,你知道新中国是成立在哪年哪月哪天吗?
> 她说,知道呀,是农历己丑年癸酉八月的甲子那一年。
> 他问,知道江青是谁吗?
> 她说,是毛主席的夫人嘛。
> 问,知道为啥抓她吗?
> 说,抓她活该哩,她想当皇帝。

初刊本中这部分情节的作用是突出柳鹰雀当住队干部时的政绩,他对村民进行的政治宣传教育深入人心,从而为他之后仕途一路升迁,"成了有名有实的国家干部"铺垫了原因;同时也使得柳鹰雀这一人物形象的塑造更加丰富多维,展现了他不仅仅是依靠突发奇想与政治权术才走上县长高位,也有脚踏实地、扎根基层、认真工作的一面。但这种注重因果逻辑、按照真实性原则塑造典型环境中的典型人物的写法,显然还处在阎连科自己所谓的"社会控构真实"与"世相经验真实"①阶段，是所谓的"全因果写作"②。况且，阎连科写作《受活》这样小说的目的并不是为了客观、全面、真实地展现农村基层干部的仕官经历与治理实践，而是如有的评论家指出的那样，"在不同程度上探究了基层权力系统与苦难现实相互勾结、狼狈为奸、助纣为虐的状态"③，因此，把柳鹰雀塑造得饱满复杂，反不如简单明快的单维漫画式书写更有利于突出小说主题，并彰显作家的反现实主义主张。

在第五（三）卷第五（三）章"絮言——入社"里，关于茅枝母亲被当成叛徒枪毙的原因，初版本里并未交代，只说"叛徒是另外几个人，也都已经枪毙了"；而初刊本中有一句话是对这一冤假错案进行了逻辑上的解释的，尽管这种解释本身也饱含讽刺意味，即"说王明的'左'倾冒险主义已经被完全挫败了"。显然，以荒诞的、语焉不详的笔法叙述荒唐的历史事件，其政治批判与解构效果要比任何讽刺性的实写还要来得强烈，这也是阎氏的"真实"比现实主义的"真实"更加吸引人的地方。

还有一处情况类似，即这一章紧接着上面的内容，写到了茅枝婆所在部队散伙的原因，初刊本里是"部队就被张国焘一纸密令解散了"，初版本改成了"就在一场恶战中被打散了"。删去张国焘与上文去掉王明的原因大体一样，无非是要进一步剔除妨碍小说主题深入的历史偶然因素，使故事的荒诞性更加纯粹，这里就不再赘言分析了。只是初版本与后续版本中只是对这一处进行了改动，前后还各有一处与这里形成照应的情节未能同时修改，分别是第一卷第一章的"絮言"介绍茅枝其人时写道"从陕北被张国焘密令回乡时"，以及第五（三）卷第七（四）章茅枝与杨县长理论时自己说"要不是丙子年秋我们女子连被解散"。显然这两个地方还是照应着初刊本中的队伍被"解散"，理应加以修改呼应各版本中的"打散"，这是作者与出版社编辑们疏忽的地方。

第五（三）卷第五（三）章后半部分写茅枝昏迷中被人糟蹋了的情节，刊、版两本也略有差异。初刊本中写的是"不知道她是被那有些爱

---

① 阎连科. 发现小说[M]. 北京：人民文学出版社，2014：6.
② 阎连科. 发现小说[M]. 北京：人民文学出版社，2014：79.
③ 洪治纲. 乡村苦难的极致之旅——阎连科小说论[J]. 当代作家评论，2007(5).

她的排长破了身子,还是被敌人或当地男人糟蹋了身子的",到了初版本及后续各版,均直接改成了"是被那有些爱她的排长破了的"。对比两种写法,初刊本明显更为客观公允,因为在当时战乱的环境中,确实可能出现各种意外情况,例如敌人或当地土匪杀害了排长并糟蹋了茅枝,或者在排长外出觅食之隙茅枝身遭不幸,等等,均有可能。一口咬定是"有些爱"茅枝的排长奸污了她,未免有点将人性过分地野兽化。但这正是阎连科所要追求效果,是支持他写作的"内真实"[①],只有这样写,才能将过去的政治神话彻底否定,让小说主题获得"神实主义"的飞升。

三、后续各版本相较初版本的变化

后续各版本与初版本之间的差异,同初版本与初刊本的差异比起来,要小得多。除了最新的天津人民出版社版(2012)中有一处因为出版社编辑对阎连科"神实主义"写作手法缺乏了解导致的编辑讹误之外,文字、内容层面的变化基本没有。这处编辑讹误出现在初版本第三卷第三章"枪响了,云散了,日头出来了",文中写到柳县长与妻子吵完架,便随同乡长、秘书以及司机一行四人前往魂魄山视察,在路上,四人的对话中间出现了几处让人费解又颇觉诡异的"她说",分别为:

> 她说:"石秘书,我说的我对你好全真话哩,要有半句假话,你让夏天落雪冻死我,冬天曝日头一照晒死我。"
> 秘书说:"真的呀?"
> 乡长说:"真的哩……"
> ……
> 秘书说:"柳县长,你冷吗?"
> 她说:"你管他冷不冷,让天热热死他,天冷冷死他!"
> 县长说:"在双槐,天冷了我到哪里还弄不到一件衣裳穿?"

---

① 阎连科.发现小说[M].北京:人民文学出版社,2014:129.

她说:"穿了衣裳焐死你,脱了衣裳凉死你。"

　　通过对说话内容的分析不难看出,这个她一定是柳县长的妻子柳絮(初刊本为柳草)无疑。但仔细阅读上下文,柳县长的妻子并未一起出行,不可能在驱车途中突然冒出来说话。并且对比初刊本发现,初刊本里原本没有这几处"她说",同样的谈话内容,在乡长、秘书、县长之间一问一答十分自然顺畅。显然,这几处"她说"的添加,又是作家的"神实主义"理念在发挥作用,故意创造出这样一种反常识的、令人费解的语言幻境——"她"的话其实仅仅是柳县长头脑中出现的内容,但作家偏偏恶作剧一般地将之夹杂在秘书与乡长的对话之间,形成了县长妻子与秘书直接对话的假象。作家这种与现实主义创作截然不同又没有什么明显形式性标志的"神实"笔法,在《受活》之后的小说创作中亦有所体现,例如曾为评论家所注意到的《风雅颂》里的"人鬼混淆",作家自己将其称之为"写作的随意状态"[1]。可惜天津人民出版社的编辑同志对阎连科的"神实主义"笔法理解不深,可能也未曾注意过初刊本里文本的原始样貌,在2012版小说里,直接把"她说"都改作了"他说"。这样一来的确解决了县长妻子不在场的问题,把她的话交给了乡长、秘书、司机或是县长四位在场男性角色中的一位,可对话内容无论出自四位里的哪一位,都是明显说不通的,对于没看过早期版本的读者,将会完全不知所云。

　　比起小说内容,后续各版本中前言、后记等副文本的变化更加值得注意。不同的前言、后记,不仅能直观反映作者在不同时期思想认识、创作理念等方面的改变,同时也为了解出版于不同时段的小说在其相应社会历史条件下的接受史情况提供了依据。《受活》的初刊本与初版本都是只有那一句向现实主义宣战的题记,而没有前言或序言的,第一次为这本小说单独添加序言是在北京十月文艺出版社出的2009年版。这版中,在保留题记的基础上,增加了《念求平静》这篇短文作为再版自序。作家在这篇短文里详细诉说了《受活》出版以来引起的种种纷争以

---

[1] 阎连科,蔡莹.文体:是一种写作的超越——阎连科访谈录[J].上海文学,2009(5).

及他个人为此付出的"命运恶变的代价"①。这些纷争已然消耗了当年初版时作家向现实主义宣战的那份激情与锐气,取而代之的是一种由无奈引发的所谓"念求平静"的虚无感。此时作家认为已无须再刻意地去反对什么、标榜什么,他对读者的希求只是让大家"平平静静"地去读小说,而不再为小说之外的文学主张、文场争论等因素干扰。或许也正是出于这个原因,2009版之后的2012版《受活》里,"现实主义——墓地"的题记、《念求平静》以及《寻找超越主义的现实(代后记)》都被删了去,读者从这个版本里找不到任何作者关于现实主义与超越现实主义的见解或主张。这种做法可谓得失参半,好的地方是如作家所愿,读者可以把注意力放在小说本身,而不会先入为主地戴上一副拥护或反对现实主义的有色眼镜。不利之处在于,《受活》不同于早期作品,不同于《坚硬如水》,不同于《风雅颂》《四书》的地方正在于它是创作于现实主义向"神实主义"转型的过渡阶段,在于其文本从外到内高扬着的鲜明的使命感与颠覆性,在小说的传播与读者阅读过程中,题记、后记已经成为小说不可分割的一部分,将这些副文本统统删去,小说本身的完整性无疑也受到了极大的伤害。

今天,阎连科丰富的"神实主义"创作实践以及他在《发现小说》一书里进行的完备的理论阐述,足以证明作家的创作理念是能够站住脚的。此时,回到转型期的《受活》,回到小说不同版本的字里行间,应该更能够深刻体认阎氏创作呈现出今天这种形态的原因。

---

① 该文作为再版自序有删节,完整版参见:阎连科文论[C].昆明:云南人民出版社,2013:15.

傅雷的编辑出版实践与思想

张文婷[*]

摘　要：傅雷在从事文学翻译、散文创作、文艺评论等活动的同时，也参与了诸多编辑出版活动。他分别以翻译家、文艺理论家、出版者和社会活动家等身份参与编辑出版实践，并在实践中形成了具有鲜明特点的编辑出版理念与思想。傅雷的编辑出版思想主要表现在爱国情怀、责任意识、严谨态度等三个方面，其中很多理念和思想对处于媒介融合时代背景下的当今编辑出版实践仍有借鉴意义。

关键词：傅雷　编辑出版实践　编辑出版思想

傅雷是著名翻译家，在翻译界有着不可替代的地位。他所翻译的《欧也妮·葛朗台》《幻灭》《高老头》《巨人三传》《约翰·克利斯朵夫》《艺术哲学》等至今仍具有中国翻译学界里程碑的意义。同时，傅雷还"以文学家和文艺理论家的身份进行过散文创作、文艺评论、著译序跋、时事纵谈等活动"[②]。除此之外，还有至今鲜有人关注的一点，那就是傅雷参与过很多编辑出版活动。傅雷的编辑出版实践可谓贯穿于他一生之中，形成了具有鲜明特点的编辑出版理念与思想，为当今编辑出版界提供了许多可供参考与借鉴的经验。

---

[*]　张文婷，南开大学文学院传播学系硕士研究生。
[②]　柯灵.《傅雷文集》代序［A］∥傅雷. 傅雷文集（文艺卷）［M］. 北京：当代世界出版社，2006：3.

一、傅雷的编辑出版实践

傅雷的编辑出版实践与其经历密切相关,翻译家、文艺理论家的身份给他带来了"被动"接触编辑出版实践的机会。在国家生死存亡的关键时刻,他作为知识分子积极主动投入办刊实践,则真正体现了他的编辑风格与出版理念;新中国成立后傅雷更是以知识分子的责任与担当,为编辑出版业的进步提出了独特见解。

(一)作为翻译家的编辑出版实践

从1928年到1965年,傅雷的翻译工作可谓贯穿了其整个职业生涯。[①] 在傅雷的翻译作品中,《服尔德传》《约翰·克利斯朵夫》等由商务出版社出版,《欧也妮·葛朗台》等由生活·读书·新知三联书店出版,《老实人》《幻灭》三部曲等由人民文学出版社出版,此外还有部分作品由平明出版社等出版。在这些作品的出版过程之中,傅雷不仅扮演了翻译者的身份,同时也对翻译作品的编辑与出版提出了自己的多种见解,力图提升出版物的编辑含量并保证出版质量。

傅雷与多家出版社及多个不同的图书编辑进行书信往来,在与友人刘抗、巴金,人民文学出版社,以及人民文学出版社的编辑郑效洵、王任叔等人的通信中,傅雷提出了他对图书编辑出版的许多看法,内容涵盖图书编校细节与原则、排版方式、装帧设计、版本选择、印刷纸张与质量、稿费制定方法等多个方面。[②]

(二)作为文艺理论家的编辑出版实践

傅雷以文艺理论家身份参与的编辑出版实践,主要为对与此相关的艺术期刊、艺术专著的编辑出版工作。

1931年,傅雷从法国留学归来,被聘为上海美术专科学校办公室主任[③],他参与了期刊《艺术旬刊》和丛书《世界名画集》的编辑工作。

---

① 傅雷.傅雷译著年表[A]//傅雷.傅雷全集(20)[M].沈阳:辽宁教育出版社,2002:349-352.

② 傅雷.傅雷全集(20)[M].沈阳:辽宁教育出版社,2002:28-303.

③ 金梅.傅雷传[M].长沙:湖南文艺出版社,1993:127.

1935年2月,傅雷在南京"中央古物保管委员会"任编审科科长,编译《各国文物保管法规汇编》,并为此书作序①。1948年,傅雷打算为中国作曲家谭小麟编辑作品②,但"社会混乱,无法印行"③。

此外,还有傅雷对黄宾虹作品的编辑活动。傅雷曾参与编订《黄宾虹山水画册》《黄宾虹书画展特刊》等,黄宾虹曾评价傅雷:"怒庵先生研精画理,鉴别审慎,所著巨篇宏论,尤多发人未发,钦佩久之。"④

(三)作为出版者的编辑出版实践

作为一位知识分子,傅雷在当时社会和时代的双重影响下,曾经以亲身行动投入到救亡图存的爱国主义行动之中。

1934年,傅雷与友人叶常青合作,办周刊《时事汇报》,在刊登自己采写的文章的同时,也将多家日报的消息进行分类和重新编排。傅雷作为总编辑,全面接触了出版印刷的各个流程。抗战胜利后,傅雷又开始关注时局。1945年,他与周煦良合作编辑出版半月刊《新语》⑤,傅雷以"疾风""移山""风""雷"等笔名为杂志撰写了多篇涉及时局、民生、文艺等问题的评论和杂文。

关于两种刊物编校质量的相关资料很少,但是傅雷及其亲友都给予了它们很高的评价。傅雷在写给好友刘抗的信中说道:"胜利后,一九四五年底至四六年年初,与友人合办综合性半月刊《新语》,以曲高和寡,四个月即停。今日翻出来重看,倒仍是数十年来文字风格最讲究的一份杂志"⑥。

(四)作为社会活动家的编辑出版实践

傅雷不仅仅漫游于书斋,还具有积极救世的爱国情怀。1949年以

---

① 傅雷.《各国古物保管法规汇编》序[A]//傅雷.傅雷文集[M].北京:当代世界出版社,2006:204.
② 傅雷.致耶鲁大学音乐院院长布鲁斯·西蒙兹[A]//傅雷.傅雷全集(20)[M].沈阳:辽宁教育出版社,2002:147.
③ 傅雷.傅雷自述[A].傅雷.傅雷全集(17)[M].沈阳:辽宁教育出版社,2002:11.
④ 汪己文.宾虹书简[M].上海:上海人民美术出版社,1988:87.
⑤ 周煦良.他不得不孤芳自赏[A]//叶永烈.傅雷与傅聪[M].南宁:广西人民出版社,2004:140.
⑥ 傅雷.致刘抗[A]//傅雷.傅雷全集(20)[M].沈阳:辽宁教育出版社,2002:34.

后,傅雷曾以极大的热情参加各种社会活动。①

1955年5月,傅雷出席上海市政协第一届委员会常务委员扩大会议召开的第一次全体会议,在这次会议上他被派为"文学、新闻、出版小组"副组长②;1956年7月,傅雷又被聘为《文汇报》社外编委③。

这一时期,傅雷对编辑出版实践中的多个层面都提出了大胆前沿的建议和意见,对于文化事业发展与整个社会动态等顶层设计也有很多建设性箴言。内容涉及版税与稿酬问题、少儿出版物问题、选题、编辑、翻译、印刷、发行、出版检查、出版界与知识分子等很多方面。作为社会活动家的傅雷为繁荣出版事业提出了许多中肯的意见和建议,这些活动虽然只占了傅雷编辑出版实践的很小部分,但却最能突出傅雷的性格与胸怀。

二、傅雷的编辑出版思想

傅雷从小深受儒家思想的熏陶,独特的家庭环境和教育方式让他养成了谨慎的行事风格和狷介的个人性格,后留学法国,接受理性精神和人文情怀的熏染,回国后又受到佛家思想的影响,逐渐形成儒、佛、理性精神交互融合的思想源头,并影响了他一生的编辑出版思想,形成独特的"傅雷风格"。

(一)"一怒而天下安"——编辑出版应为国家民族服务

哲学家郑涌说,傅雷不仅仅是翻译家,而且是一个思想家,他传播的是思想的圣火,他是"思想圣火传播者永远的榜样"④。傅雷主张编辑出版实践首先应该为民族兴盛和国家进步服务。

傅雷两次创办刊物的实践都有着爱国之心的烙印。第一次是抗战

---

① 傅敏.《傅雷文集》出版说明[A]//傅雷.傅雷文集(文艺卷)[M].北京:当代世界出版社,2006:1.

② 傅敏,罗新璋.傅雷年谱[A]//傅雷.傅雷全集(20)[M].沈阳:辽宁教育出版社,2002:340.

③ 傅敏,罗新璋.傅雷年谱[A]//傅雷.傅雷全集(20)[M].沈阳:辽宁教育出版社,2002:341.

④ 许钧,宋学智.阅读傅雷,理解傅雷,走进傅雷的翻译世界[A]//许钧,宋学智.傅雷译文精选与评论[M].北京:高等教育出版社,2008:6.

全面爆发前的1934年,他与叶常青合办周刊《时事汇报》。傅雷试图以此开启民智,挽救危亡之中的国家。第二次是1945年与周煦良合编出版《新语》半月刊,抗战结束后他直言不讳地表达对现实政治的见解,"直接地面对着社会和人生"①。作为一名忠贞的爱国者,傅雷始终自觉地以维护国家独立和民族尊严为己任。

新中国成立后,傅雷以极大的热情投入到社会活动之中。他对于文化事业,尤其是编辑出版事业的发展提出了诸多意见和建议,涵盖了出版自由、知识分子、编辑加工、版税等方面。傅雷曾用大量笔墨反思当时的版税制度,从文化创作与学术研究长远发展的角度对改变后的版税制度提出了质疑,并提出解决方案。②

傅雷凛然的民族正气和独立的理性之光,经受住了时间的考验。《傅雷传》中金梅评价傅雷:"傅雷写了一系列有远见卓识又有气势锋芒的文章,提出了许多超出党派观点的见解,结果反而不为各方所容。直到最近几年,人们才看到他这种可贵的理想之光和独立思考的品格。"③(二)"有骨气的文弱书生"——编辑出版业应自省革新

在担任上海市政协"文学、新闻、出版小组"副组长④和《文汇报》社外编委⑤期间,傅雷从宏观层面的出版文化环境、中观层面的机构管理和微观层面的编辑出版各环节等角度做了论述。

对出版环境而言,傅雷多次强调废止出版检查制度,放宽文艺创作尺度。但傅雷主张的自由是"有限度的自由",傅雷认为应制定"惩戒翻印,和禁止出版者剥削著作权人权益的专条"⑥,对于著作权人的权益的保护在出版界极度膨胀的当时非常必要,也体现了傅雷对于著作权人的人文关怀。

20世纪40年代和50年代,为了扭转出版业乱象,傅雷对出版机

---

① 金梅.傅雷传[M].长沙:湖南文艺出版社,1993:207.
② 傅雷.对于版税问题的意见[A]//傅雷.傅雷全集(17)[M].沈阳:辽宁教育出版社,2002:329-330.
③ 金梅.傅雷传[M].长沙:湖南文艺出版社,1993:215.
④ 金梅.傅雷传[M].长沙:湖南文艺出版社,1993:263.
⑤ 金梅.傅雷传[M].长沙:湖南文艺出版社,1993:276.
⑥ 傅雷.废止出版检查制度[A]//傅雷.傅雷全集(17)[M].沈阳:辽宁教育出版社,2002:276.

构的经营管理问题阐述了自己的见解。在机构设置上,傅雷主张精简机构,合理分配人员。在工作效率上,傅雷建议出版机构各个部门之间加强联络,合理分工。在人才培养上,傅雷将与编辑出版有关的人员都纳入到他所倡导的人才培养体系中。

傅雷对当时编辑出版各个环节存在的问题也提出了解决方案。他反对当时的"选题计划"制度,认为其"脱离了实际,纯凭主观行事"①。关于出版物的印数,傅雷提出应根据图书题材、市场需求与读者反馈等因素进行决定。此外,傅雷主张"大力发展印刷工业、添置机器"②,以解决印刷数量不能满足出版需求的问题。

(三)"把书当作珍贵艺术品"——编辑出版过程应严守规范

傅雷好友杨绛说:"傅雷的认真,也和他的严肃一样,常表现出一个十足地道的傅雷。"③他的这种极度谨慎的性格也渗透在其编辑出版思想中。

在工作方法上,傅雷主张编辑出版主体要与作者沟通,对读者负责。傅雷对出版物有着无限敬重,他认为应把书"当做娇嫩的丝织品一样小心服侍,当做初生的婴儿一样爱护惟恐不至。"④在出版物编辑出版的每一个环节,傅雷均与作者、编者进行深入探讨,包含作品的筛选与分类,出版物的编辑进度,出版物的版本、装帧、印数等出版细节。

关于工作内容,傅雷主张编辑出版应讲求规范,保证质量。傅雷坚持多次校对,在审校稿件时有时还会让家人再通读一遍寻找漏校之处。⑤ 在来往书信中,傅雷对于版权页的位置、不同标点的区别、索引的位置与书写规范,甚至"单字不成行"等排版规范都有所涉及,这在当代的编辑出版实践中依然具有参考价值。

---

① 傅雷. 关于经理、编辑、选题计划的三点意见[A]//傅雷. 傅雷全集(17)[M]. 沈阳:辽宁教育出版社,2002:218.
② 傅雷. 关于出版界与知识分子问题的意见[A]//傅雷. 傅雷全集(17)[M]. 沈阳:辽宁教育出版社,2002:342.
③ 杨绛. 杂忆与杂写[M]. 北京:生活·读书·新知三联书店,1999:205.
④ 傅雷. 为繁荣创作、提高出版物质量提供更好条件[A]//傅雷. 傅雷全集(17)[M]. 沈阳:辽宁教育出版社,2002:216.
⑤ 傅雷. 致人民文学出版社[A]//傅雷. 傅雷全集(20)[M]. 沈阳:辽宁教育出版社,2002:241.

对于工作重点,傅雷认为图书版式与装帧设计是编辑出版工作的重点,图书装帧应兼具实用性与艺术性。傅雷关注图书的整体设计,即版式与装帧设计的整齐美观和内在统一性。傅雷在编辑出版实践中还具有很强的精品意识,他坚持宁缺毋滥,认为"倘无适当技术水平的装订,宁可不印精装本,以求节约"。[①]

三、傅雷编辑出版思想的借鉴意义

傅雷既有爱国主义的情怀与高瞻远瞩的眼光,又有笃实负责的工作态度和严谨认真的编辑作风。在媒介融合与"互联网+"的时代背景下,当今出版业的发展面临诸多挑战。对于现在的编辑出版业来说,傅雷的编辑出版思想仍有许多值得借鉴之处,其中最为突出的是知识分子的担当与对编辑出版规范的严格遵守。

(一)知识分子的担当与编辑的政治把关

傅雷的经历与心态变化在一定程度上反映了在内忧外患夹击下中国近现代知识分子的心路轨迹。当今社会中的出版行业已然不只是"知识分子事业"[②],但出版业仍担负着丰富国民精神生活、提高民族文化水平的重任。

当前,社会政治相对稳定,文化氛围自由民主,出版业迎来了大发展,同时也出现了一些问题。例如2016年备受关注的"香港铜锣湾书店5人失踪案"就引起了民众关于"禁书"的讨论,几位作案者向内地销售"违法书籍",在未经任何许可的情况下,仅2015年10月至2016年2月,就向"内地380人邮寄书籍达4000多册,涉及全国28个省、市和自治区"[③],其内容多为"胡编乱造",许多政治谣言蛊惑人心,对社会发展产生不良影响。这一案件反映出我国民众在信息空前丰富、获取渠道相对便利的背景之下,分辨信息真实性与准确性、把握信息政治导向

---

① 傅雷. 致王任叔、楼适夷[A]//傅雷. 傅雷全集(20)[M]. 沈阳:辽宁教育出版社,2002:263.
② 王建辉. 出版与近代文明[M]. 开封:河南大学出版社,2006:125.
③ 姚杉杉. 桂敏海案新案情浮出水面[N]. 环球时报,2016-03-01(10).

性等方面的能力并没有得到相应提升,反而因为好奇和窥私心理而为虚假错误信息的传播提供了需求与市场。

这样的社会背景与受众表现给编辑的政治把关能力提出了更高的要求。当代编辑出版业的从业者必须具有政治担当和社会责任感,严格遵守《出版管理条例》和书稿三审制度,一方面在选题时要注重进行政治把关,另一方面在文字编辑过程中也要注意内容的识别;既要对政治类书稿中的政治性问题进行关注,也要注意非政治类书稿中可能涉及的相关问题;对于危害国家主权和领土完整、泄露国家秘密等方面的选题和内容进行明确甄别和删改,充分认识到编辑出版工作是关系到国家大局和社会稳定的重要工作,必须进一步提升政治意识和政治素养,从而保证图书内容与质量,真正从工作中把握出版业的脉搏,促进民众知识与文化水平的进步,为国家文化事业的进步和经济社会的发展做出贡献。

(二)编辑出版规范与编辑的业务素养

随着物质水平的提升、生活节奏的加快和科学技术的进步,出版物更新与淘汰的速率空前加快,数字出版物逐渐占据出版市场,传统纸质出版物的生存环境不容乐观。但无论技术与介质在编辑出版过程中所扮演的角色如何变化,对于出版物而言,内容和质量还是最为重要的。

将出版物所代表的文化作为一种商务进行运作的出版机构不在少数,于是出现了少数编辑重市场、重选题而忽略编辑基本业务,无视编辑出版基本规范的现象,直接导致了出版物编辑含量的有限与内容质量的不过关。以广西师范大学出版社2011年出版白先勇散文自选集《树犹如此》和湖南文艺出版社2010年出版的钟叔河自选作品集《念楼序跋》为例,两部著作在编辑过程中出现了多种具有典型性的问题。第一,出现明显的文字错误和编辑"硬伤"。《树犹如此》中关于约数的表述"四、五只"[1]应该改为"四五只",文章《第六只手指》中形容母亲的庇护为"卵翼"[2]也不恰当。第二,内文前后不一致,影响图书的整体性。《念楼序跋》一书内文标点没有保持前后一致;第三,缺乏读者意识和服

---

① 白先勇. 树犹如此[M]. 桂林:广西师范大学出版社,2011:4.
② 白先勇. 树犹如此[M]. 桂林:广西师范大学出版社,2011:43.

务意识。自选集作品有必要对作者、成书缘由等做出介绍,《念楼序跋》一书除扉页后有作者钟叔河的半身照和自序外,就只有每篇文章后对于"序跋"所在图书寥寥数十字的介绍,会给读者阅读造成很多障碍,服务含量缺失。

无论时代如何发展和变化,出版界都应始终坚持"内容为王",培养高素质的专业编辑人才,从事规范化、精品化的编辑出版工作。出版人决不能忽视出版活动的文化属性,不能忘记编辑这一职业的基本业务与职业道德。适应社会发展的新型编辑既应该具有市场敏感和职业敏感,也应该夯实编辑业务基础,了解编辑出版行业的相关政策与常识;应像傅雷一样勤奋阅读、勤奋浏览、勤奋积累、勤奋写作,做有建树的科学文化的传播者。

在坚持编辑出版规范的基础上,编辑出版业也应该紧跟时代步伐,抓住当前"互联网+"带来的机遇。出版物编辑和出版社管理经营人员应该发挥创新精神,利用当前的先进科技手段,与编者、读者进行多途径交流,融合多种传播手段进行全媒体营销,并且在大数据时代的背景之下做好市场细分和读者研究工作。

总之,编辑出版行业的发展离不开其所在的整体社会背景与文化环境,出版人只有紧跟时代脉搏做出相应的调整和改变,才能亲自拓开生存之路;而只有大胆创新、引领潮流,才能使得编辑出版行业成为国民经济的重要门类、时代政治的感应器、思想文化的先锋与引领者。具体到编辑出版的各个流程,需要作者、编者、编辑、读者等相关利益主体共同参与。唯有充分考量各方需求,同时平衡市场效益与社会效益,才能承担起出版社传播文化的应有责任,为文化发展和文明进步提供更可依赖的精神食粮、可流传的精神财富,从而推动整个人类文化水平的提高和进步。

编辑出版实务研究

南开《东北地理教本》重印记

刘运峰*

摘 要：本文是对南开《东北地理教本》重印过程的回顾，其中涉及该书的重新发现、《东北地理教本》一书的编者、该书编写的初衷、全书的主要内容及寓意、重印的经过及影响等。

关键词：《东北地理教本》 傅恩龄 张伯苓 忧患之书

在纪念中国人民抗日战争暨世界反法西斯战争胜利70周年前夕，南开大学出版社影印出版了一部《八十四年前的东北地理教本》（以下简称《东北地理教本》），在社会上引起了较大的反响。这部书的编写、传播、发现以及重印经历了不少的曲折，值得进行回顾。

一、《东北地理教本》的重新发现

2015年7月，南开大学图书馆的部分藏书开始向津南校区搬迁，特藏室工作人员在整理图书时，发现了《东北地理教本》。这部书，原由南开大学经济研究所收藏。据该所历史记载："抗战爆发，天津沦陷，本所图书因事先冒险运出，始免毁于炮火。殆及在后方恢复，大部辗转自天津经香港、海防、昆明，运至重庆。道经海防时，敌人正谋入侵越南，

---

* 刘运峰，南开大学出版社总编辑，南开大学文学院教授、博士生导师。

又需抢运,幸得滇越铁路公司当局之助,一百二十七箱中之九十箱安全无损,所余三十七箱,以不及运输,陷于敌军。"这项活动是由时任南开大学社会经济研究委员会负责人何廉亲自冒险安排的。

幸存的九十箱图书,在抗战胜利、国立西南联合大学解散、三校北迁复校之后,又回到了南开大学,其中就包括《东北地理教本》。但由于长期封存,几十年中竟没有人注意到。有研究者从其他资料中发现了一些线索,试图找到这部书,但遍寻不得,无功而返,许多人都认为此书已经湮没于历史的尘埃之中,几乎不再抱任何幻想。庆幸的是,这本书竟然找到了,而且内容完整无缺,令人兴奋莫名。这也正如张伯苓嫡孙张元龙在《东北地理教本》重印本序言中所说:"找到这本书,是一种缘分;出版这本书,是一种责任。"这也进一步证明了"纸墨寿于金石"这句话的正确。

二、关于该书的编者

《东北地理教本》封面和扉页上均注明"傅恩龄编",但有关傅恩龄的记载和相关资料却是少之又少。几经查找,仅得到下面一些信息:傅恩龄,字锡永,1898年生,河北顺义人。1917年毕业于南开中学,1918年赴日本留学,1927年获日本庆应大学经济学学士学位。同年回国,任南开大学东北研究会主任、南开大学校长室秘书,后任南开大学文学院日语教师。自1938年起,任南开大学教授、国立西南联合大学教授。1946年南开大学在天津复校后,仍任南开大学教授,并于1948年2月至8月间,任南开大学训导长。至于傅恩龄后来的去向,在该书重印之前,仍处于"待考"之中。

《东北地理教本》重新出版之前,《天津日报》《今晚报》均在主要位置发布了该书被发现并即将由南开大学出版社影印出版的消息。有关傅恩龄及其后人的线索也逐渐清晰了起来。最令人欣喜的,傅恩龄之子傅佑同教授就在与南开大学仅一墙之隔的天津大学任教。于是,笔者带着刚刚出版的样书,来到了傅佑同教授的家中,进一步了解了傅恩龄先生的情况。傅佑同说,他的父亲与周恩来、马骏、冯文潜、吴玉如是南开中学的同班同学，毕业后到日本留学，主修经济地理。回国后担任张伯苓校长的秘书、外语系的教授，与杨石先、黄钰生、鲍觉民都是很好的朋友。1950年应邀到新成立的北京铁道学院（现北京交通大学）任教授，直到1975年去世。傅佑同还提到，他的父亲在西南联大期间，曾在美国援助中国的"飞虎队"中翻译有关日军的资料，为抗战做出了贡献。

三、《东北地理教本》编写的初衷

该书的编写，与时任南开大学校长的张伯苓先生有着直接的联系。

1927年8月间，张伯苓在主持第八届远东运动会之后，从上海乘轮船到东北考察，他耳闻目睹，深刻感受到日本人"经营满蒙之精进与野心"，在思想上受到了很大震动。他说："不到东北，不知中国之博大；不到东北，不知中国之危机"，认为"国人欲愿与之（日本）抗衡，必先明了其经营之内幕不可"。11月14日，在张伯苓的亲自筹划下，满蒙研究会（后更名为东北研究会）在南开中学礼堂成立，以傅恩龄为主任，意在"专事收集关于满蒙问题之材料，而用科学的方法，以解决中国之问题"。1928年4月，张伯苓由傅恩龄陪同，亲自去东北地区的大连、奉天（沈阳）、海龙、安东（丹东）、长春、吉林、哈尔滨等地进行调查，访问了东省铁路局经济调查局、《经济月刊》编辑部等部门，并与各方面人士举行座谈，获得了大量的第一手资料。他认为建设东北当务之急，一是修筑铁路，一是奖励移民。5月7日，在南开大学召开的国耻纪念会上，张伯苓做了题为《东北归来对旅途情形及东北现状的感想》的讲演。

1928年夏，张伯苓又派萧叔玉、蒋廷黻、杨石先、张仲述、李继侗、傅恩龄等去东北考察，搜集整理相关资料，进行学术研究工作。

《东北地理教本》就是在这一基础上完成的。

该书分为上下册，包括地理、行政、交通、富源、工业、商业、辽东半岛日本租借地、中东铁路公司与南满铁路公司、东北与国际之关系、东北问题之解决方策等十五章。同时，将东北研究会工作及计划、国内外研究东北各机构概况作为附录。

四、名为地理教本,实乃忧患之书

该书于"中华民国"二十年(1931年)秋印行,并在南开大学、南开中学、南开女中、南开小学同时作为地理教材使用,这一节点,与日本制造公开侵略东北的"九一八事变"几乎同时,因此,此书虽为地理教科书,实为一部民族危机、国难当头之时的忧患之书。编者傅恩龄对于东北有着特殊的感情。据《南大周刊》第一一四期记载:"九一八事变"发生后,南开师生人心激昂,满腔悲愤,"东北同学痛念悲时恨身,终日面孔严肃,傍晚更或倚枕暗泣,饮食难下,课业厌倦。教授中关心国难者有蔡维藩、傅恩龄、陈弼猷三先生。先生等每于提书授课时,泪盈盈而欲泣。"

虽然从书名上看,这是一本以中国东北地理为内容的教科书,但是,编者傅恩龄并非专门介绍东北地理,而是随时将爱国精神、忧愤情怀融汇于字里行间。如在谈及东北地理之形势时指出:"美哉山河,我国人民之所寄托,尤当保持勿失者也。"又说,东北"境内有最大之山岳,最大之川流,最大之平原,最良之海港,凡矿产、林产、农产、畜产、水产,无一不备,苟保守而利用之,即此一隅足以自豪矣,而况别拥四百余州之疆土乎?"编者有感于东北屡遭列强争夺、他人环伺的危险情景,及时提醒国人:"强邻侵蚀之结果,血痕斑斑,几无完肤","倘国人急起直追,力图挽救,或迅速殖民,或开荒垦殖,危亡之局势,庶可挽回;否则甘作俎肉,任人宰割,三百余万方里之沃土,行将沦于虎狼之口矣。"编者还特意对东北行政的正确名称进行了专门辨析,认为:"事虽微末,关系至大,凡我国人均望注意!"注明"满洲"应称"东北"或"东省","南满"应称"东省南部","北满"应称"东省北部","关东州"应称"金县"或"辽东半岛日本租借地",并进一步谈道:"外人对吾东北统名之曰'满洲',国人不察,亦从而呼曰'满洲',此实大误,不可不辨。"认为外人之所以将东北三省统名之为"满洲",实属故意,"以冀达其侵略东北之野心"。"故吾人对此,实应加以纠正,决不能任意盲从为帝国主义所欺蔽也。"

在谈到东北铁路时,编者满怀悲愤而又不无信心地写道:"抚今追昔,列强以开矿筑路侵蚀我主权,占据我土地,吸收膏血,垄断金融,真堪痛哭流涕,岂不益令人惊叹开矿筑路为强圉固边解决民生之要图。诚能急起直追踵而行之,何患已失之权利不能挽回,失之东隅者,或可收之桑榆乎。"编者还针对当时日本及西方国家对华的经济侵略,特别指出:"处此情形之下,吾国人民,势不得不谋自卫之计,以冀于铁路运输上,占得大部分之势力,而维持吾国东北之主权。"编者寄希望于中国东北铁路网的建成和港湾的修筑,认为"今日之东北,恰若美国当年之西部,将来铁路完备之后,其造福于国家者,实巨且大也"。

在涉及与外国进行贸易往来时,编者特意指出:"今日之吾国,外受不平等条约深酷之束缚,内乏经营合办事业之财力与能力,究其实当否得失如何,恐不能以常理论之。"编者认为有几点尤其应该引起注意:"一,不平等条约未经取消之国家绝对不应与其合办各种事业,在于个人或有微利,但在国家则有大损故也。二,吾人先须具备合办之能力与财力,认清确实以互助互惠之精神,决不以己国之强大为不当之背景者,始宜同其合办。三,对于国家政策及国防有关之事业,绝对不应合办。四,吾国法律不备,经济组织不全,合办事业暂且以少为佳。"

该书的最后部分是关于东北问题的解决对策。编者在分析了东北问题的根源以及消极和积极的解决方案之后,告诫国人:"东北之权益,既由吾人失之,故东北所失权益之归复,其责任亦当由吾人负之。简言之,东北问题之解决,在于吾人者多,而在于他人者寡。中国建设成功之日,恐即东北问题完全解决之时也。"

总之,这并非一本普通的东北地理教科书,而是一部充满忧患意识、具有强烈的爱国主义思想的警示之作。对于在南开师生中普及东北地理历史知识,提高国人的忧患意识,培养民众的爱国主义情感具有重要的作用。

五、《东北地理教本》的重印

《东北地理教本》的发现,恰逢中国人民抗日战争暨世界反法西斯战争胜利七十周年前夕。这部书对东北局势的关注,对日本帝国主义阴谋的揭露,至今都令人感动。因为,打开这部书,从字里行间就能感受到张伯苓老校长的忧愤之情,感受到南开人"以天下为己任"的大公之心。尽管从这本书的印行到现在,已经过去了八十余年;尽管书中的许多内容与现在相比,已经发生了很大的变化,但是,书中那种"知中国,服务中国"的匡时救世情怀依然发人深省,令人感佩不已。为此,南开大学、张伯苓教育思想研究会成立了该书的编委会,以全国政协常委、张伯苓教育思想研究会顾问张元龙,南开大学党委书记、南开校友总会理事长薛进文、南开大学校长龚克为主任委员,以南开大学副校长、南开校友总会常务副理事长朱光磊及南开大学出版社、图书馆、档案馆、校史办、校友办、发展办等单位负责人为委员,大家充分讨论了该书的意义和价值,决定重新出版此书,并在抗战胜利日之前推出。

书稿交到南开大学出版社,距离出版只有一个月的时间。重新排印、校对肯定来不及,因此只能采取影印的方式。但是,在审稿时发现,这本书毕竟为南开系列学校使用的内部课本,其中存在着大量的误植和错讹,即便是影印,也要对读者负责。为此,出版社采取边制版、边校勘的办法,将书中的差错一一标注出来,共发现300余处,编制了详细的勘误表,并以出版社的名义写了重印后记,体现了这部影印本图书的编辑含量。

六、出版后的反响

2015年8月31日,《东北地理教本》重印版首发式暨学术研讨会在光明日报社举行。首发式暨学术研讨会由光明日报社、南开大学及张伯苓教育思想研究会共同主办。南开大学校长龚克,光明日报社总编辑何东平,全国政协常委、张伯苓教育思想研究会顾问、张伯苓先生嫡孙张元龙,中国社科院《抗日战争研究》原主编荣维木,军事科学院原军事历史研究部研究员柳茂坤,中央党史研究室研究员刘宋斌,中国社科院党校副校长夏春涛,中央党校文史教研部历史教研室副主任王学斌,南开大学副校长朱光磊,经济学院院长梁琪,历史学院教授侯杰,张伯苓教育思想研究会副理事长、秘书长罗世龙等一批知名专家学者出席会议,并就这部书重新出版的意义进行了深入研讨。

大家认为,这是一部在民族危机中诞生、在战火硝烟中幸存的爱国主义教材。张元龙说:"《东北地理教本》表明,南开是最早发现、最早揭露日本军国主义图谋我国东北的野心的,也是最积极地以社会和学校教育的方式参与抗争的组织群体。"他同时指出,"这本书也同时启发我们,中国的抗战历史要提前、延伸到'九一八'事变之前。"

王学斌则认为,这部书是解读东北历史的百科全书式教材。他说:"该书对东北及周边地区的情况叙述堪称系统。虽名为地理教本,但书中内容已涉及地缘政治局势、周边经济形势、历史人文、资源矿产等诸多方面,资料丰赡,条目明晰,对当时东北地区的政治、经济、军事、文化情形的介绍非常全面。编者所花费的精力与心血之大,由此可知。"夏春涛指出:"书中提出了不少应对危机之策,其中不乏真知灼见。如谈到中外经济合作,编者认为'不平等条约未经取消之国家,绝对不应与其合办各种事业,在于个人或有微利,但在国家则有大损故也';关于移民问题,编者主张'促进移民',列举了六条理由,首先从国防谈起,认为倘若不从内地大举移民东北,则'天然富源,拱手授人,不仅丧失地利,亦且危及主权'。从主旨上讲,该书已超越普通教科书的范畴,更接近于今天的蓝皮书。"侯杰指出,对于日本人在东北修筑的铁路,教本有十分清醒的认识,如教本提醒国人:"日人要求建筑吉会铁路之目的,约可分为政治、经济、军事三方面观察之。政治上之目的:日本久欲吞并东北,进窥中原,行其'大陆政策',其进行方法,即以南满安奉吉会三铁路为阶梯。"这样的见解与那些脱离具体历史时空而提出的观点相比,有着天壤之别,不可谓不深刻。

大家还认为,这部书在解读东北亚国际关系中充分揭露了日本的野心。夏春涛指出,教本虽以"东北地理"为题,实际上涵盖内容甚广,着重谈东北历史与当时状况的关系,谈东北在日本等国的蚕食鲸吞下日益凸显的危机,在解读东北亚国际关系中充分揭露了日本早就图谋我东北地区的野心。"该书第 8 章专写中东铁路公司与南满铁路公司,第 14 章专论东北与国际之关系,将日俄侵略中国东北的历史线索讲得很清楚。南满洲铁道株式会社是日本在中国东北侵略扩张的急先锋,该书指出,它表面为商业公司,实际上为日政府之化身,属'以名蔽实',可谓一针见血。"柳茂坤指出,教本在日本移民、日俄战争、日本租借辽东半岛、日本兴办南满铁路公司的记述中,揭露了日本侵华的实质,分析了日本侵华的根源,并提出了对策,主张"举全国之整个的力量,与日周旋,东北问题始可得而解之"。

大家还感受到,这部书体现了在民族危难中的学术精神的传承。刘宋斌特别向与会者强调了一段史实:为编写这一教本,从1927年到1929年间,在老校长张伯苓的带领或组织下,南开师生在东北至少进行了4次大规模实地考察,在大连、奉天、海龙、安东、长春、吉林、哈尔滨等地进行深入调查,访问了东省铁路局经济调查局、《经济月刊》编辑部等部门,搜集整理大量第一手资料,撰写了大量调查报告、论文,开展了大规模的学术研究。《东北地理教本》之所以能在民族危难之际编写出来,与南开大学开创者们的实践教学传统和踏实做研究的学术精神密不可分。王学斌指出:"东北研究会,汇集了许多当时中国最顶尖的专家,如蒋廷黻主攻外交史与国际关系,何廉擅长中国工农业经济问题,还有方显廷、萧公权、张彭春等有识之士。因此教本从某种程度上讲,是南开大学集体学术智慧的结晶。"他说,正是这编写教本的契机,使不少学者从此将东北问题作为毕生关注的重点。如蒋廷黻于1929年离开南开后,依然在该领域努力耕耘,发表了长达数万字的《最近三百年东北外患史》一文,在学界引起极大反响。

龚克表示:"这本书的独特之处,是在地理知识中蕴含了当年南开人强烈的爱国心和社会责任感,力透纸背!正是这种社会责任感,将相对稳定的地理与激烈动荡的时政结合起来,让这本书充溢着明烈的时代感。今天的教育工作者特别需要学习和传承这种强烈社会责任感和时代责任感,将此寓于我们各自本职的教育工作之中,浸润青年一代,使振兴中华的事业后继有人。"

时隔半月之后,《光明日报》在2015年9月14日综合新闻版发表了长篇通讯,题为《教育救国,知识分子抗战之路——南开抗战教材〈东北地理教本〉重现始末》,分别就战火中"失传"的教科书,寻找南开被轰炸的根源,一本教科书昭示民族危机、爱国爱群之公德、服务社会之能力,历史是最好的教科书等内容进行了记述。

与此同时,国内多家媒体也对此书的重印进行了报道和评价,从而引发了人们对知识分子使命与责任的思考。

《张伯苓全集》编辑手记

李力夫　杨丰坡　李　佳[*]

摘　要：本文主要记叙了《张伯苓全集》从选题提出到编辑出版的整个过程，同时，笔者在编辑《全集》过程中总结经验，对旧籍新刊中繁简体的修改、原始文献的使用以及历史图片的文字说明等提出了自己的几点体会。

关键词：张伯苓　《张伯苓全集》　历史文献

国家出版基金项目《张伯苓全集》（以下简称《全集》）即将付梓面世，面对眼前这部汇集老校长鸿文高论、皇皇十卷五百余万言的《全集》，不禁思绪万千，感慨良多。面对数次审校、堆积如山的书稿，笔者心中既有如释重负的喜悦，也还留些"画眉深浅入时无"的忐忑不安。华中师范大学历史研究所的章开沅教授曾对笔者说："张伯苓是近代史上一位值得深入研究的人物，编辑他的全集一定要黾勉从事，不可不慎。"几年来，笔者以戒慎惶恐的心态，尽力投入到《全集》的编辑工作，愿借这个机会把编辑过程中的点滴体会与同行们分享。

一、选题的提出

本书选题最初的提出是在 2012 年 10 月，当时我社第一事业部与天津市档案馆联系，提出了要做一套《张伯苓档案资料汇编》的想法，后

---

[*] 李力夫，南开大学出版社编辑；杨丰坡，南开大学出版社编辑；李佳，南开大学出版社编辑。

经社内大家讨论,建议在原有选题的基础上扩展成为一套《全集》,为此我们又展开调研,论证《全集》一书的可行性。

经过两个月的论证,我们发现,近年来对于张伯苓的教育思想及其生平事迹的研究越来越引起社会各界的重视,陆续出版了一些介绍性、学术性论著,但这些论著史料来源比较单一,主要集中于几种资料性图书。而只依据这些图书所撰写的相关著述,显然难以准确反映张伯苓的一生经历及其教育思想的全貌。研究的深入有待于相关资料的进一步发掘与呈现。从这个意义上说,对有关张伯苓的档案文献资料进行全面梳理,并在此基础上编纂出版《全集》,显得极为迫切和重要。

在选题论证的过程中,很多专家对我们编纂出版《全集》给予了鼓励,并建议我们申请国家出版基金。中国近现代史研究领域的大家,华中师范大学章开沅教授、南京大学张宪文教授、南开大学来新夏教授更欣然为本书撰写专家推荐。其中,南京大学的张宪文教授在专家推荐中写道:"出版《全集》,应当代之急务,对全社会亦将树一楷模,以推动我国教育有更大更完善的发展。"这些鼓励的话语,更加坚定了我们申请国家出版基金的信心,于是我们便组织人员对已有出版物和资料进行勘校整理,并形成了三百余万字的初稿,申请国家出版基金项目,并于2014年初获得立项资助,实现了我社国家出版基金零的突破,这更加坚定了我们做好这部大书的信心。

2014年3月25日,《全集》编委会在我校办公楼召开第一次全体会议。南开大学校长、《全集》主编龚克校长主持会议。会议宣布《全集》编委会成立。至此,《全集》进入实质性编辑阶段。

二、编辑的过程

做好一部大书,作者队伍的组建是重中之重,《全集》编委会由南开各系列学校主要领导和有关专家组成,负责编纂出版各个方面、各个环节的统筹协调工作。编委会下设主编和副主编,总体负责《全集》的编纂、统稿等事宜。各卷设分卷主编,负责各卷文献资料的搜集、整理、审定、编辑等方面的工作。

"工欲善其事,必先利其器。"做好一部大书,除作者队伍的组建是重中之重外,还须制定一套完备的体系保障整理、编纂、编辑、核校等工作规范运作;组建一支高效精锐的队伍保障编、审、校、印等环节高质量完成。因此,我社制定了《〈张伯苓全集〉进度、质量跟踪管理办法》,明确了各个阶段的主要任务、具体工作目标和专项负责人;并抽调各个部门业务能力出众、编辑出版经验丰富的人员组建项目团队。

《全集》是张伯苓著作的大结集,全新编排、种类齐全,这就需要各种各样的体例,且这些体例又必须有总体目标。因此,我们要求编辑团队在《全集》编纂始初,就必须介入进去。首先是参与全书"凡例"的确定。"凡例"可以规定全集的编排顺序、点校底本的使用,提出文字规范、原底本错字修改、如何注释等方面的具体要求,让编纂者有了标杆式的参照体系,可以以此衡量曲直,使编纂过程更为高效顺利。

为了保证这部大书的编辑出版质量,突出《全集》的系统性和权威性,参加编纂的同事们先是遍查天津市档案馆近100万字的珍贵档案,后又沿着当年张伯苓的足迹,到北京、上海、重庆、南京、四川、湖南、湖北、云南、黑龙江、辽宁、吉林等地的档案馆、图书馆,收集了大量的档案、图片和文献,进行了细致的辨析、整理、加工、点校和编辑、校对等工作。终于在2015年3月初,《全集》定稿并交出版社。

此后的半年,我们便进入了最艰难的阶段——文字审校。我们整个项目组成员,拿着排出来的校样,逐字对照原始文献进行审校。《全集》公文函电部分原稿多为手迹,其中涉及多人笔体,有些以草书、行书等写成,极难辨认。加之原稿中大量的错字、衍字、漏字及古字、俗字、生僻字都要进行处理,有的改为通用字,有的则需要保留原貌。因此,审校过程的劳动强度是不参与者无法想象的。这期间,我社项目团队还出台了包括"编辑体例""内文编排顺序及要求""正繁异体字注意字表"等涉及审查规范、编辑规范、加工规范方面的体例共十几个。这些体例采取随时发现、随时以"续例"制定的方式,及时下发给各分册编辑参考借鉴,从方方面面去做好全集内容上的正规化、完善化、严谨化。如我们在处理公文函电部分发现,整理者为保持原貌,对书信标题的处理出现了称谓不统一的现象,比如致张学良的信,就有"致张学良""致张汉卿""致毅庵"等,编辑组经过讨论,统一修改为"致张学良",具体书信内容则保持原貌不变。

每一校次,编辑与编委会专家轮番核对,反复多次地核对底本、订正句读,审慎缜密,以求将差错减少到最低。标红随着校次的增多越来越少,但新校样中只要发现错误,我们都会重新逐字核对。为了尽量完美地使全集面世,各位编辑和专家一起克服身心俱疲的困难,一次又一次地查找着错误。到2015年8月底终于定稿,期间审校次数达到13次。校样摞在一起,有一米多高。这让我们深深体会到"校书如扫落叶,旋扫旋生"的艰辛。

审校工作进行到后期,印刷的问题就提上了议事日程。用什么样的材料,在哪个印刷厂印刷才能使这么大的投资,这么多人几年的劳动有一个完美的结局?经过再三考虑,社里决定采用竞标的方式选定印刷厂。有5家印刷厂参与了竞标,最终,天津泰宇印务有限公司在质价性比上胜出,拿到了印刷任务。2015年9月中旬,《全集》形成"清样",正式进入印制环节,我社的项目团队又制定了《印装顺序统一要求》和《印装质量要求》,前者为印刷管理部门提供一个统一的图书下厂印刷的要求,防范在内容编辑加工处理环节与印刷装订环节交接时可能出现的纰漏,把好编辑环节的最后一道关;后者规定了印装各个环节的规格、细节,确保了图书的印装质量。

2015年9月,《全集》得以付梓。

三、几点心得

(一)旧籍新刊应注意

前人旧籍,因当时的主观和客观方面的种种条件及原因,故其文字难免有这样或那样的讹误。在编辑《全集》的过程中,整理者虽纠正了旧籍中的一些讹误,但因原稿年远,鲁鱼之讹甚多,故漏纠之处仍然不少。如著作言论部分,原稿将"汩没"误作"泪没","札记"误作"扎记","杂糅"误作"杂揉",编者均原样录入,则需由编辑审校时一一纠正。但有些情况的繁体字,编辑在审校中应当注意:

有的繁体字因简化后易生歧义,则不可简化。如"適"字,当它通

"嫡"字时,则不可简化为"适",如"立適"(立嫡长子)、"適庶"即均如此。又如"於"字,当它作叹词表感叹之意时(音 wu),则不可简化为"于"。

有的人名中的异体、繁体字,不宜改。如书稿中涉及的晚清文字学家吴大澂的"澂"虽同"澄",但却不可改;又如《全集》第二卷中言及周釐王,"釐"虽简化为"厘",但周釐王的"釐"却不可简化为"厘",为什么?因为周釐王的"釐"通"僖",故与简化的"厘"是两个字,不应改动。

有些误字可以不改,如《全集》第二卷中言及河南商丘多写作"商邱",应属误,但后经查,是因清代雍正三年(1725 年),上谕除四书、五经外,凡遇丘字,并加旁为邱,从示避孔丘讳,地名字亦作"邱"。故凡遇"丘"因避讳而添笔划改为"邱"者(此习延续至民国初年,故书中会作"商邱"),我们做了保留,并做了注释。

同时,还应该注意的是繁体字和简化字并非一一对应,其中即有一个繁体字对应多个简化字的情况,也有多个繁体字对应同一个简化字的情况,这种情况在《全集》以及其他新刊旧籍的编辑过程中是很多的,需要引起编辑的注意。

(二)图片说明应谨慎

为直观、形象地反映张伯苓老校长波澜壮阔的一生,《全集》在各卷正文之前均设彩色插页八面,共收录珍贵历史照片及关于张伯苓之珍贵历史文献的掠影约二百幅。这些图片极其珍贵,其中不少是首次公诸于世,因此在撰写图片说明时,我们不仅要参照一定的历史事件,而且要仔细观察图片细节,因为这些图片细节中包含着很多重要的信息。比如《全集》第二卷的一幅图片,原整理者图示为"1929 年春,张伯苓在美国考察教育,与哥伦比亚大学师范学院克伯屈等合影",后经编辑仔细观察,发现图片中有条幅上写有"南开大学校友会留美分会……欢迎张伯苓……"字样,说明这次欢迎会为南开大学校友会留美分会主办,所以我们最后将图示改为"1929 年春,张伯苓在美国考察教育,与哥伦比亚大学师范学院克伯屈教授及南开大学校友会留美分会代表合影"。

(三)原始文献很重要

在整理者交送《全集》定稿的同时,我们还要求整理者将所有书稿的原始文献(如著作言论部分的文章最早刊处,公文函电部分的原件复印件)提供给我们,以便我们依据原稿进行校对。在此后的工作中,我们发现这种旧籍新刊,让整理者提供原始文献是非常必要的。正是通过对原始文献的核对,我们纠正了已有出版物中长期存在的谬误,使得书稿质量得到进一步的提升。

应该说,《全集》的编辑团队为编辑好这部书,是颇尽心力的。但由于档案文献资料的时间跨度长,地区分布广,搜求难度相当大,加之编纂水平所限,因此,尽管我们力求完美,仍恐难免存在诸多问题和不足,对此敬请读者谅解。同时让我们感到欣慰的是,这是迄今为止搜罗张伯苓资料最为完整丰富的一部图书;也可以告慰伯苓老校长的是,新中国成立后特别是改革开放以来,他所手创的南开系列学校,借助国家复兴和教育事业蓬勃发展的春风,开枝散叶,也有了空前的发展与进步。

重现经典 引导阅读
——"民国通俗小说精粹导读丛书"选题策划设想

田 睿[*]

摘 要：民国通俗小说所具有的通俗本质、民族风格、丰厚的文化含量和跨越时代的生成性使它不但逐渐归位于文学经典，而且越发彰显出重要的出版价值。在文学阅读需求不断增长和媒介融合发展变革的背景下，以提供"阅读内容"为理念，以深入研究作品为基础，以优化读者体验为中心，在内容设计和呈现方式上进行新的探索，将有可能突破当前存在的经典阅读瓶颈，找到经典阅读与流行阅读的结合点。

关键词：选题策划 经典 通俗小说 民国 阅读

一、选题意向诞生的背景

（一）"民国热"和"通俗热"

近十几年来学术界和出版界的"民国热"，主要表现为对民国时期历史、文化等的关注和探讨，出版物包括民国学术经典、民国史料整理汇编，关于民国历史、政治、文学、教育等的研究著作以及民国掌故、风俗的绍介等。虽然一些成果与认识尚待规范，但其中隐含着的对本土文化的重认和对未来的热诚期待是值得肯定的[①]。有学者还将其理解

---

[*] 田睿，南开大学出版社副编审、综合编辑室主任．
[①] 杜晓宇．出版业的"民国热"现象反思[J]．前沿，2013(5)．

为一种当代大众文化,指由媒体与出版界渲染之后,又部分转入社会时尚需求与大众想象的"趣味的热潮"。①

出版人担负着精英文化与大众文化双重传播的责任,在这股热潮中应有清醒、自觉的贡献。

比"民国热"更早出现的"通俗热",始于20世纪80年代。港台通俗文学的进入、流行引发了人们对通俗小说的爱好,进而出版界掀起了通俗小说"重印热",许多民国通俗小说作品得以重见天日。② 从1984年山西人民出版社的"通俗文学丛书"到1986年天津古籍出版社的"近代通俗文学研究资料丛书"、百花文艺出版社的"现代通俗小说研究资料"、吉林文史出版社的"晚晴民国小说研究丛书",从1984年台湾联经出版事业公司的"近代武侠小说名著大系"到1988年北方文艺出版社的"中国现代俗文学文库·武侠卷"、1993年华东师范大学出版社的"中国现代言情小说大系"、1994年北京燕山出版社的"鸳鸯蝴蝶派八大经典著作",等等,这些作品丛书的出版,使民国通俗小说在中国现当代文学中得以复苏、重建。

与作品的出版相映衬,"民国通俗小说"这一文学范畴也在此时期得到了广泛研究和价值再判。

民国通俗小说是指辛亥革命至新中国成立之前所产生的长篇或中篇章回体白话小说③,作品数量多达2000余种,作家逾600人。它从诞生伊始就被视为与新文学对立,且在现代文学史中长期处于被"放逐"的困境。实际上,民国通俗小说与新文艺小说并不是非此即彼的关系,也没有一般所说的优劣之别,而是有着文化传统上的区别④,两者之间应是一种互补关系⑤。数位先行者的研究推动了学界对民国通俗小说的重新评价,在通俗文学史、作家作品研究、资料汇编等方面形成了一批成就卓著的成果,为中国现代文学史"找回了另一只翅膀"(贾植芳语)。如今,在现代文学史著和作品大系中,已能见到通俗小说的身

---

① 李怡."民国热"与民国文学研究[A].华夏文化论坛[C],第十辑.2013.
② 范伯群.中国现代通俗文学史(插图本)[M].北京:北京大学出版社,2007.
③ 倪斯霆.旧人旧事旧小说[M].上海:上海远东出版社,2010.
④ 张赣生.民国通俗小说论稿[M].重庆:重庆出版社,1991.
⑤ 范伯群.论新文学与通俗文学的互补关系[J].中国现代文学研究丛刊,2003(1).

影,虽然仍是零星的、单薄的。进一步整理作品、深入挖掘民国通俗小说的文学价值,具有重要的学术意义。

(二)文学阅读需求与消费的不平衡

文学阅读一直是国民阅读的最重要组成部分。[①] 全民阅读调查报告显示,文学类图书连续多年居于读者最喜爱的图书排序榜第一位,其中言情小说、文学名著和武侠小说等最受成年人青睐;读这些书的目的主要是增加知识、开阔眼界,满足兴趣爱好和休闲消遣。[②] 而从零售市场的情况来看,2015年上半年,文学类图书在细分市场中的比例约为13%,明显低于教辅、社科和少儿类;在畅销书前100名中平均占到37个席位,仅次于少儿类。[③] 有学者认为,虚构类图书所占比重越高,阅读市场越成熟,我国的情况与发达国家相比,仍有较大差距。[④] 我们从中可以发现一种矛盾,即文学类图书的较高阅读需求和消费市场占比的弱势之间表现为一种不平衡。问题出在哪里?除去读者口味不稳定和市场商业化运作等不确定因素,文学类图书的生产是必须关注的主要方面。从生产主体上说,包括作家和出版社两方面;从来源上看,可分为当代作家的写作与文学史留存的经典之作两种。[⑤] 文学经典具有一定的权威性,它可通过文学史鉴定、留存并传承下来,并因此成为大众信任的必读书。而当代作品则往往通过媒体刊载、专家推荐、口口相传等现时方式进入大众视野,并常常需要以商业化运作来扩大影响,由于没有经过历史的沉淀和权威的认定,很难长期受到关注。但从大众阅读的兴趣看,存在于日常话题中的大多是当代作品,经典阅读总是令人担忧:一是在阅读选择上,流行阅读以时尚、通俗、开放等特征,常常超越经典阅读,吸引了更多读者;二是经典作品本身在内容和表达上,

---

① 刘艺潇,张志强.基于2014年度图书排行榜的图书出版分析[J].图书馆论坛,2015(9).

② 全民阅读调查报告2011[OL].北京:中国全民阅读网,2013-11-21. http://www.cnreading.org/yddc/mtjj/201311/t20131121_150377.html.

③ 2015上半年中国图书零售市场分析报告[OL].北京:北京开卷,2015-8-27.微信公众号发布.

④ 孙庆国.对阅读需求的认识是出版人最重要的任务[OL].北京:书业观察论坛24期,2007-11-26. http://book.sohu.com/s2007/bookforum/.

⑤ 南帆.文学史与经典[J].文艺理论研究,1998(5).

或多或少存在与新的时代难以融合的问题;三是经典作品的呈现,因其被赋予的曲高之角色,总是以单调枯燥的面貌示人。因此,如果说在当代作品的供给上,我们要更多地求诸于作家的写作的话,那么经典作品就要依赖于学者和出版者的联合,在价值判断和呈现方式上,进行一番努力的改革了,而当前急速变革的媒体融合时代恰好为这一改革提供了前所未有的机遇。

本文所述"民国通俗小说精粹导读丛书"选题的策划,就是在上述背景下生发、开展的。力图在学术史料和文学读物之间找到一个平衡点,让民国通俗小说经典以新的面貌重新呈现,并与大众阅读相衔接。

二、选题的价值判断

出版工作的价值判断体现为编辑主体对客体进行评价,并在一定程度上施以影响的过程。这一判断又与社会环境相关。上文对选题诞生背景的论述已体现出一种价值判断的思路,以下将深入到本选题的内涵层面,要约论述其多重价值。

(一)文学价值——民国通俗小说的经典性

文学作品最本质的价值应体现在文本上。近十余年来学术界关于文学经典的大讨论中,经典作品的特性逐渐得以彰明,而文学经典也需要历史的重构。对于民国通俗小说是否可列入经典范畴的问题,有学者曾做过这样的判断:"至于旧体诗、通俗文学、汉奸文学等等能否进入'民国文学史',也主要是看它们能否在新的文学规范的向度上找到自己的位置,而不是因为过去文学史的'放逐'就一定要被今天所'收容'。"[①]"文学规范的向度"体现为一种经典的特性,笔者以为,民国通俗小说中的优秀之作是具备这种特性的。

1. 原创性。"一部文学作品能够赢得经典地位的原创性标志是某种陌生性。"(哈罗德·布鲁姆)这种陌生性可以解释为对前人的突破、

---

① 李怡.从历史命名的辨正到文化机制的发掘——我们怎样讨论中国现代文学的"民国"意义[J].文艺争鸣,2011(7).

超越①,在意蕴的挖掘上或形式的开创上有着迥异于前人且启发着后人的东西②,包含着别人所没有提供过的审美内容③,而审美价值即是文学的核心价值④。以原创性的标准来衡量,民国通俗小说足以真正走入文学史。在其他标准上争论不休的批评家们最能取得一致的就是对民国通俗小说的原创性的认同。且以"民国武侠小说史上领袖群伦"⑤的还珠楼主的武侠小说《蜀山剑侠传》为例。从创新性上看,它是中国古典文学与通俗文学交融的结晶,是武侠小说"奇幻仙侠派"的代表⑥,其作品中所表现出的种种"不可羁勒的想象力与描绘力,……令人叹为观止"⑦,"顿开中国小说界千古未有之奇观"⑧。从接受美学的角度看,它"使上百万人入迷,历久不衰,百读不厌,常读常新,越读越能品味出其意味之隽永"⑨,具有"强烈的艺术感染力和情感慰藉性"。从对后世作家的影响上看,它的内容元素和创作手法在其后的民国作家、新派港台武侠小说家以及十余年前兴起的网络玄幻小说作家那里皆可找到遗韵。民国通俗小说最大的原创性,在于其是"中国民族风格和民族特色的文学形式"⑩,是中国人为自己编的故事,这与当时模仿西方文体的新文艺小说有实质性的区别。通俗小说作家也受到了西方文艺思潮的影响,也追求艺术创新,但他们不是造作地生搬硬套,而是立足于"通俗",随着社会生活的变化更新题材,并注重运用中国普通民众能接受的形式,踏出了一条通俗小说现代化的新路。

2.生成性。一是多元阐释性,即读者对作品的多角度理解。"经

---

① 方忠.论文学的经典化与中国现代文学史的重构[J].江海学刊,2005(3).
② 梁晓萍.文学经典的核心价值究竟是什么?——兼与聂珍钊先生商榷[J].文艺研究,2014(3).
③ 方忠.论文学的经典化与中国现代文学史的重构[J].江海学刊,2005(3).
④ 梁晓萍.文学经典的核心价值究竟是什么?——兼与聂珍钊先生商榷[J].文艺研究,2014(3).
⑤ 张赣生.民国通俗小说论稿[M].重庆:重庆出版社,1991.
⑥ 叶洪生.论剑——武侠小说谈艺录·中国武侠小说史论[M].上海:学林出版社,1997.
⑦ 倪斯霆.旧人旧事旧小说[M].上海:上海远东出版社,2010.
⑧ 叶洪生.论剑——武侠小说谈艺录·中国武侠小说史论[M].上海:学林出版社,1997.
⑨ 张赣生.民国通俗小说论稿[M].重庆:重庆出版社,1991.
⑩ 宁宗一.中国武侠小说鉴赏辞典[M].北京:国际文化出版公司,1992.

典是具有可写性的文本。"(罗兰·巴特语)①它召唤着不同的时代、不同的接受者的解读,并为其提供了开放的空间和多种可能,而作品的经典意义也因此实现。如刘云若的社会言情小说中对妓女生活严肃、纯净、深寓同情的描写,让人读出了社会百态和人性善恶;蔡东藩的历史通俗演义小说,不仅使二十四史"飞入寻常百姓家",也被中等学校采用为课外读物;而平江不肖生的武侠小说改编的电影,在抗日战争时期鼓舞了人们义无反顾的斗志。二是衍生性,即被续写、改编,不断形成新的意义的能力。张恨水的《啼笑因缘》之后,至少出过四种续作,且至今仍具有较强的生命力,仍"在书市、书场舞台上和影视屏幕中不断出现,要我们做更多更深的思考"(徐开垒语)②;王度庐的"鹤—铁五部作"之一《卧虎藏龙》的一部分情节,就衍生出了一部优秀的电影作品。可见经典的价值已在受众的选择中得到了确认。

民国通俗小说从最晚发表时间算起,至今已有60余年,其间经历了政治、文化、文学的几番变革,命运艰难而曲折。时至今日,我们看到的是一派生机盎然和继往开来的耕耘,足以证明其顽强的生命力。文学史家以当下的眼光和标准重新评价民国通俗小说的文学价值,认识到它的独特贡献,即昭示了它的经典化。如张赣生先生所说:"民国通俗小说中那些卓绝之作,肯定将如长江大河一样万古流传。"③

(二)文化价值

"通俗文学的贡献是多方面的。……在社会学、文化学、民俗学、名城史、租界史等众多方面有重大参考价值。……这些优秀之作都是我们研究民国社会生活的'活化石',其文化底蕴之深厚,民俗资料之丰饶,堪称是一座富矿。"④通俗文学就是为复杂多样的社会"极摹世态人情",通俗作家因其出身、教养、职业等特点,视野和取材都很广阔,笔下的作品自然具有了很强的"存真"价值。这一点突出表现在都市乡土小说上,它"把中国当时的现实塑像般凝固化了",使人感到"好像历史就

---

① 赵学勇.消费文化语境中文学经典的处境和命运[J].陕西师范大学学报(哲学社会科学版),2006(9).
② 黄霖.民国通俗小说书目资料汇编·序[M].上海:上海书店出版社,2014.
③ 张赣生.民国通俗小说论稿[M].重庆:重庆出版社,1991.
④ 范伯群.民国章回小说大观(二)·序[M].北京:中国文联出版社,2003.

停摆在那个时候"(夏济安语)①。学者将其作为可信而宝贵的研究资料,普通读者也可从中获取丰富的知识信息。如《歇浦潮》"犹如一篇上海的故事"(王安忆语)②,《沽上英雄谱》记述了天津"混混儿"的轶闻掌故。其他如《留东外史》对日本风土民俗的如实描绘,《侠凤奇缘》对辛亥革命史的生动再现,以及多数小说中的典故、风物、地理、方言、曲艺等传承性内容,无不彰显着民国通俗小说的重要文化价值。

(三)语言示范价值

这一点本是经典性的一个方面,在此单独说明,以凸显其特殊意义。任何文本都表现为一种语言表达,比故事更早进入读者眼中的是语言。当代文学作品中存在的"浅、淡、俗"问题③,也与语言紧密相关。在对文学经典的考察中,语言典范性是最重要的内容之一,文学经典是"情辞兼善的集合体"④。文学史确立经典,始终伴有一种语文示范的作用,如胡适就主张用小说来做中小学语文教育的教材。⑤ 民国通俗小说既继承了唐传奇以来的白话文学传统,又经过了"五四"白话文学运动的熏陶,对今人而言,在语言上显示出比更早问世的"四大名著"更强的可读性,是一种丰富的学习资源。例如,章回体小说一般都有回目,即每回故事的标题,其锤炼之功甚苦。要能包括本回的最高潮,有华丽的辞藻,取浑成的字句典故,有整齐的字数韵律,目的是经得起读者的推敲。⑥ 再如,滑稽小说的语言功力,将作家之高下区分开来,在引入"幽默"这个词之前,是以"滑稽"一词称呼这种笔法的。要做到机智俏皮、谐而不俗,读起来流畅自然、毫不拗口,实属不易。⑦ 又如,南派武侠作家在新词新语的运用上走在前面,显示出开放创新的态度。在当今词语更新迅速、外来词与本土词混杂融合的背景下,其语言运用

---

① 范伯群.中国现代通俗文学史(插图本)[M].北京:北京大学出版社,2007.
② 魏绍昌.民国通俗小说书目资料汇编[M].上海:上海书店出版社,2014.
③ 乔丽.全民阅读与大众出版创新[J].出版发行研究,2012(8).
④ 梁晓萍.文学经典的核心价值究竟是什么?——兼与聂珍钊先生商榷[J].文艺研究,2014(3).
⑤ 戴燕.写实主义下的文学阅读——中国文学史经典的生成[J].中国现代文学研究丛刊,2002(2).
⑥ 张赣生.民国通俗小说论稿[M].重庆:重庆出版社,1991.
⑦ 张赣生.民国通俗小说论稿[M].重庆:重庆出版社,1991.

技巧值得文学创作者借鉴。

总的来说,文学价值使民国通俗小说成为经典,其他几方面的价值强化了这种经典性。而读者的阅读和体验才能最终实现它的经典化。有学者评价过通俗文学对读者的功用,即"主在娱心"(鲁迅语)①,这不仅是准确定位了通俗文学的价值,也一语道破了文学阅读的本质。阅读是一种精神生活,而在轻松、自由的氛围中以休闲消遣的心态进行阅读,并获得愉悦感(这种愉悦感分不同层次),才是真正的精神生活。在不同类型的图书中,虚构类作品是最符合这一需求的。我们倡导经典阅读,也是为了更好地实现这一点。

实际上,经典阅读与流行阅读并不对立,它们具有相同的规律。《三国演义》在当时读者中就是流行阅读的内容;民国通俗小说在当时的阅读盛况与今天的网络文学惊人地相似。它们都是由于具备了文学类图书的特性,符合文学阅读的本质,才为读者所接受的。唯一不同的是,经典经过了历史的淘洗,具有某种超越时空的审美价值,是值得代代流传的作品。我们不应因为经典作品的这个特点而忽视了它的本质属性,否则将使经典作品面临被"以遗忘和沉默相待"的危机。

三、选题的内容呈现

前文论证了民国通俗小说的多重价值,特别说明了它应在文学经典之列的合理性。作为出版者,面临着如何呈现、传播这样的经典作品的选择和设计问题。前人已做过的、看起来可选的方式有以下几种:作为研究和参阅的文献资料,突出版本、历史、民俗等价值;作为一般文学经典,选择最具代表性的长篇作品再版重印,突出精英阅读和收藏价值;回归文学类图书的本质属性,以切近当代阅读习惯的方式重新呈现,满足大众阅读需求。我们认为,第三种方式实现难度最大,却是最符合出版创新要求,能有力地推动国民阅读,因此成为我们的选择。

(一)出版观念的更新

首先要建立一个观念,即我们不是提供图书,而是提供阅读内容

---

① 范伯群.中国现代通俗文学史(插图本)[M].北京:北京大学出版社,2007.

(这里的阅读媒介是全媒体)。我们的关注点不在于买不买书,而在于是否阅读。书只是阅读内容的载体之一,它只需承担与它的优势相适合的角色。纸质书的优势是便于保存,可以随时随地阅读,给读者的体验和想象提供了最大的空间;缺点是出版周期长,不易更新,属于线性阅读,难以建立认知网络,主要以文字表现内容,对读者文化水平有要求。而数字化出版物和其他影视广播媒体具有与图书互补的优势。不论采取哪种载体形式,重要的是阅读行为的发生及其效果。从这一点来看,出版者更应考虑如何实现阅读需求满足的最大化,这时的出版即显示出一种完全开放的状态。

(二)目标读者定位

首先要分析全民阅读市场。据美国格莱科等人的调查,21世纪购买图书的主力军来自于教育水平不过高中的家庭。[①] 但我国2011年全民阅读调查报告显示,学历/教育程度与图书阅读率和阅读量呈正相关。这里存在一个国别差异的问题,即美国图书消费市场以虚构类图书为主,而我们是以社科、少儿、教辅教材为主。因此,格莱科等人的结论是符合潜在需求和发展趋势的。推进这一进程的关键点在于读什么书,也就是出什么书。民国通俗小说总的来说"是一种向社会中下层全面开放的文学作品"[②],作品的读者定位与图书购买的主力人群基本一致。

因此,我们将本套丛书的读者定位于这样的群体:中低文化水平以上的大众,年龄层包括成人和14岁以上的青少年。在文本内容选择上应与这样的读者定位相称。需要指出的是,既然着眼点主要在休闲阅读层面上,我们应特别关注"有闲"的人群,退休的中老年人、工作性质不需集中注意力的人、假期比较轻松的青少年,都是最合适的读者。

(三)作品的选择确定

内容呈现的核心环节是文本的选择。这里主要指作品的确定。我们将遵循小说作为故事的基本特征,把民国通俗小说中有意思的、值得口口相传的作品/故事带给读者。同时,在搭配组合上考虑到题材和风

---

① 乔丽.全民阅读与大众出版创新[J].出版发行研究,2012(8).
② 范伯群.中国现代通俗文学史(插图本)[M].北京:北京大学出版社,2007.

格的区分度,让读者能欣赏到多面的作品。

根据民国通俗小说的主要题材和代表性成就,将作品选定为以下五类:武侠、言情、市井、讲史、滑稽。

一般认为,民国作品与当代读者连接的最大障碍是语言和社会现实的差异。言情作品的问题最小,因为最能超越时空的永恒主题是爱情,爱情故事中的矛盾和人性、价值观的追问,在任何时代都是相似相通的,能引起读者广泛的兴趣;而武侠作品除去社会背景的部分外,主要建立在想象内容的书写上,只要笔法纯熟,就不存在阅读障碍;关于讲史作品,不论对民国时期,还是对现在,所讲的都是历史,故事本身没有变化,只是叙述方式和角度略有不同,但从历史题材的评书等曲艺类型深入民间的情况来看,几百年来未有多大变化,且底层大众是最大的受众群。问题主要出在市井和滑稽两类作品上。"市井"指都市乡土小说,以描写当时的社会现实为主,当时的大众看它是反映真实生活,而今天的大众看它就很有距离感。但这类小说又不同于社会小说,它以写出"地方特性"见长,这就呼应了前文提到的经典的"陌生性"特质,这种符合市民生活状态、带有鲜活特色的情节能使读者感到一种"充满活力的美"。滑稽类作品也存在时空距离问题,当时的幽默,能引起会心一笑的内容,由于没有共同语境,现在也许不具备这个效果了,但其中包含的聪明智慧和艺术技巧,对不同文化程度的读者也颇具吸引力,国外名家的幽默小说总有不俗的销量就是一个证明。当前新媒体上搞笑段子盛行,但幽默小说匮乏,民国滑稽小说或可填补需求。

在作品其他特征上,坚持异质化的出版原则。首先,考虑到"读者阅读耐心减弱"和"在途阅读兴起"的因素[①],尽量选取篇幅较短的长篇作品,以不超过25万字为宜。其次,为发挥钩沉补阙的作用,拟选取以往很少再版,且网上未提供在线阅读的作品,但必须以保证文学价值的高度为前提,须是名家的上乘之作。第三,整套丛书的规模在100种左右,在浩繁的卷帙中,仍是优中选优。民国以前的古代小说研究较为成熟,作品丛书或书目资料汇编出版物也较多,在编排思路上给了我们很

---

① 李新祥.数字时代我国国民阅读行为嬗变及对策研究[D].武汉大学博士学位论文,2013.

多启发。而以"中国通俗小说"称说古代小说的做法,在全面整理民国通俗小说之后,将因其以偏概全而逐渐消亡。

(四)增殖性设计

1. 阅读引导。以往出版过的作品丛书以提供内容提要的居多,只有台湾联经版的武侠名著大系在正文前附上了评介文章,并进行了少量的随文点评。与学术研究的状态相应,民国通俗小说阅读可参考的资料比较少,即使是名家名作,有的也很难找到基本信息。社会上关于它的讨论一般是伴随某部影视剧的播映短时间增热,但远未常态化。因此,在推出作品的同时,有必要在内容、背景、评价等方面加以导引,帮助读者进入阅读状态,打通理解作品的第一关。本丛书将在作品前附上一篇导读,包括对作品的介绍、评论,并结合读者特点,以提起兴味为要旨。导读的撰写者是研究人员或资深读者,他们以这种方式参与到推进大众阅读的进程中来,使丛书在文本之外形成了新的文化增殖点。

2. 附加信息。经典小说与今天都有不短的时间距离,立体化呈现作品面貌,使它们真实可感,是出版者的责任。民国通俗小说拥有一大批才智兼具的作家和出版家,在当时创造了一个个出版传奇,旧版书中蕴藏着珍贵的版本资源,如初版封面、作者照片、作者手迹、插图等。对这些信息资料加以搜集、整理和再现,是对善本抢救的一份功绩,同时,也将对丰富和优化读者的阅读体验起到不小的作用。

(五)跨媒介呈现及媒体融合

虽然纸质图书是小说阅读最适合的媒介,但阅读习惯的变化和数字媒介的优势促使出版者探索新的内容呈现方式,以谋求内容、读者和媒介的最佳结合点。对于本套丛书,并扩展至同类图书,可考虑以下方面:

1. 针对阅读困难的资源开发。从读者的角度看,"不读书"实际上表现为各种阅读困难,应有针对性地开发多种阅读资源,满足受众需求。

(1)电子书。电子书是数字化阅读的阅读对象,它以在线网络、手机、电子阅读器、平板电脑等为载体,能容纳全部文字、图片、音视频内容。这为读者带来了极大便利。首先,经典文学作品往往包含较多的人物、文化元素、时代烙印,对大多数读者会形成阅读障碍,因此纸质图书一般采用随文补充注释内容的方式来辅助阅读,但注释的大量呈现也造成了一种阅读干扰。数字化阅读可以解决这一问题。将注释内容储存在后台资源中,只需在相应文字处设标记,读者可以根据需要随时调出,且这些资源是可以适时更新的。其次,读者在零散时间进行的碎片化阅读,需要以某种秩序加以整合。可采用以下两种方式:一是在书首或适当节点插入图片、视频等生动介绍人物、情节的提示性内容,帮助读者建立起前后阅读内容的衔接;二是设置分类索引,读者将不再被局限于线性文本中,可根据索引自由、灵活地选择阅读内容,进行超文本阅读。

(2)有声书。主要指小说朗读的音频资源。可制成光盘,也可随书提供扫码,还可在广播电台栏目中播送。这种形式适合于文化水平偏低或没有时间阅读纸质书的读者。

(3)影视剧。"跨媒体叙事……能创造出一种总体的娱乐体验。"① 迄今已有为数众多的民国通俗小说被成功改编成了影视剧,唤起了民众的审美热情,其结果是与纸质图书阅读形成了良性互动。随着民国通俗小说价值认知度的提高,这一模式将不断被复制。

2. 经典的当代诠释。经典作品不应只满足于被接受,而更需要被当代诠释,只有让经典"活"起来,才能最大化地实现经典的价值。数字化阅读和新媒体平台就提供了这样的通道,促成了读者之间、读者与作者、出版者之间交流、反馈的互动。以往的互动模式是"满城争说"、编读者通信,今天则有了更便捷的方式和更广大的空间。读者可以调动自己的思维,由被动接受过渡到主动沉浸,以研究的心态去阅读,随时记录并与他人讨论、分享,甚至对作者所创造的文本世界进行积极的操作和再造②,并及时向出版者反馈市场和评价信息,最终使经典出版体系化,使经典阅读流行化。

---

① 杨玲.体验经济与网络文学研究的范式转型[J].文艺研究,2013(12).
② 杨玲.体验经济与网络文学研究的范式转型[J].文艺研究,2013(12).

余 论

在以读者为中心的理念下,"经典化"实际上只是个客观结果。出版者在研究者的帮助下认识经典,再帮助经典实现价值,也就是帮助读者去体验阅读经典的过程。

体验经济时代的到来使个体的感受越来越成为关注的中心,这与小说阅读的行为模式非常契合。《如何阅读一本书》告诉我们,要把文学作品读通,唯一要做的事就是去感受和体验,所以,要热情地阅读,在想象的世界中获得宾至如归的感觉。① 希望这套丛书能唤起读者的阅读热情,让读者能在阅读中获得满足和快乐。随着中国经典阅读的热度和影响的提升,中国的故事也将更多地走向世界。

---

① [美]莫提默·J.艾德勒,[美]查尔斯·范多伦著;郝明义,朱衣译.如何阅读一本书[M].北京:商务印书馆,2004.

相声题材出版物的发展历史与现状初探

段 煜[*]

摘　要: 相声作为我国的传统说唱艺术,一直以来是出版物选题的题材之一。本文通过梳理自相声创立以来,相声出版物发展的历史沿革,总结和归纳相声题材出版物的发展历史,并对其未来发展做初步展望,以求相声题材出版物更好地为普及相声艺术、弘扬传统文化做出贡献。

关键词: 相声　出版物　历史

相声是我国的一门传统的民间艺术,源于明末清初时期的天津茶馆,至今已有二百余年的历史。它是中华民族传统艺术中的一个门类,并已在2006年被列为我国的非物质文化遗产。作为一种艺术形式,相声以其脍炙人口的特点和愉悦身心、放松心情的作用受到人民群众,尤其是北方市民的广泛喜爱。而与相声相关题材的出版物,也一直广泛存在并发展着。它们在满足市民百姓了解相声的需求和促进相声这门艺术形式的发展上,发挥着重要的作用。

一、相声题材出版物的主要类别

相声作为一种由表演者按照一定文本加以表演的艺术形式,有着多样化的表现方式,而与之相关的出版物也是种类多样,既有对文本的

---

[*] 段煜,南开大学文学院硕士研究生。

记录,也有对表演者的介绍与描述。而近些年来,随着视频技术的发展,相关音像制品的整理与出版也有了长足的发展。纵观相声题材出版物的出版史,其种类虽然花样繁多,但从总体上看,还是有规律可循的。

(一)相声作品集

相声作品指的是记录演员表演的台词、动作、表情以及相关注意事项的文本。相声作品集可以分为总集与别集两大类。其中总集多是将古往今来的一些相声文本汇集起来,并分门别类加以编排,其中最为著名的当属刘英男主编的《中国传统相声大全》与《中国传统相声大全补遗》。而别集则主要以表演者为编排核心,将某一个表演者的主要作品汇聚起来,形成一集。很多相声名家都曾在不同出版社推出过自己的相声选集。传统的相声作品集主要是图书,近些年来,音像制品也成了另外一种主要形式,已经可以与图书"分庭抗礼"。

(二)相声名家的传记、回忆录等

这类作品主要是对一些在业界较有成绩与地位的相声表演艺术家的回忆与探秘。既有本传,又有别传。其中以别传居多。如相声大师马三立长子马志明著《我和爸爸马三立》,刘红庆著《侯宝林:江湖江山各半生》等。这些出版物或是名家自身对其一生的艺术生涯做总结性的回顾,或是以身边人的身份回忆大师当年的生活,或是以后学的身份对前辈的艺术生涯进行梳理与总结。大都以图书形式出现,且种类繁多,质量也良莠不齐。

(三)相声题材的文章集

这一类与前面提到的相声作品集有所不同,其收录的内容并非相声本身,而是与相声相关的一些文章,如侯鑫编《七嘴八舌侯家事》,孙福海著《逗你没商量:相声界奇闻趣事》等。形式以图书为主。其内容包括相声界的一些掌故与奇闻轶事,以及老一辈艺术家之间或轻或重的恩怨情仇。这类作品往往不以某一个或几个相声表演者为核心,涉及的内容也相对较多较广。

(四)相关的学术性专著和工具书

这一类出版物均以图书为形式,数量极其有限,但部头较大,书中凝结的作者心血也较多。侯宝林与薛宝琨二位老艺术家在其中所作出的贡献最大。前者的著作包括专著《相声溯源》与论文集《相声艺术论集》,后者则主编了工具书《相声大词典》。这类图书的受众有限,其意义更多地体现在学术研究和学术保存方面。

二、相声题材出版物发展的历史沿革

(一)准备与初创阶段(18世纪末至1949)

相声从发源至今,约有二百余年的历史。被奉为"祖师爷"的相声演员朱绍文(艺名"穷不怕")生于1829年,初学京剧,后改行在北京天桥讲字义、说笑话,后从事相声行业,因其对对口相声这一表演形式做出的杰出贡献,被奉为相声界的开山之祖。其相声表演的活跃期在19世纪70年代。不过在当时,相声作为一种不能登大雅之堂的市民艺术,并未被当时的刻书家认可和欣赏。

这种情况在接下来的"中华民国"时期也没有明显的改观。直到20世纪20年代,相声才在"八大德"(八位艺名中带有"德"字的艺人)的努力下,告别了"天桥撂地"的露天演出形式,进入剧场演出。但是,即便如此,相声的地位也远远在京剧等艺术形式之后,其主要听众也依然是社会底层的市民与劳动者,并不受"文化人"的重视。与此同时,作为从业者的相声演员大都识字不多,师徒之间的传授也仅是采取传统的口耳相传,很少形成文字,因此相声题材的出版物仍是凤毛麟角。

(二)第一个繁荣期(1949—1968)

相声题材出版物的真正起步是在新中国成立之后。新中国成立后,年轻一代的相声表演者紧跟时势,创作了一部分与歌颂新中国、歌颂工农群众相关的新作品。而与此同时,在新中国"文艺要为工农群众服务"的精神指导下,出版行业也开始涉足相声这一题材。并在20世纪50年代中期达到了顶峰。这一时期的相声题材出版物,主要是新中国成立后创作的新相声作品,既有单本,又有选集。如宝文堂书店出版的《吃饭我掏钱》《说祖国》《买猴儿》等一系列小册子,作家出版社出版的《相声传统作品选》以及上海文化出版社出版的侯宝林著《相声的表演》等。

这一时期的相声题材出版物,虽然在数量上有了很大提升,但是从种类上看,还是比较单一的,仅仅局限在新中国成立后的新作品的文本上。这与当时其他类型作品的局限性是分不开的。第一,传统作品中有很多不合时宜或格调太低的内容尚未经过修改,无法达到符合新中国出版要求的标准;第二,相声行业本身的发展尚不健全,没有形成完整的学术体系,相关资料也并未得到有效的搜集,进行学术研究的条件尚不成熟;第三,关于传记,在当时,老一辈已过世的相声演员由于时代和个人文化水平的限制,留下的资料并不多,与其有直接交往的后辈青壮年一代由于年龄和水平的限制,尚不具备树碑立传的价值。

然而好景不长,随着政治空气的逐步紧张,很多相声行业的从业者受到了不同程度的冲击,在当时正值壮年的马三立、刘宝瑞等艺人先后被打成"右派",相声事业的发展速度有所回落,相声题材的出版物虽未出现明显的下滑,但在数量和类型上均缺乏有意义的发展,所涉及的主要种类仍然是新相声的文本。但是,由于政治空气尚未完全紧张,以及老一辈相声艺术家的相关著述有了初步成果,因此,这一时期仍有一些比较有意义的作品。如长安出版社出版的《相声垫话选——第一辑》。

(三)停滞期(1968—1976)

这种停滞在"文革"时期达到了顶峰,整个出版行业陷入了混乱状态,相声也未能幸免。至1968年,大多数骨干演员均被打倒、下放,甚至迫害致死。整个相声题材的出版物陷入了完全的停顿状态。在这一时期,出版物的类型虽仍然是新相声的文本,但是其内容已明显脱离相声的艺术规律,往往政治性过强而艺术性不足。如《千军万马赶英国》(上海文化出版社出版)《保卫西沙》《反修哨兵》(人民文学出版社出版)等。

(四)复苏期(1976—1992)

"文革"结束后,相声从"阶级斗争工具"的定性中解放出来,作为一种传统艺术重新焕发了生机,出现了一个新的创作热潮;出版事业也开始恢复和发展。相声题材的出版物也加入到了复苏的出版大军之中。在文革结束之后的头几年,相声题材的出版物仍以单一的新相声文本为主,其内容主要是拥护党中央,粉碎"四人帮"等。如四川人民出版社1977年出版的《帽子工厂:相声专辑》以及湖北人民出版社1978年出版的《除"四害":揭批"四人帮"相声集》等等。

到了20世纪80年代,相声题材出版物在类型上有了长足的进展。以别集形式出现的一些相声名家的作品选集和关于相声的学术性著作先后问世。前者如1980年出版的《侯宝林相声选》《马季相声选》以及1981年出版的《张寿臣单口相声选》《姜昆、李文华相声选》等。后者最主要的便是1982年出版的侯宝林著《相声溯源》一书,以及1984年出版的金名著《相声史杂谈》。在这一时期,相关出版物中收录的相声也开始由新中国成立后创作的新相声向传统相声的领域扩展。

相声题材出版物的出版之所以在这一时期出现了如此长足的进步,其原因是多方面的。在政治压力解除后,老一辈艺术家得到了平反恢复了工作。文化界也开始意识到了这些老艺人的价值,因此积极地开展艺术总结与整理工作。而很多老艺术家在下放过程中,表演活动虽被禁止,但并未停止对艺术的思索。因此不仅没有荒废这段时间,反而利用这些时间将自己对相声的理解梳理到了一个新的高度,并在恢复工作后将这些思索与理论落实到了纸面上,形成了理论性的著作。

随着这些工作的深入,到了80年代末90年代初,越来越多的名家选集与理论作品如雨后春笋般出现,涉及的相声名家也由新中国成立后地位较高的张寿臣、马三立、侯宝林、马季等人延伸到了一些艺术水平很高但知名度相对局限的老演员和初出茅庐的青年演员。前者如常连安著《常氏相声选》,后者如《虎口遐想:姜昆、梁左相声集》和牛群所著《"巧立名目"相声集》等。

(五)瓶颈期(1992—1997)

自1992年后,相声题材出版物的出版数量在整体上呈下滑趋势,在质量上也鲜有佳作。其中的原因是多方面的。首先,相声作为一种题材,值得结集成书出版的,无论是作品还是演员,在数量上都是有限的,在前一个时期的热潮过后,这些资源出现了不可避免的减少,这样的减少直接反映在了出版物的数量上。另外,相声行业在20世纪90年代整体的不景气也是其重要原因。由于时代的发展,新中国成立初期创作的作品已不符合时代需求,新的作品却并未及时的补充,出现了断档,与此同时,随着时代的发展和技术的进步,人民群众日常娱乐的选择也日益多样化,分流了相声的受众。而相声行业业内并没有对这一情况找到很好的应对方式。而相声题材的出版物,也随着群众对相声需求的减少而逐渐减少。

(六)总结期(1997—2005)

这样的情况在1997年得到了改观。其中最主要的因素在于音像制品的引入。相声作为一种以表演为核心的艺术,单纯的文本难以很好地表现相声艺术的精髓。而音像制品的引入,则很好地解决了这一问题。1997年,中国国际电视总公司率先推出了一系列以相声为题材的音像出版物,涉及演员既包括马三立等老一辈,也包括牛群、冯巩等新生代力量,开辟了以音像制品形式出版相声作品的先河。

在这个时期,最值得着重提出的是2002年由上海录像公司出版的《中国传统相声集锦》。这些视频资料于20世纪90年代在天津分三批录制,集中了当时尚在世的几乎所有老一辈相声演员,将自己最为拿手的传统相声以视频资料的形式保存了下来。《中国传统相声集锦》共三大卷68集,收录近1000段大小传统相声。这是自相声创始以来,收录规模最大最全的作品集。当今相声演员对传统的学习,在很大程度上是依靠这一批作品来进行的。

(七)新时期(2005年以后)

2005年,随着德云社与郭德纲的兴起,相声事业的发展进入了一个新的阶段,即在现代的条件下回归传统,变推翻传统的创新为从传统中出新。

这一时期,相声题材出版物在保持原有的几种类型的同时,出现了偶像化趋势。更多的立足演员本身,通过发掘演员的身边事和让演员自己撰写畅销书作为主要的出版形式。如郭德纲著《过得刚好》与曹云金著《金生金事》等。

与此同时,相声题材也开始向文化题材靠近,更多地讲述老艺术家奇闻轶事的文集类作品开始问世,主要面向具有一定文化水平并对相声背后的故事感兴趣的读者。

在学术类著作方面,最值得一提的当属2011年出版的薛宝琨主编的《相声大词典》,这是第一部相声行业的工具书,起到了填补空白的作用。

三、前景与隐忧

从总体上看,经历了几十年的发展,相声题材出版物的出版,至今已趋于稳定。其中,作品总集与别集由于时代的发展,其介绍和普及相声的功能已被音频视频资料所替代,其更多的意义在于对传统艺术的保存和记录;相声名家的传记以及相关的文集则向供特定读者阅读的文化类书籍方向发展;学术类著作和工具书则主要面向曲艺学校学生以及相关的研究者。由此,构成了一个多种类、多形式相结合的比较完整的发展模式。但是,相声题材作品的出版仍存在着一些问题与隐忧。

首先,是编辑含量降低的问题。这体现在多方面,但是最为重要的是作品集类图书的问题。随着时代的发展,相声文本的作用已由普及艺术转化为保存资料,这就对相声作品集的编辑工作提出了更高的要求。相声的文本往往具有时代性,不同时代有不同的语言风格。这就需要现在的编辑在编纂传统相声集的过程中,对一些现如今已不常使用的语言、不常出现的现象做一定的注释,并对一些传统节目的时代背景与创作背景做出尽可能的说明,而不是单纯地收录演出的文本。与此同时,相声题材图书和音像制品的出版目前结合得仍不够紧密,没有很好地发挥配合作用。

其次,对于传统艺术的整理没有跟上时代的形式。相声的艺术特点,决定了艺人年龄越大、经验越足、掌握的内容也越多。传统相声到目前为止,虽然经过了几次有组织的保存,但是仍不完整。可以说,每一个老相声演员的去世,都有可能造成几个甚至几十个传统相声段子的失传。但是,目前相声题材出版物的选题,从整体上呈厚今薄古的趋势。绝大多数出版资源集中在郭德纲等少数几个演员上。这是不符合经济效益与社会效益相统一的要求的。

相声题材出版物经历了多年的发展,至今虽仍存在一些问题,但已经形成了一个比较完备的体系,对相声艺术的发展与进步起到了不小的促进作用。在新的时代中,相关出版物应当更多地发挥作用,为保存传统艺术和促进新时期相声艺术的发展,发挥更大的作用。

书名乱象

赵 洁[*]

摘　要：本文认为，在追逐"注意力经济"的当下，相当一部分图书的书名为追求"眼球效应"，制作中出现了种种乱象，如由于用语不规范和内容庸俗化导致的粗俗化，缺乏创新、跟风导致的同质化，网络时代为吸引注意力导致的长书名化等，出现了大量粗俗、雷同或故弄玄虚的书名，污染了出版风气。

关键词：书名制作　粗俗化　同质化　长书名

书名即图书出版物的名称，包括正书名、副书名和并列书名。俗话说："看报看题，看书看皮。"书名对于一本书来说，属于画龙点睛之笔，不仅是一本书最重要的识别标志，还是这本书最持久的广告。正因如此，在文化产业加速发展的今天，书名的制作被赋予了太多功能，但也随之出现了种种乱象。

然而，对于书名好坏的评价，很难有统一的标准。传统上认为能"体现图书主题，揭示作品体裁，讲究修辞，达到逻辑性与艺术性完美结合"的书名即为好书名。过去出版界都追求简洁有力的书名，例如杨绛的《我们仨》、龙应台的《目送》。而在追逐"注意力经济"的当下，书名的"眼球效应"更被看重。因此，为了吸引读者的眼球，书名制作也出现了粗俗化、跟风等失范现象。这些问题不仅仅体现在已出版的纸质书上，也遍布在网络文学中，下文将逐一分析。

---

[*] 赵洁，山西师范大学文学院讲师。

一、粗俗化

"粗俗"二字,"粗"指的是粗野、粗糙,"俗"指的是庸俗、不雅。针对书名的粗俗化,首先表现在用词上的"粗",即使用语言不规范;另外,内容上的"俗",通过书名表现不雅、恶俗的内容。图书本是人类的精神食粮,可诸多书名却以色情化、低俗化的倾向一味地迎合大众的低级趣味,乃至业界甚至有"书名不坏,读者不爱"的口头禅。

书名的粗俗化现象由来已久,从20世纪80年代起,就有《小牌坊的风流娘儿们》等作品出现。但在当时,这样的书名只算极个别现象。到现如今,文化的商品属性逐渐加强,加上网络恶搞文化的影响,书名粗俗化现象更为严重,并且用词更加大胆、内容也极为露骨。例如,纸质书中就有《有了快感你就喊》《忍不住想摸》《狗日的工作》《贱人》等不堪入目的书名。

这种现象在网络文学中也比比皆是。《风流皇妃》《神偷拽妃,王爷滚远点》《王爷霸上我的床》《闷骚总裁逗比妻》等均为此列。可以说,网络文学的书名用词更加直白露骨,运用更多的刺激性字眼,传递的内容也更为低俗。在网络文学中,"总裁""霸道""娇妻"等符号化的词语出现频率极高,修辞上也常使用夸张、对比、口语化的方法使书名更能吸引眼球。

二、同质化

同质化指的是书名制作上缺乏创新,跟风、模仿痕迹严重,导致书名风格、用词雷同。

在书名同质化现象中,一种是措辞模仿。一旦某本书畅销,就会有大量套用该畅销书名的书名问世,目的是趁热打铁,搭上畅销书的"顺风车",进而分得畅销的一杯"羹"。例如江苏人民出版社于2008年出版的《中国不高兴》一书颇为畅销,一时间书市上就"跟风"出现了《中国很高兴》《中国凭什么不高兴》《中国为什么不高兴》《中国谁在不高兴》

等一系列模仿之作。除此之外,像近两年的畅销书《世界这么大,还是遇见你》和《世界太大,还是遇见你》,《愿你与这世界温暖相拥》和《只愿你曾被这世界温暖相待》等,都是措辞用语上的模仿。这些书名严重雷同、混淆视听,误导读者的选择。

除此之外,还有一种是风格上的模仿。在一段时间里,如果有一种文风流行,这种文风的语言风格特点就会被模仿,出现大量与该文风相似的图书名。例如近年来,"暖心励志"风格广受欢迎,大量的图书都采用此类书名,多用诸如"世界""温暖"等字眼。例如张嘉佳的书《从你的全世界路过》自2013年出版以来极为畅销,于是带动了一系列"文艺范儿"的书名,《从你的世界走过》《谢谢你曾来过我的世界》《我在你的世界下落不明》《给我你的全世界》,等等。"回忆"也是"文艺范儿"书名常使用的词语,《我在回忆里等你》《回忆里的旧时光》《回忆是眼泪的海》《回忆是眼睛里的海》等。纵观这些书名就会发现,对比上述提到的直接套用畅销书名的做法,风格的相似化模仿痕迹稍淡,但却无法改变同质化的结果,多数书名似曾相识,没有特色,使读者难以记忆。

三、长书名化

长书名化是最近几年书名制作中新出现的怪象,指书名的长度,也就是书名所包括的字数有越来越多的趋势。

例如,在近些年出版的畅销书中,《人生永远没有太晚的开始》《你总会路过这个世界的美好》《我知道你不知道的自己在想什么》《文艺女青年这种病,生个孩子就好了》等等,这样的长书名比比皆是。

过去出版界认为图书书名越简洁越好,字数太多既显冗长,又不易被读者记住,因此书名一般控制在八个字以内。2003年叶兆言在春风文艺出版社出版了长篇小说《我们的心多么顽固》,在当时,长达8个字的书名得到了出版社的抵制。出版社认为字数太多读者记不住,做封面设计也不好看,后来因为叶兆言的坚持,仍采用了这个书名。然而到了现如今,8个字的书名不足为奇。据统计,根据2009年12月《中国新闻出版报》发布的2009年度优秀畅销书排行榜(包括社科、文学、少儿、经管类图书共40本），2~8字书名占全部畅销书数量的77.5%，10字以上的长书名占有22.5%的比例，但所有10字以上的书名皆由主副标题组成，而主标题全部集中于3~7字。在2011年的当当网图书畅销榜的前三百本图书中，书名字数在四字到八字之间的占66%。笔者选取当当网2014年新书畅销榜的前50位图书做了统计，发现书名字数在8字以内的占52%，10字以上的占44%。三年数据对比发现，8字以内的书名所占比例逐渐减少，10字以上的书名有了较大幅度的提高。

长书名开始于追求特立独行的年轻作者，然而，现如今已影响到整个出版界。林清玄出版过多本散文集，如《心的菩提》《以美为光》，书名均简洁有力，而从2014年至今，林清玄出版的最新图书，《不争，是一种慈悲》《岁月静好，不忘初心》《你心柔软，却有力量》等，字数都在七八字之间，且有"文艺范"书名的风格。2013年6月，北京理工大学出版社出版了一套《民国大师经典书系》丛书，收录了沈从文、张恨水、徐志摩、鲁迅等多位民国文学大师的作品，然而其单行本的书名让人大跌眼镜，徐志摩选文集书名为《烟花易冷，那些我们不曾懂得的爱情》，胡适选文集称为《此去经年，谁许我一纸繁华》，鲁迅选文集称为《风弹琵琶，凋零了半城烟沙》等等。这些书名都在10字以上，风格文艺、梦幻，用在名家作品集上极大地削弱了作品的严肃性，显得华而不实，让人哭笑不得。

网络文学的书名大都长于7个字。书名之所以越来越长，和网络文化有关系，在网络上发布的帖子要想吸引人的注意，就需把标题写的很长。除此之外，网络文化带来的碎片式阅读模式使读者在购书、读书时不再有耐心，希望最快速地了解一本书的主题和中心思想，因此，能表达充足信息的长书名应运而生。对于长书名不能一概而论，有些长书名既能概括主题，艺术性又极高，不失为好的书名，而有些书名故意为之，故弄玄虚，使得书名华而不实，与书籍内容不相适应，让读者匪夷所思，这就是"坏书名"。

书名是图书的精华，当下却呈现出上述种种问题，值得深思。这些问题有市场经济下出版社追逐利益的结果，有互联网时代文化发展新趋势的影响，也有出版社内部缺乏创新、盲目跟风的主观原因。

好书名不仅大大提高了图书的价值,而且可以推动社会主义精神文明建设,是出版工作中非常重要的组成部分,因此,如何纠正书名制作的不正之风是亟须解决的课题。

数字化传播与版权保护

慕课(MOOC)课堂中的合理使用与版权保护

王维嘉　张志强*

摘　要：随着MOOC的发展和普及,其大规模、公开性的特点在为高等教育注入新鲜血液的同时,也带来了种种问题,与MOOC可持续发展密切相关的版权问题是其中之一。各国法律对于因教学需要而使用版权作品的情形,都不同程度地视作合理使用,但当MOOC跨越了传统教学的边界、将课堂从实体延伸到虚拟世界时,判断是否适用"合理使用",必须首先回答MOOC课堂是否仍旧属于"合理使用"原则所指的课堂以及这一全新教育形式是否带有商业性。对于MOOC如何避免版权问题,本文亦给出可行性建议。

关键词：MOOC　慕课　合理使用　著作权　避风港原则

自2011年底斯坦福大学将3门免费在线课程发布到网络上起,MOOC(Massive Open Online Course,一般译作大规模公开在线课程,也译作慕课)开始真正走进人们的视野,进而掀起了一场高等教育界的革命。和其他新生事物一样,MOOC首先赢得了大众的关注,继而吸引了大众的参与,当越来越多的学校、教师、学生参与到MOOC中来,

---

* 王维嘉,南京大学信息管理学院研究生,南京大学教务处教师;张志强,南京大学信息管理学院、南京大学出版研究院教授、博士生导师。

并涌现出越来越多的 MOOC 平台和 MOOC 资源之际,MOOC 带来的种种问题也逐渐暴露出来,例如活跃用户相对较少,课程完成比例较低,以及有关 MOOC 的法律问题。在有关 MOOC 的一系列法律问题中,比较容易引起关注的是 MOOC 著作权归属问题,因为这是确保 MOOC 持续性发展的基础并和 MOOC 参与方利益有着密切的联系,而当学校、教师、平台等 MOOC 参与方主张各自著作权利时,必须首先保证所建设的 MOOC 没有侵权问题,其中很重要的一点,便是 MOOC 课堂是否属于著作权法中合理使用的情形并据此免于承担责任。本文将就当 MOOC 课堂中因教学需要使用著作权保护期内的其他作品时,如何避免侵犯他人版权,以及此类情形能否适用"合理使用"原则展开探讨。

一、有关合理使用的法理基础

我国《著作权法》第二十二条给出了合理使用的十二种法定情形,符合这十二种情况的使用可以不经著作权人许可,不向著作权人支付报酬,但应当指明作者姓名、作品名称,并且不得侵犯著作权人依法享有的其他权利,其中,第一款"为个人学习、研究或者欣赏,使用他人已经发表的作品",第二款"为介绍、评论某一作品或者说明某一问题,在作品中适当引用他人已经发表的作品"和第六款"为学校课堂教学或者科学研究,翻译或者少量复制已经发表的作品,供教学或者科研人员使用,但不得出版发行"与 MOOC 教学中的使用关系较为密切。

《美国版权法》第 107 条中指出,虽有第 106 条及第 106 条之二的规定,为了批评、评论、新闻报道、教学(包括用于课堂的多件复制品)、学术或研究之目的而使用版权作品的,包括制作复制品、录音制品或以该条规定的其他方法使用作品,系合理使用,不视为侵犯版权的行为。更为重要并且在司法实践中被推崇的,是《美国版权法中》给出了任何特定案件中判断对作品的使用是否属于合理使用时应当考虑的四条标准:(1)该使用的目的与特性,包括该使用是否具有商业性质,或是为了非营利的教学目的;(2)该版权作品的性质;(3)所使用部分的质与量与版权作品作为一个整体的关系;(4)该使用对版权作品之潜在市场或价值所产生的影响,即所谓的"四要素主义"。

《伯尔尼公约》中也有关于合理使用的条款,第九条中指出"本同盟成员国法律得允许在某些特殊情况下复制上述作品,只要这种复制不损害作品的正常使用也不致无故侵害作者的合法利益",第十条第二款中又给出了教学使用情形的合理使用的具体说明,"本同盟成员国法律以及成员国之间现有或将要签订的特别协议得规定,可以合法地通过出版物、无线电广播或录音录像使用文学艺术作品作为教学的解说的权利,只要是在为达到目的的正当需要范围内使用,并符合合理使用",将《伯尔尼公约》对是否属于合理使用的判断概括成三点,即使用目的与特性、是否损害作品的正常使用、是否侵害作者的合法利益,即所谓的"三步检验法"。1994 年 1 月 1 日签订的《与贸易有关的知识产权协议(TRIPS)》第 9 条第(2)款明确指出"不论是机读的还是其他形式的数据或其他材料的汇编,其内容的选择和安排如构成了智力创造即应作为智力创造加以保护。这种不得延及数据或材料本身的保护不应妨碍任何存在于数据或材料本身的版权",则将"三步检验法"的适用范围扩大到数字格式的作品,为网络信息传播中的合理使用奠定基础。

二、MOOC 是否适用"合理使用"原则

MOOC 是一种新型的教育形式。其全称(Massive Open Online Course)中的"massive"和"open"两个单词正好代表了 MOOC 的两个重要特点,"massive"首先意指学生数量的众多,因为 MOOC 可以轻松容纳数千名学生甚至更多人同时修读,同时,"massive"也代表着 MOOC 课程范围之广,涉及多个领域、各个学科;"open"则强调了 MOOC 是面向社会公开的,师生使用的课件是公开的,课程注册是面向公众开放的,课程结构是灵活富于变化的,上课环境是丰富多样的[①]。MOOC 的"大规模"与"公开"这两大特点正好是引发"合理使用"

---

① K. Masters. A Brief Guide To Understanding MOOCs[J]. *The Internet Journal of Medical Education*. 2009,1(2).

原则能否应用于MOOC课堂这一问题的两个主要因素。

由前文可知,在判定是否属于合理使用范畴时,指标主要有三,使用目的与特性、使用比例和使用影响与后果,其中使用的影响与后果是我国《著作权法》有所忽略的一点。就MOOC而言,版权作品的使用比例是可以由授课教师控制的,在授课教师仅翻译或少量复制的情况下,符合合理使用的判定标准,但是在使用目的与特性和使用影响与后果两点上,则存在疑问。判断合理使用在MOOC课堂中的适用性主要有两大问题:其一,MOOC是面向全社会公开的,参与人数众多,远超出了传统课堂的上课容量,这种大规模公开性的网络课堂能否视作学校课堂,如果MOOC课堂超出合理使用范畴,当教学中必须使用有版权作品时该如何处置;其二,MOOC这一新兴教学形式是否带有商业性,如果带有商业性,在MOOC课堂中使用版权作品会对作品及著作权人造成怎样的影响和后果。这两大问题的明晰在MOOC规避侵权风险、实现持续发展的过程中十分关键,在本文亦将以上述两大问题为主,对MOOC课堂是否适用"合理使用"原则展开探讨,并结合实际,给出有关MOOC版权问题的建议。

(一)MOOC课堂是否属于合理使用所指的课堂教学情形

我国的著作权法中,将"为学校课堂教学或者科学研究,翻译或者少量复制已经发表的作品,供教学或者科研人员使用"作为合理使用的情形之一时,是将使用限定在学校课堂或者是科研场所内部的,而MOOC这种新型的教学形式虽然也存在课堂的概念,但MOOC的课堂无论是时间还是空间上,都超出了传统课堂的范围,MOOC的开放性使得MOOC教学过程中使用的课件、讲义、资料等同网络信息传播中的其他内容一样可以大范围传播,从而有可能超出"合理使用"原则所许可的情形。

从使用目的与特性看,MOOC课堂的版权问题主要集中于"合理使用"原则在这种大范围的网络教学中是否仍然适用,即是否有违《著作权法》第二十二条第六款指定的情形。对于"合理使用"原则能否延伸到MOOC或者其他类似形式中,我国现有的立法没有给出明确答案,中国政法大学冯晓青教授认为,我国法律中"学校课堂教学"是指"包括国家设立的与民办的小学、中学、大学以及各种业余学校等普通学校的面授教学……不包括现实中一些使用函授、广播电视、互联网等手段传播知识的教学活动"①,但是放眼国际公约和国外版权法规,不乏将利用包括互联网在内的新型技术视作法律法规中已有条款合理延伸的实例。1996年12月20日,由问题外交会议在日内瓦通过的关于《世界知识产权组织版权条约(WCT)》第1条第(4)款的议定声明为"《伯尔尼公约》第9条所规定的复制权及其所允许的例外,完全适用于数字环境,尤其是以数字形式使用作品的情况。不言而喻,在电子媒体中以数字形式存储受保护的作品,构成《伯尔尼公约》第9条意义下的复制"。同样是这次会议上通过的关于《世界知识产权组织表演和录音制品条约(WPPT)》第16条的议定声明的原文为"不言而喻,第10条的规定允许缔约各方将其国内法中依《伯尔尼公约》被认为可接受的限制与例外继续适用并适当地延伸到数字环境中。同样,这些规定应被理解为允许缔约方制定对数字网络环境适宜的新的例外与限制"。《美国版权法》第101条中在提及复制权时也指出,"复制件"是除录音制品外,作品以现在已知的或以后发展的方法固定于其中的物体,通过该物体可直接地或借助于机器或装置感知、复制或用其他方式传播该作品。由此可见,WCT和WPPT的议定声明中都为主要针对传统载体而制定的著作权法律或签订的知识产权协议将适用范围扩大到数字环境予以了肯定,《美国版权法》则是更加旗帜鲜明地肯定了随着科技进步所产生的新的传播载体和传播途径应当享有和传统载体与途径同等的限制与例外。尽管WCT、WPPT和《美国版权法》都是围绕数字环境下的复制权对法条适用范围进行了延伸,这也足以证明国际上在著作权法在相关问题上的发展趋势和倾向性,因而随着科技与社会的进步,作为传统课堂延伸的MOOC课堂,理应被视为属于我国《著作权法》第二十二条第六款所提及的"课堂"范畴。据此,我们可以认为,在尚未有新的例外与限制时,我国著作权法中的"合理使用"都应该适用于MOOC课堂中对有版权作品的使用,只要使用目的不超出学习、研究或者欣赏,使用比例不超过影响原始作品潜在市场或价值,则MOOC课堂超越传统课堂范围不足以构成否定MOOC教学中使用他人作品为"合理

---

① 冯晓青.著作权法[M].北京:法律出版社,2010:165.

使用"的依据。

(二)MOOC是否会因商业性而超出合理使用范畴

现阶段 MOOC 还处于发展初期,实现卓越教育资源全球共享的理念还在尝试阶段,课程资源以免费和公益性的为主,但是,耗费了大量人力、物力、财力建设的 MOOC 资源要想长久维持良性发展,必须保证各著作权方有可持续的、均衡的利益分配,必然要采取商业化的运作模式,则将超出合理使用的范畴。也就是说,尽管当前环境下,MOOC 课程资源的建设一般不带有商业性质,但是 MOOC 在未来极有可能会发展成为商业性质的产物,即便 MOOC 坚持不以营利为目的,也会与我国《著作权法》对合理使用情形描述中的"不得出版发行"相违背。至此,MOOC 课堂是否适用合理使用的第二个问题演变为当 MOOC 带有商业性质时,对其课堂上使用版权作品有何影响,即因教学需要必须使用版权作品时是否涉及侵权。

在现行法律中很难找到能明确回答这一问题的法条,但是我们可以通过类似情形的判例辅助对这一问题的研究。2007 年,《新概念英语》作者的遗孀朱莉亚·班纳·亚历山大状告新东方,认为后者提供《新概念》网络版学习课件的行为侵犯其著作权,法院一审认定新东方并未侵权。按照新东方公司的解释,"在制作学习课件时,并非以简单的方式全盘复制,而是对其中的很小部分进行了使用",并且"这种课件并没有取代教材",新东方的营利点是"老师的讲解"[①]。在这一案件中,法院认为"因《新概念英语》本身是用于英语学习的一套教材,所以新东方有权利选择其作为教学对象,开设课堂、招收学员进行讲授,这并不影响著作权人的利益。新东方在网络上的在线教学虽然与传统课堂教学有所不同,但仍然是正常的教学行为,其性质并不改变。如果像朱莉亚所主张的,新东方用《新概念英语》教学需获得其许可,无疑使朱莉亚获得了可以控制哪些主体有资格开设该课程的权力,这与著作权

---

① 京华时报.新东方遭《新概念》作者遗孀索赔百万[EB/OL].(2007−11−17).[2014−03−09]. http://news.163.com/07/1117/04/3TFM6NP800011229.html.

法保护的目的并不相符合"①。新东方公司依靠出售《新概念英语》配套的网络版学习课件营利,因而新东方的网络教学毫无疑问带有商业性质,其网络课件也显而易见地属于公开出版发行的作品,依照我国《著作权法》是不适用"合理使用"的,但是法院在肯定在线教学仍属正常教学行为的基础上,从著作权法保护目的的角度仍判定新东方不存在侵权行为,说明在类似判例中,是否具有商业性不具备"一票否决权",尽管在法条中对"不得出版发行"有明文描述,但还是要结合对版权作品的使用目的、使用比例、使用方式等综合考虑,对版权作品的保护不能影响到正常的知识流通和信息传播。

无独有偶,早在1994年,美国的Campbell案中,美国联邦最高法院认为"戏谑仿作"是合理使用的行为,不会因具营利目的而构成侵害著作权而判定原告败诉。法院认为,商业或非营利性的教育目的使用只是对于使用目的与性质的判定的首要因素之一,《千禧年数字版权法》第107条中在提及商业使用时,是以"包含"作为相关条款的开头的,并且其主要条款代表着更广泛的使用目的与性质;用非营利性的教学目的并不能确保一定不涉及侵权,商业性的使用也不一定就禁止了使用的合理性②。宋海燕在《中国版权新问题》一书中将此案总结为四点:"第一,商业性使用应推定为不合理;第二,既然是'推定',就可被相反事实推翻。也就是说,'商业性使用'不是判断是否构成合理使用的绝对条件;第三,如果事实证明,被告的行为虽具商业性目的,但若符合第107条规定的'使用的目的与性质',也不能认定为不合理;第四,个案审判中,商业性使用仍作为推定不合理的首要考虑因素,而不是在推定是否合理是完全不予考虑的因素。"③

从上述两个例子可知,是否带有商业性纵然是判断是否构成合理使用的重要依据,但是使用的目的与性质在判断中有着更高的优先级,

---

① 北京晚报.《新概念英语》作者遗孀索赔请求被驳,新东方胜诉[EB/OL].(2007-12-24).[2014-03-09]. http://news.xinhuanet.com/legal/2007-12/24/content_7303729.htm.

② Campbell v. Acuff—Rose Music, Inc. — 510 U.S. 569 (1993)[R].[2014-03-09]. http://supreme.justia.com/cases/federal/us/510/569/case.html.

③ 宋海燕.中国版权新问题[M].北京:商务印书馆,2011:59-60.

是真正首要的判断依据。美国法官勒瓦(Pierre N. Leval)曾撰文指出,合理使用不应该被视作对版权垄断的一种变相、例外的逃避,而应是一种与原始作品有着不同方式或不同目的的创造性使用,允许这种创造性使用存在的目的是促进知识生产,引发新信息、新美学、新观点的创造并确保社会的丰富性①。从这个角度看,如果 MOOC 课堂中对版权作品的使用能够激发新的创作与生产,则应认为其使用目的是正当的。MOOC 作为一种全新的教育形式,其性质仍然是教学,同时,MOOC 致力于实现全球范围内卓越教育资源的共享,其最终目的是促进知识的生产与传播,推动社会发展与进步,因此,即便在未来 MOOC 采取商业化模式,只要其宗旨与目的不变,仍应属于合理使用的范畴。

(三)MOOC 平台能否适用"避风港"原则

由于前文的探讨是基于使用目的不超出学习、研究或者欣赏这一条件之上的,而 MOOC 本身是难以对课程学习者是否将教学过程中使用的作品甚至是课件、讲义、资料等用于商业用途进行控制的,如果课程学习者将享有版权的作品用于学习、研究或者欣赏之外的用途,将有可能会对原著作权人构成侵权,那么这种情形下的侵犯版权,MOOC 平台作为网络服务提供商能否援引"避风港"原则而规避责任?

据美国《千禧年数字版权法》第 512 条,网络服务提供商因为在由其或为其控制或经营的系统或网络中对材料进行传输、提供路由或链接,或因为在这种传输、提供路由或链接的过程中,对材料进行过渡性的和临时性的存储而侵犯版权的,或是服务提供商因为根据用户的指令将存在由其或为其控制或经营的系统或网络中的材料加以存储而侵犯版权的,或是服务提供商因为通过使用信息定位工具将用户指引或链接至一个包含了侵权材料或侵权行为的在线站点而侵犯版权的,服务提供商不承担经济赔偿责任,但必须满足已经采取了并合理地实施了规定在适当情况下对作为反复侵权者的服务提供商的系统或网络的用户和账号持有者适时停止服务并采用没有干涉标准的技术性措施。我国《信息网络传播权保护条例》第二十二条则规定,网络服务提供者

---

① Pierre N. Leval. Toward a Fair Use Standard[J]. *Harvard Law Review*, Vol 103:1105.

为服务对象提供信息存储空间,供服务对象通过信息网络向公众提供作品、表演、录音录像制品,并具备下列条件的,不承担赔偿责任:(1)明确标示该信息存储空间是为服务对象所提供,并公开网络服务提供者的名称、联系人、网络地址;(2)未改变服务对象所提供的作品、表演、录音录像制品;(3)不知道也没有合理的理由应当知道服务对象提供的作品、表演、录音录像制品侵权;(4)未从服务对象提供作品、表演、录音录像制品中直接获得经济利益;(5)在接到权利人的通知书后,根据本条例规定删除权利人认为侵权的作品、表演、录音录像制品。

从上述法条可知,对MOOC而言,问题在于,与一般的网络服务提供商不同,MOOC平台提供方与MOOC内容提供方一般情况下都是不同但有合作的,单纯的MOOC平台可以作为网络服务提供商根据"避风港"原则得以免责,单纯的MOOC教学也可以作为学校课堂或科研根据"合理使用"原则得以免责,但是这两者共同构成MOOC课堂时,便改变了网络服务提供者仅为服务对象提供信息存储空间的实质。尽管MOOC平台确实只是一个承载MOOC课程的网络平台,但是由于承担课程资源建设的一方,即提供MOOC内容的学校和教师是由平台聘请并且签订了合同的,当学校和教师因教学需要翻译或者少量复制版权作品时,有义务确保这部分作品不会因为他们的教学行为被出版发行或用于商业目的,鉴于MOOC内容提供方与平台提供方之间存在合作,MOOC平台提供商不能以"不知道也没有合理的理由应当知道"而拒绝承担间接侵权责任,因为与内容提供方之间的合作关系让MOOC平台超越了为服务对象提供信息存储空间的职能范畴。所以,虽然MOOC课堂中因教学需要使用版权作品是出于正当目的,对于因互联网信息传播特性而导致的版权作品被用于营利性目的的情况,在现行法律下,无法通过"避风港"原则实现免责;要想避免承担侵犯版权的间接责任,MOOC必须主动限制教学过程中所使用版权作品的传播,采取积极行动避免影响原始作品的潜在市场或价值。

三、MOOC课堂中避免版权问题的可行策略探究

MOOC作为一种新型教育形式,在教学过程中使用版权作品既是无法避免,也是确有需要的,并且适当使用版权作品有可能达到事半功倍的效果,因此,如何利用《著作权法》中"合理使用"的有关规定、避免著作权侵权问题,是推动MOOC持续发展、提升课程资源质量的过程中必须解决的难题之一,需要法律法规和相关协议的不断完善与提供保障,也需要MOOC各参与方的自我监督与积极配合。

从法律的角度看,在有关MOOC以及其他一切以互联网为代表的新型技术带来的法律问题面前,我国《著作权法》及其他相关法律法规的条款仍有很大的完善空间,与其他国家的法律或是国际公约相比,也较为落后。如前文所言,在判定是否属于合理使用范畴时,国际通行的指标主要有三:使用目的与特性、使用比例和使用影响与后果。其中,使用的影响与后果是国际公约及其他主要国家立法中都有所提及而我国《著作权法》却忽略的一点,而这一判定要点的缺失,直接导致了我国《著作权法》在判定是否属于合理使用时,对待判定情形简单粗暴地归类,在没有对其影响与后果进行考量的情况下,强制贴上非黑即白的标签,不利于MOOC这样促进知识生产、激发社会创新的教育形式发展,也间接影响了卓越教育资源的全球共享和先进社会文明的普及传播。此外,如果我们从"合理使用"被翻译成中文前的表述方式入手,会更容易领会"合理使用"存在的意义。合理使用在英文中的表述是"fair use",中文选取"合理"二字翻译"fair"其实是有失偏颇的,强调了"fair use"的合理性,却忽略了这一法律条款在公平性方面的设立初衷,所以我国《著作权法》第二十二条第六款中直截了当地定性要求为"不得出版发行"。而《伯尔尼公约》和《美国版权法》都将是否损害作品权利人的合法利益、对享有著作权的作品潜在的市场或价值是否产生影响作为判定依据。著作权法律为保护著作权而生,其本质上是体现了一种平衡的精神,而合理使用恰是这种平衡精神之精髓[①]。尽管法律法规

---

① 刘志刚.电子版权的合理使用[M].北京:社会科学文献出版社,2007:7.

的完善往往滞后于科技与社会的进步,但如果当现实生活和司法实际中已经明显暴露出不足而法律法规没有随之修订,就会反过来钳制科技与社会的发展,因此,我国与著作权相关的法律法规需要尽快完善与新技术相关的条款,为现在已知的或以后发展的技术手段与形式提供司法依据和法律保护,具体到本文所述的问题中,就是完善合理使用情形的描述和判定,无论是否将适用情形从传统范畴扩大到新型科技手段创造的更大范畴,至少要在完善判定依据(尤其是在使用影响与后果方面的考量)的基础上对适用情形进行明确。

从MOOC发展的角度看,仅仅依赖相关法律法规的健全是不够的,还应当加快出台针对MOOC的标准协议,要根据《著作权法》,参考国外通行规定并结合我国实际情况制定专门的标准协议,对MOOC课堂中的合理使用和其他版权问题进行细分和明确,为MOOC的发展提供真正可以参考的建设性意见和解决一般性问题的通行办法。

从MOOC课堂内容把握的角度看,课程资源的建设者,包括高校、教师和平台,应当有意识地避免侵权。一方面,教师应当加大课程讲授内容和讲义、课件中的原创成分,在确有需要使用版权作品时,要标注出处并控制使用比例;另一方面,平台对课程教学视频、讲义、课件的传播要加以控制,例如,对于非授课教师原创的作品,只允许在MOOC教学中播放、观看而无法下载,对于学生需要阅读或使用的版权作品通过给出在线购买或付费使用链接的方式代替直接提供版权作品,发现授课内容或讲义、课件有可能超出合理使用范畴或在接到著作权人反映时,要及时删除侵权内容或至少限制访问。当MOOC资源的建设方在确有需要使用版权作品并预估到在避免侵权方面存在难度时,应该积极主动地事先联系著作权人,征得其同意并支付一定金额的报酬,以免在MOOC课程上线后因涉及侵权而影响正常教学。

总之,在MOOC的发展过程中,既要树立版权意识,在维护自身利益的同时,尊重他人版权,又要不断推进政策、法规和MOOC本身的建设与完善,充分调动各方力量促进知识创新与传播,真正实现MOOC卓越教育资源全球共享的宗旨。

全媒体出版时代数字版权保护的三点要义*
——纵观英国近年版权制度改革

陈 洁**

摘 要：全媒体出版时代数字版权保护迎来新的问题和挑战。为推动数字出版的进一步发展，英国近年来对其版权制度进行系列改革。本文认为以英国做参照，通过梳理法律政策、集体管理、技术措施三项要义，可为我国的数字版权保护提供有益借鉴。

关键词：数字版权 法律政策 集体管理 技术措施

在全媒体出版时代，版权问题成为数字出版发展的瓶颈。数字化背景下孕育出的海量作品对版权维护提出新的要求和挑战。我国在保护数字版权方面虽取得一定成就，但存在的不完善处依旧不可忽视，无论是法律政策，还是管理、技术，均亟待进一步补充与完善。本文基于对英国近期版权制度建设的思考，以法律政策为基础，以集体管理为平台，以技术措施为保障，为推进数字版权的保护提供有益的思考和实践方式。

一、法律政策：版权保护的基石

良好的版权环境营造有赖于政府的法律政策支持，后者在推动版

---

* 本文为国家社科基金项目(11CXW007)，受中央高校基本科研业务费专项资金资助。
** 陈洁，浙江大学人文学院副教授。

权保护过程中起到的作用不可小觑。英国商业、创新和技能部（BIS）和文化媒体与体育部（DCMS）2009年联合发布《数字英国报告》，启动"数字英国"计划，内容涵盖数字网络安全及保护可行性措施。2010年后加快实施步伐，于当年4月通过因争议而一再被延迟生效的《数字经济法案》，以解决互联网运营过程中的网络内容版权侵权问题。

英国版权制度改革正是出于原有法律对数字版权责任人认定模糊而推出，阐释了互联网服务提供商（ISPs）的初始义务：有责任向被控进行网络版权侵权的客户发送侵权报告；提供商须登记通告数量及与之对应的用户。[①]《数字经济法案》出发点是加强对网络著作权保护的责任认定，但这也成为此法案备受争议之处。2011年8月发布的《关于数字经济法案初始义务的实施》进一步明确ISPs和版权者分别承担25%和75%的共享成本，认定版权所有者需要负担全部必要成本。这引起版权所有者不满，因其须在侵权追踪和维护中承担更多义务。英国两家最大的互联网服务提供商英国电信（BT）和拓客公司（Talk-Talk）同样认为，此举将会使提供商花费大量时间成本用于设计通告系统、发送侵权报告。

英国政府完善版权制度中的努力不可忽视，2014年6月其修订《1988年版权、设计和专利法案》[②]，就版权例外法规进行调整，重新界定版权侵权边界，放宽私人复制、个人研究学习等例外。[③] 版权例外的修订，为公众接触和使用作品提供了更多机会，充分发挥出数字技术对公共资源配置的积极效用，在维权基础上实现社会利益平衡。

法律为数字环境中复杂多变的版权保护提供了方向，有利于维持版权市场秩序的稳定。我国目前相关数字版权法律保护主要有三项：一是《中华人民共和国著作权法》及实施条例，二是《著作权集体管理条例》，主要针对"著作权集体管理组织的设立条件、权职范围以及管理内

---

① The Publishers Association. The Digital Economy Bill: An Overview. http://laurencekaye.typepad.com/files/digital-economy-bill-pa-summary.pdf, 访问时间：2014年12月16日。

② Intellectual Property Office and Viscount Younger of Leckie. Changes to Copyright Law. https://www.gov.uk/government/news, 访问时间：2014年12月19日。

③ 张亚菲. 英国数字经济法案综述[J]. 网络法律评论, 2013(1).

容"进行界定。三是《信息网络传播权保护条例》,规范合理使用、版权管理技术,区分不同社会主体的责任和关系。①

尽管法律政策一直紧密跟进形势,但我国尚未有数字版权保护专项法律,相关概念界定不明致使执法总充当"事后诸葛",难以掌握主动权。如2006年5月发布的《信息网络传播权保护条例》第23条规定"网络服务提供者为服务对象提供搜索或者链接服务……明知或应知所链接的作品、表演、录音录像制品侵权,应承担共同侵权责任"。"明知"与"应知"所包含的主观色彩较浓,难以形成有效的法律衡量和是非判断标准。再如第22条的"合理使用"界定,"使用"一词外延和内涵宽泛,既指传统意义的复制,也包含网络拷贝、下载。

加固数字版权法律保护屏障,既要对"合理使用""个人复制"等界定进行规范,又要明晰版权相关三方的权利义务,对版权授权范围和利益分配进行有效界定。人民文学出版社与网易的贾平凹《古炉》版权纠葛,归根到底是版权授权权限模糊导致。纷争缘由在于,出版社认为既然与贾平凹签订图书出版合同,出版社便拥有该书数字版权,未经授权,其他任何数字平台不得出版。作者自行再授权的现象并不罕见,出版社和作者签订出版合同"使用'电子版权''数字化制品权''多媒体版权'等非法律语言,而且大都没有明确具体的权利种类、作品的使用方式"②,往往导致对数字版权产生理解偏差而滋生版权纠纷。

二、集体管理:版权保护的平台

数字版权授权难始终是数字出版产业发展的瓶颈。现行著作权管理体系难以适应数字出版发展,公平合理有效便捷的数字版权管理平台建设势在必行。2011年5月,英国伊恩·哈格里夫斯及其团队发布

---

① 陈洁. 数字化时代的出版学[M]. 北京:北京大学出版社,2014:92-93.
② 张洪波. 数字出版产业发展亟待破解版权问题[N]. 中华读书报,2012-3-28(021版).

《数字化机遇——关于知识产权的审查报告》[①],根据对培生教育集团、励德爱思唯尔、新闻国际公司、欧洲出版商协会等机构就版权授权缺陷的调研,指出英国数字版权交易实现更低成本和更加便捷,须依靠版权集体管理机制。在此基础上,对"数字版权交易平台"建设进行可行性分析。

英国版权授权代理公司(CLA)总裁凯文认为,集体授权机制是对数字时代的有效回应。如在教育领域,网络和课堂结合的混合教育模式在英国逐步实现,教师经常在教学网站等平台上发布原创资源。获得授权的经销商或个体可通过"标题搜索"寻找或检验允许复制的作品内容。只要启动"网络转载许可"机制,经过 CLA 授权认证可对会员网站作品进行复制、链接、转载。[②]

但基于会员制的版权管理框架将大量非会员的作品排除在外。除去不愿将版权交予代理机构管理的著作权人,版权市场上存在大量难以确认作者身份的"孤儿作品"。此类作品是版权管理的一大难题,无法进入以会员为核心的版权管理机制中。若是对其版权侵权行为听之任之,又不利于版权市场的良性发展。2013 年英国《企业和监管改革法案》,将集体管理组织的权职延伸到对非会员作品的版权授权,并规定经过"努力寻找"后依然无法确认作者身份的,可被允许授权使用,从而增加版权管理的灵活性。[③] 凯文认为怎样的"寻找"属于"努力"范畴是比较主观和模糊的,不易考量。唯有授权简化,方能催生更多更好的互联网服务。

目前,我国文字作品著作权集体管理组织是中国文字著作权协会。其在进行版权集体管理时类似于英国版权授权代理公司的"会员制",是一种自愿的管理制度。为解决作品授权难的困境,我国《著作权法》在 2012 年 3 月发布的修订法草案中引入著作权集体管理组

---

① Department for Business,Innovation & Skills. Digital Opportunity:a Review of Intellectual Property and Growth. https://www.gov.uk/government/publications,访问时间:2014 年 12 月 15 日。

② Copyright Licensing Agency,CLA Annual View 2013.,http://30years.cla.co.uk,访问时间:2014 年 12 月 1 日。

③ Welcome to the Copyright Hub. http://www.worldipreview.com/article,访问时间:2014 年 12 月 3 日。

织延伸管理规定,同时增设"孤儿作品"授权机制条款。将"孤儿作品"的适用范围明确为报刊社对已出版的报刊作品进行数字形式的复制,及其他使用者以数字化形式复制或者通过信息网络向公众传播作品两种情形。

我国延伸性集体管理制度在推广中遇到的障碍之一是集体管理组织责任不明和垄断倾向。根据2004年12月通过的《著作权集体管理条例》,其潜在语境是同一作品使用领域只能有一家集体管理组织。这实则为集体管理组织的权利垄断提供方便。再加上各组织间的透明度依然不够,资源没有达成共享和交流。一旦延伸性管理全面铺开,版权者很难知晓其版权是被谁管理使用,容易造成版权市场混乱。

全媒体时代不论是获取作品授权还是转移授权,都要面对庞大的版权市场,这无疑超出了权利人和使用者的控制和承受能力。版权集体管理组织对保护单一著作权人的弱势地位与维护广大著作权人和出版企业的合法权益,起到了一定的积极作用。可借鉴英国版权集成中心(the Copyright Hub)平台运营经验,搭建"集成中心"式的服务版权管理系统,形成资源流动共享。同时引入信任机制,提高管理平台信任系数,吸引更多著作权人加入管理系统。

三、技术措施:数字版权保护的砝码

实施技术措施的主体在于版权人、网络服务提供商、网络内容提供商三方。技术措施进入《著作权法》肇始于美国,首次就技术措施立法意见出现于1995年美国《国家信息基础设施白皮书》。而英国直至2003年方着手施行欧盟《版权法指令》,进一步完善技术措施相关法规,扩大技术措施及其使用范围,强调对规避技术保护措施的法律惩罚。

第一项技术是数字权限管理技术(DRM)。《数字经济法案》中引入"三振法",主要就网络服务提供商提出技术实施要求。在2014年新修订的《版权法》中,尽管扩大了允许非商业目的的私人复制范围,但同样规定网络经销商使用DRM等技术措施限制用户。进行维权或跟踪

时常用到 DRM 数字版权加密保护技术。严格的技术多半会限制合法使用者使用内容的便利,因此并不受使用者欢迎,现存技术漏洞同样使网络服务提供商不满。但此技术依然是目前使用最广的版权保护平台,阿歇特图书出版集团英国分公司(Hachette Livre UK)首席执行官蒂姆·希利·哈钦森(Tim Hely Hutchinson)在 2013 年 7 月说:"许多人认为 DRM 技术已经过时,但其实运用这技术为文件、电子书、音频等加密,可有效保护创作者利益和产权。"[1]

培生集团采用精简版数字权限管理技术(lite-DRM)系统,与整体版技术(heavy-DRM)不同,精简版放宽下载认证权限,可一步下载,使用便捷高效。"lite-DRM"的电子书,每页会有作者姓名、版权信息、水印追踪码等,以便制约非法文件共享,即使用复印机、扫描仪等设备进行文本复制,也可根据标志追踪查询。其中加入数字水印,将所有内容页码特定部位打上版权标签,成为原始数据一部分,方便版权纠纷时版权确认。

我国数字出版产业融合趋势愈加显著,正以强大的兼容性和包容力使电视、广播、报纸等实现全媒体融合。如《杭州日报》创立纸媒、电脑屏、手机屏"三合一"运营方式;《解放日报》《宁波日报》相继推出电子报纸(I-paper),成为立体、多维的新型"融"媒体。读者对于电子阅读的期待孕育着数字出版产业的不断更新,开发、研制国产 DRM 迫在眉睫。须有步骤、有选择地进行 DRM 覆盖,将其进行技术改良,在保证用户权限的前提下,取消对用户下载内容的设备限制,允许资源合法地在任何终端中共享。同时融入数字水印,将数字内容注册与管理技术、数字内容分段控制技术、内容交易与使用追踪技术等相兼容,不断提高 DRM 的使用弹性。

另一衍生技术是收费墙系统。在大量网络免费内容中,付费阅读以价格为门槛"筛选"出忠实读者群,虽造成传播受阻和读者流失,但也限制了电子内容转载发布权限,有效保护了版权。在英国,近一半的电

---

[1] Hachette UK Chief Exec Tells China Newspaper: We Represent Authors and Authors Deserve to Get Paid. http://www.authorsguild.org/e-books,访问时间:2014 年 12 月 6 日。

子书消费者通过全额支付获得阅读权限。① 随着 2009 年《卫报》率先登陆苹果手机,为用户提供收费阅读的新闻服务,《泰晤士报》《每日电讯报》《太阳报》等也在网站或手机应用软件(App)中使用收费墙系统,实现数字报刊阅读的收费。

虽然免费依然占据我国电子阅读市场主流,付费阅读比例也在逐步上升。京东电子书刊、超星图书馆、盛大云中书城、淘宝电子书等平台将部分电子书标价,读者付费才可下载。据全国人大常委、教科文卫委员会主任柳斌杰透露,国家正准备支持建立一个总的平台,加强对新闻作品知识产权的法律保护。② 保障创作者权利方能推动创新,为知识创造和传递提供良好氛围。

尽管英国国内对其版权制度改革存在各种争议,但此次改革无疑为英国版权市场带来了信心,也为全球数字版权建设奠定了良好的基础。全媒体时代下,我国数字版权保护亟须新的制度措施对产业可持续发展予以激励,以英国为参考对象,通过法律政策、集体管理、技术措施三项要义对数字版权进行建设和维护,也不失为一种有益的尝试。

---

① Lisa Campbell. Amazon has 79% of e — book market in UK. http://www.thebookseller.com/news,访问时间:2014 年 12 月 22 日.

② 杨学莹. 研究传播立法. 终结媒体管理两个尺度现象[N]. 大众日报,2014-11-27 日(2 版).

数字版权保护中的非正式制度探析[*]

张利洁[**]

摘　要：近年来，虽然我国政府适应信息传播技术快速发展的要求，相应地建立了比较完善的版权保护法律制度，但嵌入在传统文化、习俗以及互联网习惯中的非正式制度是刻意的正式制度难以很快改变的，因而数字环境中，版权保护正式法律制度难以有效约束来自公众的自发性盗版。当前应重点进行有利于版权保护的非正式制度培养，使公众从内心里树立对版权正式制度的信仰，从而逐渐达到知法、信法、守法、护法。

关键词：数字版权　非正式制度　培养

近年来，随着计算机技术、互联网技术、移动通信技术以及相关服务平台的发展与广泛应用，数字传播以其便捷、快速、信息量大、低成本等优势已经被越来越多的消费者接受，并逐渐成为人们的重要生活方式之一。但是数字传播的快速发展也带来了严峻的挑战——数字版权保护困难，盗版泛滥。本文尝试从非正式制度的角度探究数字版权侵权的原因与保护对策。

---

[*] 本文为2013年教育部人文社会科学研究规划基金项目"数字网络环境下我国公众侵权现状与版权意识提升研究"的阶段性成果。项目批准号：13YJA860027。
[**] 张利洁，兰州大学新闻与传播学院副教授、编辑出版研究所副所长。

一、版权保护的正式制度与非正式制度

新制度经济学家道格拉斯·诺斯指出,制度作为一个整体或一个系统,是由社会认同的非正式规则、国家制定的正式规则和实施机制三个部分和层次构成的。① 其中,非正式规则是随时间演进的,是人们在社会活动和交往中自然演化形成的,包括风俗习惯、伦理道德、价值观念、意识形态等属于文化的规则与约束。② 按照这一观点,在版权保护领域,由各级政府制订并颁布实施的法律、法规、政策、规章等均属于正式制度,而版权保护的非正式制度是指跟版权意识相关的传统文化、价值观念、道德观念、行为习惯等。

二、数字环境中版权正式制度难以有效约束来自民间的自发性盗版

(一)数字版权保护正式制度现状

改革开放以来,我国版权保护正式制度发生了很大的变迁,其中最显著的变迁标志是《著作权法》从无到有,作者的著作权开始受法律的保护了。进入新世纪以来,随着信息传播技术的发展,数字传播逐渐成为主流趋势,相应的,原有的版权保护制度在泛滥的数字盗版面前显得力不从心,为应对这一新的变化,我国政府制定、修订并颁布了一系列版权保护正式制度,力图更好地对数字版权进行保护。如:国家版权局2003年颁布的《著作权行政处罚实施办法》、2005年颁布的《互联网著作权行政保护办法》、2014年颁布的《使用文字作品付酬办法》,国务院2001年颁布新修订的《计算机软件保护条例》、2002年颁布新修订的《中华人民共和国著作权实施条例》、2003年颁布的《中华人民共和国知识产权海关保护条例》、2004年颁布的《著作权集体管理条例》、2006年颁布的《信息网络传播权保护条例》,最高人民法院2002年颁布的

---

① 曾小华.文化、制度与社会变革.北京:中国经济出版社,2004:143.
② 曾小华.文化、制度与社会变革.北京:中国经济出版社,2004:235.

《关于审理著作权民事纠纷案件适用法律若干问题的解释》、2004年颁布的《关于办理侵犯知识产权刑事案件具体应用法律若干问题的解释》、2006年第三次修订并颁布的《关于审理涉及计算机网络著作权纠纷案件适用法律若干问题的解释》、2014年颁布的《关于审理利用信息网络侵害人身权益民事纠纷案件适用法律若干问题的规定》,全国人大常委会2010年第二次修订并颁布的《著作权法》等。可以说,我国仅用了三十多年的时间,已经建立起了基本完备的高水平的版权保护法律制度,版权保护范围逐步与国际接轨。这是典型的政府主导的强制性变迁,这些法律制度对于保护著作权人的合法权益、遏制盗版现象发生、平衡版权与公共权益间的关系、促进版权产业发展、繁荣我国文化产业发挥了巨大的作用。但是我们还应该清醒地认识到,当前我国数字版权保护面临的种种困难,认识到版权保护正式制度虽然完备,但其作用的发挥是受到版权非正式制度的制约的,如果版权正式制度与非正式制度不能够相辅相成,则版权保护正式制度在实施时终究会出现"有法不依""执法不严"的现象。

(二)版权正式制度约束之下公众自发性盗版

网络环境下侵权盗版的主体不再仅仅是盗版商,更有大量的、分散的个人参与其中,其中很多侵权者并不是以盈利为目的,只是想与网友资源共享,对自己行为的非法性并不知晓。这种公众广泛参与其中的自发性盗版呈现出明显的普遍性——参与人数众多;公开性——大大方方,无须遮遮掩掩地盗版;习惯性——习以为常。版权正式制度在这种公众自发性盗版面前似乎力不从心,因为虚拟世界中盗版主体从盗版商向普通大众的转变,一方面直接导致了版权"救济成本的激增,另一方面,版权人对普通大众侵犯复制权的行为开展私力救济则还可能遇到涉嫌威胁公民隐私权等基本权利的难题"[①]。

事实上,梳理近年来我国版权正式制度对数字版权保护方面的贡献时,我们发现版权正式制度虽然在约束侵权盗版问题上取得了一定的成绩,但是法律惩治的主要是网络侵权大案要案,如引起广泛关注的2011年百度文库事件、2013年"快眼看书"网站涉嫌盗版案、2014年上

---

① 朱音.试论数字出版向传统版权制度提出的新课题.中国版权,2012:6.

海"射手网"侵犯影视作品及字幕作品著作权案、一点网、聚公司网非法转载文字作品案等等。从涉案主体看,被告多为互联网公司。以2014年统计的956件一审民事判决为例,"被告多为涉及到互联网产业的公司的有1100件,占到87%左右"①。可见,版权法律对于实施盗版的企业、网站确实能够起到较强的遏制作用,但是对于公众普遍参与的侵权盗版行为则缺乏一定的约束力。事实上,"盗版既可以是规模化、产业化行为,也可以是个人出于完全不同的目的在家里与地球另一端的某个人自由地直接交换音乐的行为"。② 而且这类带有民间自发性的个人侵权行为带来的危害更大、更持久,但它们却往往游离于正式的法律监管之外。

三、数字版权保护中的非正式制度

(一)数字版权保护不力源于版权正式制度缺乏来自非正式制度的认同

我国版权领域的立法及完善主要是由政府主导的强制性变迁,属于典型的自上而下变迁。如1910年我国第一部著作权法《大清著作权律》是在西方逼迫之下清政府移植而来,甚至有人称之为"枪口下的法律"③。新中国《著作权法》的制定(1990年颁布的《著作权法》)及其修订以《知识产权协定》等国际公约为标准,其动因主要来自世界贸易组织的要求和国际社会的压力④。虽然在外来压力之下,我国短时间内在版权正式制度建立方面取得了重大成就,但是在守法上却存在着重大问题,尤其是数字环境下侵权盗版现象泛滥,社会公众普遍缺乏版权意识,随意上传、下载、免费分享文字、电影、音乐等受版权保护的作品。

---

① 中国信息通信研究院.2014年中国网络版权保护年度报告.国家版权局网站,http://www.ncac.gov.cn/chinacopyright/channels/6192.html.
② [荷]约斯特·斯米尔斯,玛丽克·范·斯海恩德尔.抛弃版权文化产业的未来.北京:知识产权出版社,2010:14.
③ 相关表述见李雨峰.枪口下的法律:中国版权史研究.北京:知识产权出版社,2006;[美]安守廉.窃书为雅罪.北京:法律出版社,2010:34.
④ 吴汉东.《著作权法》第三次修改的背景、体例和重点.法商研究,2012(4).

从版权法制到版权法治,是否在法律条文颁行的那一刻就已经实现?如是,则为什么在目前的法治环境下,数字侵权盗版依然如此猖獗?张居正说过:"天下之事,不难于立法,而难于法之必行。"的确,新中国成立以来,版权法规从建立到完善仅用了三十多年时间,但是我们的版权保护水平并没有实现跨越式发展,有法不依、执法不严的现象依然存在,这其中自有执法力量薄弱、执法人员不作为、不担当的问题,但更有整个社会从官方到民间的版权非正式制度缺失的原因。冷冰冰的法律条文移植是比较容易的,但是非正式制度层面的版权保护意识的转变是比较难的,而一旦涵养法律条文的土壤即非正式制度与正式的版权保护制度不相适宜,则只会导致立法与守法的背离。事实上,在数字环境中,版权人的相关权利被法律认可是比较容易做到的,比如在信息网络技术广泛应用之后,我国《著作权法》在2001年修订时就增加了"信息网络传播权",但是赋权容易实现难,并非一纸令下,作者就能立刻实现信息网络传播权,一切侵权盗版行为自法律颁布之日起就会销声匿迹。其背后还涉及社会观念、习惯等方面的非正式制度。正式的法律制度不是孤立地起作用的,尤其是在虚拟的数字环境中,更需要公众自觉的支持与维护做基础。伯尔曼曾经说过:"法律必须被信仰,否则,它将形同虚设。"[1]这里的信仰其实就是非正式制度与正式制度的和谐一致与互补。所以,版权正式制度在数字环境中的"水土不服",在一定程度上可归结为民众的版权保护意识和习惯等有利于版权保护的非正式制度的缺失。

(二)路径依赖中有悖于版权保护的非正式制度

按照道格拉斯·诺斯的路径依赖观点,今天的选择受历史因素的影响。一种制度一旦进入某一路径(无论是好的还是坏的),受惯性影响,就可能对这种路径产生依赖。正式的版权保护制度可以一夜之间完成强制性的变迁,但是包括行为习惯、版权意识等在内的非正式制度的变迁则是缓慢的,甚至常常呈现出"锁定"状态。正如詹姆斯所言,习惯为"大脑从形成的排水通道,一定量的注水今后会倾向于经这里流出,习惯一旦形成,就表现出对变化的抗拒,但也不是完全的抗拒。习

---

[1] 李雨峰.枪口下的法律:中国版权史研究.知识产权出版社,2006:187.

惯极易形成,但却不易消失。"①由此我们可以感知非正式制度的重要性,感知到非正式制度对于正式制度的强大影响,尤其是不利于正式制度推行的习惯等非正式制度会成为正式制度实施的巨大阻力。

1. 传统文化中有悖于版权保护的非正式制度

美国学者约翰·冈茨和杰克·罗切斯特通过研究发现,天生的文化习惯对盗版的推动力量似乎比经济利益还要强。② 在我国的传统文化中,我们更多地强调的是集体主义,注重团体的合作与分享,对属于私权范围的版权的重视度较低。这在我国传统文化里表现得十分突出:

其一,版权的重要内容之一就是财产权,但传统文化非常强调"重义轻利"的思想。《论语·里仁篇》中有言"君子喻于义,小人喻于利",《汉书·董仲舒传》中有言"正其义不谋其利,明其道不计其功"等等。这一传统价值取向决定了文人著书立言的主要目的并非为牟利而来,而是为了"藏之名山,传之其人"(司马迁《报任安书》),因此,宋代书画家米芾曾说过:"书画勿论价,士不为财役。"

其二,版权保护的重要方式是诉讼,但传统文化非常强调"必使无讼"的思想。《论语·颜渊》中写道:"听讼,吾犹人也,必也使无讼乎。"这句话是儒家对整个礼俗社会的道德构建。要求人们以"和为贵",最好能够做到"息讼",乃至"无讼"。

其三,版权产生的前提之一是独创性的作品,但传统文化非常强调"述而不作"的思想。《论语·述而》中言:"述而不作,信而好古,窃比于我老彭。"这种思想其实是将知识作为一种世代共享财产来看待,认为"精神产品的创作只是格物、致知、诚意、正心、修身、齐家、治国、平天下的一种自我修养的过程。同时,自己的思想阐发,无不源于古人,凡经国济世之作,均有待于智者去阐扬,而不能将其据为己有"③。

正因为有了上述的传统文化,长期以来版权在国内不受重视,"窃书不为偷书"的观念才会在民间扎根,即使是安分守己的公民在非法下

---

① 曾小华.文化、制度与社会变革.北京:中国经济出版社,2004:178.
② [美]约翰·冈茨和杰克·罗切斯特.数字时代盗版无罪?.北京:法律出版社,2008:112.
③ 吴汉东.关于中国著作权法观念的历史思考.法商研究,1995:3.

载受版权保护的作品时也毫无内疚感;也正是因为有了这些传统观念,很多的版权所有者面对自身权益遭到侵犯时,往往怀着息事宁人、忍气吞声、听之任之甚至希望广为传播的想法,而这一定程度上又加剧了更加肆无忌惮的侵权盗版行为发生。

2. 互联网文化中有悖于版权保护的非正式制度

其一,版权使用的前提之一是许可制,但是互联网文化崇尚"拿来主义"。在互联网世界里,作品不管是你的、我的还是他的,只要有用,拿来就用,而且用得理直气壮。众多资源未经作者许可,通过贴吧、论坛、APP、QQ、微博、微信等方式被大肆侵权,而且随着网络新技术和新应用的快速更迭,云存储、网页转码、深度链接等带来的侵权形式更加多样。

其二,版权的主要特点是独占性,但是互联网文化崇尚共享。在互联网世界里,网友们大方地分享着各种数字资源。对于作者是谁、出自哪里则一概"英雄不问出处";一旦有网友需要哪本书抑或是某个视频、某首音乐等,则表现出"一方有难,八方支援"的友爱互助精神。打开网页,到处都是热心网友的分享,而这些多数都是分享的他人作品。

其三,版权实现的重要方式是付费,但是互联网文化崇尚免费。互联网从进入公众生活时就是以免费的形式出现的,等到互联网想通过收费实现商业模式时,免费习惯已经养成,据《2015 上海市民阅读状况调查报告》显示,超半数市民只看免费数字出版物[①]。在虚拟世界里,免费邮箱、音乐、书籍、影视剧……甚至通过 QQ、微信的免费视频电话、语音电话等等更是巩固了公众的免费习惯。相形之下,要求付费反而成了不符合网络非正式规则的"不合法行为"了,所以往往会有一些网络卫道者通过各种自建的网络渠道、平台来捍卫互联网世界的游戏规则,如微博博主"没我找不到的电子书"、QQ 平台上的"原创电子书群"等等。在互联网世界里,人们不是不愿意付费,只是不愿意能免费还要花钱。

综上,可以看出,虽然当前我们并不缺乏约束虚拟世界版权秩序的

---

① 中国图书出版网.2015 上海市民阅读状况发布,超半数只看免费数字出版物. http://www.bkpcn.com/web/ArticleShow.aspx? artid=123656&cateid=A1801.

正式规则,但嵌入在传统文化、习俗以及互联网习惯中的非正式规则是刻意的正式规则难以很快改变的,而这些非正式规则在很多时候甚至表现出了与正式规则南辕北辙的结果。事实上,强制性的版权正式制度在面向虚拟世界的公众的时候,并没有处于明显的优势,公众层面依托技术不断上升的侵权盗版趋势就是例证。所以,我国数字版权保护不力表面上看是有法不依、有章不循的问题,更深层其实是更为强大、更为顽固的网络版权无意识的问题。"这是一个博弈的过程。官方可能通过意识形态的培养推行了正式制度,而民间也有可能通过非正式制度影响了包括法律在内的正式制度。"①在版权制度已经成为社会核心价值的时代,自然,当前我们需要官方通过版权保护意识的培养推行版权正式制度。

四、数字环境中有利于版权保护的非正式制度培养

当前,提升数字版权保护水平,当务之急是培养有利于正式的版权保护法律实施的非正式制度,即提升公众的版权保护意识,使之逐渐内化为国民常识。

(一)从不知法到知法:树立公众对版权正式制度的正确认知

知法是守法、信法、护法的前提。这是一种渐进式的培养,主要是通过软性的教育来提升公众的版权保护意识,需要的时间可能会很长。其一,普及学校版权法规知识教育。关于我国版权保护法律,很多公众往往表现出不知法,所以法律的普及很重要。树立公众对版权正式制度的认知,达到从不知法到知法的转变,润物细无声式的教育非常必要。近年来,我国虽然在一些省市的中小学校开展包括版权教育在内的知识产权教育试点,在高校也开设知识产权专业等等,但总体上,中、小学的知识产权教育仍然处于起步和探索阶段,没有全面覆盖。典型的如广东省 2006 年《关于开展中小学知识产权教育试点示范工作的通知》(粤知 2006(76 号))中提出,要在全省范围内选择不超过 30 所学校

---

① 刘春田.直面知识产权法学研究.转引自李雨峰.枪口下的法律:中国版权史研究.北京:知识产权出版社,2006:序一、6.

进行知识产权试点教育。2010年又确定广州市越秀区黄花小学等42所学校为2010年广东省中小学知识产权教育试点学校,试点期限3年。① 因为是选择性试点,其影响力自然有限。高校的知识产权教育也比较薄弱,部分高校除了法学类学生有知识产权课程以外,多数高校只将知识产权课作为选修课开设,远远谈不上普及教育。当前要实现中小学普及版权法律教育课、高校普及版权法律通识课等,树立学生尤其是大学生对版权法律的正确认知。

其二,在全社会普及网络版权执法宣传专题教育,打造尊重版权、诚信守法的社会氛围。近年来,国家版权局、国家知识产权局相继推出了一些活动来提升公众的版权意识,如"大学生版权保护主题辩论赛""知识产权进高校""大学生版权征文大赛""知识产权走基层"等等活动。从针对的群体来看,主要涉及大学生群体及一些企业,面向广大公众的宣传与教育活动仍然显得不够。普及专题教育的方式应该是自上而下的,教育内容应该跟普通大众的日常生活紧密结合,这样才能使版权意识在民间扎根。一方面,培养一批版权意见领袖,通过二级、三级这样的方式进行传播,直至全社会层面的普及。在韩国,目前参与对社会公众进行版权意识教育项目的人员达到40万②;另一方面,教育内容要与公众的日常生活结合起来,要接地气。如,在日本,电影放映前,公众必须观看防盗版宣传片,内容涉及如果进行摄像行为将受到惩罚的提示,甚至宣传片还涉及针对网络上传和下载行为都会受到惩罚的内容。③这样接地气的教育方式和内容效果比较持久和深刻。

(二)从不信法到信法:树立公众对版权正式制度的信仰

这是一种激进式的培养,主要是通过硬性的法律约束来提升公众的版权保护意识,较短的时间内可能就能起到作用。其一,对于那些恶意非法上传与下载他人作品比较严重的终端个人,应通过法律来惩治,使公众不再支持非法复制与下载行为。而目前通过媒体公布的案例主要是互联网企业的侵权案,普通公众会感觉跟自己没有太大的关系,因

---

① 广东省知识产权局网站.关于确定2010年广东省中小学知识产权教育试点和示范学校的通知.
② 赖名芳.日韩网络版权保护各出奇招.中国新闻出版广电报,2015-07-17.
③ 赖名芳.日韩网络版权保护各出奇招.中国新闻出版广电报,2015-07-17.

而这些案例对个体起不到太大的警示教育作用。其二,应主要通过典型案例的警示作用来提升公众对法律的内在信仰。对那些典型的情节严重的终端受众侵权案例要通过网络、电视、报纸等大众媒介进行迅速地传播,充分发挥舆论导向作用。让广大公众充分认识到版权的文化价值,认识到数字环境中的种种侵权盗版行为,认识到自身的哪些行为是不应该的。

总之,法律只有被信仰,法律的约束力才能真正发挥出来。我们相信:知法才更守法,信法才更护法。数字环境中的版权保护,最根本的还是基于普通大众层面的守法之道。

出版与跨文化传播

从"亚马逊中国书店"看海外读者对中华文化的阅读取向[*]

张秋瑰[**]

摘　要：本文以亚马逊中国书店为研究对象，管中窥豹，试图从网店布局、图书分类、营销策略及读者反馈等方面分析海外读者对中华文化的阅读取向，探寻中华文化走出去在新闻出版业方面更好、更适宜的出版内容与模式。

关键词：中国书店　海外读者　阅读取向

中华文化"走出去"早已成为国家文化产业发展的重要战略。它既包含传承中华民族的优秀文化，创新文化"走出去"的渠道和模式，更承载着提升国家文化软实力，增强中华文化全球影响力和国际竞争力的重要使命。作为文化"走出去"战略的重要组成部分，中国出版"走出去"为热爱中华文化、中国读物的海外受众提供了更为便捷的销售服务、更为直接的阅读体验。尤其是自2010年底，国家新闻出版广电总局启动中国出版物国际营销渠道拓展工程以来，中国出版物的海外销售情况有了长足的发展。该工程包括国际主流营销渠道合作计划、全球百家华文书店中国图书联展和跨国网络书店培育计划等3个子项目。其中以跨国网络书店最受瞩目。它利用新媒体技术，借助网络销

---

[*] 本论文为天津市高等学校人文社会科学研究项目"滨海新区数字出版产业发展创新研究"的阶段性成果，项目编号：20142819。

[**] 张秋瑰，天津工业大学艺术学院讲师。

售渠道突破了时间、地域及国家的限制,获得了短时间、广覆盖、高效率的竞争优势,甚至在很大程度上代表了未来图书业营销的发展方向。

由中国国际图书贸易集团公司与世界知名网络电子公司亚马逊合作的"中国书店"项目,是跨国网络书店培育计划的落地与执行结果。它通过与亚马逊这一国际电子商务巨头的合作,利用对方成熟的网络营销平台、先进的技术及全球影响力,实现中国图书的全球网络销售。自 2011 年 9 月底正式运营至今,已有 5 年时间。本文以 2015 年 5 月下旬的亚马逊中国书店为研究对象,管中窥豹,试图从网店布局、图书分类、营销策略及读者反馈等方面分析海外读者对中华文化的阅读取向,探寻中华文化走出去在新闻出版业方面更好、更适宜的出版内容与模式。

一、中国书店整体布局

打开亚马逊中国书店的主页面,整个书店的布局呈现左中右纵向三栏的格局。

左栏最窄,主要是对书店图书目录的分类浏览。从这里可以快速浏览目前书店内经营的所有图书类目:艺术与摄影、传记与回忆录、商业投资、儿童书籍、漫画与绘画小说、计算机与互联网、烹饪食物与酒类、娱乐、健康身心、历史、居家园艺、文学小说、医药、奇幻惊悚著作、非虚构类著作、户外与自然、家庭亲子、专业技能、参考书工具书、科学、科幻小说、体育运动、青少读物、旅游休闲等 24 类。

右栏宽度比左栏略宽约三分之一,从上到下主要展现中国国内有影响力的出版机构以及目前在中国书店最为畅销的各类图书,而且该畅销书排行榜是根据销量实时更新的。由书店内的畅销书排行榜数据,可以对中国书店的读者群体尤其是海外读者群体的阅读取向进行深度分析,此部分内容将在本文第三部分详细阐述。

中栏最宽,大约是左栏宽度的 4 倍,同时位居整个页面的正中,无疑是店面布局的重点和视觉中心所在。此栏从上到下为:中国书店关键词、重点图书推介以及各类代表性图书展示。中国书店关键词选择了最具有中国特色和中国元素的词语,包括中国的、中国、中国传统医药、孔子学院、旅游、双语、中国武术等,方便读者从关键词入手,快速找到自己感兴趣的内容。重点图书推介主要是针对目前国内出版机构重点推出的图书、影响力和销量较大的图书进行传播推广,以期海外市场对于中国出版物以及中国问题、中国文化的同步关注。比如《习近平谈治国理政》一书,被中国书店作为重点图书与国内发行系统同步推介。从出版至今半年多的时间内,全球发行量已达 450 万册,其中海外销售量达到创纪录的 40 万册。① 除了在法兰克福、伦敦、纽约三大国际书展上做推介,亚马逊中国书店作为常态化的图书销售网络平台,对于该书海外销量的贡献颇大。著名作家莫言的作品也曾在其获得诺贝尔文学奖后被中国书店重点推介。各类代表性的图书展示主要包括中国文化、流行文学、儿童读物、精致生活等,在这里可以直观看到各个类别下的图书照片和基本信息,包括各种语言版本。

二、中国书店营销策略

中国书店在运营之初就比较重视各种市场营销策略的运用,并逐渐形成了自己的特色。

就其目前的运营状况而言,主要有以下几方面的特点:

(1)强化网络环境下的读者体验。与实体书店相比,网络书店的优劣势都是显而易见的。图书种类多、容量大,跨越了地域局限,具有较为明显的价格优势,运营成本低,交易方便快捷等,这些既是网络书店天然的优势,也是其后来居上、迅猛发展并最终领跑图书销售市场的主要原因。以至于很多实体书店受此影响和冲击,纷纷倒闭关张。以国内市场为例,据相关统计数据,直到 2014 年上半年,实体书店销售负增长的态势才得到遏制。② 与此同时,网络书店的劣势一样不容忽视,其

---

① 温宪.《习近平谈治国理政》美国书展引热议[N].人民日报海外版,2015-5-30(4版).

② 杨伟.2014年上半年中国图书零售市场情况分析.http://www.openbook.com.cn/Information/2240/3391_0.html.

中最主要的当属读者体验的不足甚至缺失。由于不具备实体书店的空间和环境,网络书店很难提供给读者等同于实体书店的购书体验和阅读感受。如果说早期运营中,读者对此没有过多要求的话,那么在电子商务与市场营销不断向纵深发展的今天,网络书店如何去营造并维系读者的体验与感受成为一个越来越重要的问题摆在网店经营者的面前,并需要花大力气加以解决。上述网络书店与实体书店销量的此消彼长,恰恰从一个侧面说明了这个问题的重要性和紧迫性。单纯的价格战最终会变成一个可怕的陷阱,将网络书店的优势完全吞噬。

良好的读者体验首先需要增强读者的信任感。世界知名的AC尼尔森全球调查报告指出:读者之间的口碑传播所起的作用要远远大于单纯的商业广告。换言之,读者在进行图书购买行为时,他的决策依据更多来自其他读者对图书的评价,而非网络书店自身的推介信息。相应的,对于网络书店而言,读者信任度的建立不能单纯依靠图书促销广告或者图书出版机构推送的相关信息,而是应该依靠网络技术和大众传播规律,有意识地主动为读者搭建使其能够便捷地相互交流的平台。亚马逊中国书店针对读者的变化积极利用网络工具,鼓励读者参与平台的建设,通过留言、评论、短消息等方式增加读者与网店、读者与读者之间的互动。同时,在每本书的详细信息中,中国书店不仅在显著位置以星号和数字标注了该书的畅销程度、阅读及购买评价等,而且把这些评价按照正面和负面加以归类,把这两种意见相左的评论在同一页面的对等的位置加以显示,以强调他们的同等重要性。这既便于读者对于其他人的评价进行浏览,更重要的是在视觉上营造一种客观公正的立场和形象,以增加读者的信任感。所有这些反过来又成为网络环境下强化读者体验的组成部分。

(2)运用各种事由提升营销效果。在图书市场,除了一部分经典书籍和工具书外,有相当一部分图书是具有强烈的周期性的。无论是从出版还是发行的角度来看,如果不能够充分了解并把握住各类图书特定的营销周期,并运用相应的市场营销手段,很难取得良好的营销效果,甚至一本潜在的畅销书也有可能最终无声无息地淹没在书海中。亚马逊中国书店作为中国图书的国际营销渠道,实际上承担了双重任务:一是在国际图书市场的商业经营及营利能力,只有做到这一点,才具有持续性;二是对中华文化的推广和普及,尤其是对于当代中国文化、当下中国社会现实的传播和关照。相应地,亚马逊中国书店的营销活动贯穿了从图书选择到读者购买的全过程。在书目选择方面,亚马逊中国书店的图书明显呈现出两个维度,读者阅读购买率比较高的畅销书和在中华文化传播及普及方面具有代表性的图书。虽然这两者之间并不是毫无交集,但他们的重合性并不大。这两个维度也验证了上述国家背景下中国书店的双重任务。在确定了图书选择的大致方向后,中国书店借助亚马逊的平台积极运用各种事由提升营销效果,甚至创造并延长图书的销售周期,以此来激发读者的阅读和购买行为。比如在市场营销活动中常常见到的节日营销和新闻事件营销等,就被亚马逊中国书店反复使用。西方国家的节日数量和类型相对来讲都比较多,中国书店会在各个相关的节日推出相应的主题图书,进行重点推介。比如在感恩节来临之际,中国书店会围绕家庭团聚和温暖的节日氛围推出一系列相关书籍,甚至有些已经过了热销期的图书会被加上新的广告文案加以推送。上文提到的《习近平谈治国理政》以及莫言的系列小说推广,则是社会热点、新闻事件营销的典型案例。

值得注意的是,虽然图书营销受到越来越多的重视和探讨,包括亚马逊中国书店在内的各种网络书店和实体书店也在不断地进行着各种图书营销的尝试与创新,但书业营销的总体走向正在发生着细微的变化:出版资源的有限性无力再继续承担高速品种增长带来的资源消耗,于是品种竞争转向了渠道竞争;当渠道竞争获得充分发展后,其优势也难以为继,读者需求成为实现图书价值新的风向标,渠道竞争又转向了需求竞争。① 亚马逊中国书店对于读者体验的重视和平台的营造,结合常规营销手段的运用,可以说正是渠道竞争与需求竞争的有机结合,这也赋予了亚马逊中国书店单纯的图书营销之外更深层次的市场内涵。

(3)借助社会化媒体进行关系拓展。在亚马逊中国书店的界面上,借助新兴的社会化媒体进行图书信息分享的标志和渠道无处不在:脸书(facebook)、推特(twitter)、邮件、站内短信甚至视觉社交目录网站

---

① 李万字.势在必行的图书营销策划三问[J].科技与出版,2013(5):44.

(pinterest)等。这些都成为书店建立读者关系以及读者之间相互交流的重要方式。单纯的图书分享与简单的信息交流只是社会化媒体最为表面的功能,亚马逊借力社会化媒体更长远的用意则在于社会(关系)网络的建立与拓展。社会化媒体比其他类型的媒介样态更适于在异质化的社会群体间进行讯息传递,它把每一个传播参与者转化为无限延展的社会关系网络系统中的一个连接点。具体到网络书店而言,是对同类型图书或共同感兴趣的社会话题的关注,把社会个体凝结在一起,而不是传统的地缘或阶层身份在起主导作用。社会化媒体对于建立在兴趣爱好基础上的临时性的社群组合的黏合剂作用,正在冲击着传统的血缘地域关系,并让后者逐渐淡化。社会化媒体助推下的新型社会关系网络的建立对于网络书店读者的阅读倾向和购买行为往往有着直接而明显的影响。相比国内诸多网络书店和实体书店,亚马逊网站对于社会化媒体运用的深度和广度都更胜一筹。

三、海外读者的阅读取向

亚马逊中国书店经过近几年的经营,图书品种日益丰富,服务内容更加多样,对读者的个性化需求也更加关注,海外读者的数量正在逐年上升。但是,从书店的畅销书排行榜以及读者的反馈中,我们仍然可以清晰地观察到海外读者对于中华文化的阅读取向以及各类图书销量在海外市场的此消彼长。海外读者对中国文化较为感兴趣的内容主要集中在以下三方面:

(1)对中华饮食、汉字、武术、医药等的热衷和关注。这部分图书主要是关于学做中国菜、学写中国字、武术动作分解以及中华医药的神奇功效等方面的内容呈现。语言表述较为简单易懂,书中多添加图片、拼音等辅助理解。相应的读者群主要集中在对于中华文化感兴趣的初学者、入门者当中,大多数人是出于对中国文化朴素的好奇与热爱,比如《学习中国汉字——巧记800个基本汉字》就曾经多次跃居畅销书榜首,并收获了4.5星的关注和超过150条的读者评论。

(2)对中国社会经济、社会发展状况的关注。这部分图书主要涉及中国社会的发展以及历史变迁，多是对于中国社会历史、现状，尤其是中共发展壮大以及新中国成立等大事件的描述，或者以此为背景进行的相关的文学创作，语言表述较为深入抽象。这部分读者群主要集中在海外的汉学家、中国历史文化研究者以及海外华人读者群体等，这也是中华文化在海外传播较为稳定的受众群体。值得注意的是，海外读者对于当下中国社会经济文化的关注度远远低于其对于改革开放前、尤其是特定的历史条件下的中国状况（比如"文革"时期等）的关注。比如《鸿：三代中国女人的故事》是一部带自传性质的三代女人的家庭故事，整个20世纪的中国成为整部书的写作背景，其销量位居非虚构类作品的前列。

（3）对有影响力的中国经典名著的关注。这类图书主要是已经为海内外公认的中国文化经典著作。他们多是经由翻译者的二度创作，以海外读者能够接受和熟悉的语言加以呈现。大多由精通汉语、对中国文化颇有研究的西方学者翻译出版，尽可能忠实于原著。比如中国古代神魔小说的代表性著作《西游记》，曾多次进入畅销榜单，对于传播中华传统文化起到了一定的作用。

通过以上分析，我们可以看到中华文化通过国际传播渠道在海外传播的深度、广度和力度都在不断加强，这无疑是值得欣喜和肯定的。但同时我们也可以明显地感觉到目前对外文化传播的不足与遗憾：海外读者的关注热点与当下中国的发展现状并不同步，或者说海外市场的聚焦点并不完全是对当今改革开放不断深入的状态下中国热点问题的回应；更多的是对遥远而陌生的中国的猎奇与探秘。即便对于中华传统文化，其在海外传播中也需要焕发新的生机与活力，以更为现代的、地道的、令人感到亲切的方式走近西方读者。

结　语

不可否认，中国主题的图书走向西方读者，在海外市场进行传播和推广，尚有着不小的问题和障碍。诸如出版语言的障碍、信息渠道不畅、内地中文图书缺乏推介平台等都是不容回避的问题。① 单从出版语言的角度来看,以上三类海外读者较为青睐的图书,其作者、编者、译者无一例外,均为来自西方国家的学者或创作人员,其作品主题虽然是中华文化,但写作语言均为国际通用的英语,地道程度可想而知。即使是华人作家,也大多旅居海外多年,具有较为深厚的西方背景和思维模式,对于读者的阅读倾向和个人喜好更稔熟于心。因此,并不是说眼前的中国是不可说、不能碰、无人感兴趣的,而是我们究竟以什么样的话语方式来进行展现。曾经在中英文图书市场都掀起热议的《江城》《甲骨文》《寻路中国》等书就是以当下转型期的中国作为观察、写作的对象,并得到了书评界和普通读者的双重认可的佳作。

因此,在增加英文版图书的出版、拓展中国图书的海外营销渠道、加强内地图书推介力度以及密切关注海外出版市场等措施不断出台的同时,摆在中华文化海外传播这一巨大工程面前的核心问题仍然是如何以国际化的表达方式讲好中国故事,也只有这样,才能让中华文化在海外读者中具有更加广泛的市场,真正提升中华文化的海外传播力和影响力。

---

① 李霄.如何让中国主题图书走进西方读者[N].中国新闻出版报,2015－3－30(5版).

学术期刊的开放式分享及其跨文化传播效果[*]

李广欣[**]

摘　要：学术期刊在开放式网络中的传播呈现出以转发式个人分享为主、绝对的单篇化倾向等特征。不可否认，开放式的传播推动了科研成果与知识的扩散，有助于实现科学研究服务社会的根本目的，但在目前的状态下，还存在着违背版权保护基本精神和妨碍期刊品牌传播的问题，甚而间接影响到专业教育。特别是对于文化适应程度有限、处于初级学习阶段的外来留学人员而言，现有的开放式分享的负面影响表现得更为突出。因此，有必要采取适当措施规范学术期刊在开放式网络中的分享行为，既维护其公共效应，又能够改善不健康的传播效果。

关键词：学术期刊　数字化传播　跨文化传播　开放式网络　传播效果

近年来，随着知识时代的到来与教育环境的变化，学术期刊的内容（如各类学术论文、研究报告等）逐渐突破专业数字资源平台，进入"大众化"的开放性互联网空间。文档分享平台及类似媒介形式通过提供网络存储空间及相应的上传下载服务，进一步推动了学术期刊内容的传播。这一方面促进了知识的扩散，另一方面也给学术期刊出版带来困扰，

---

[*] 中央高校基本科研业务费专项资金项目"新媒体应用与留学生跨文化适应"（项目号：NKZXB1468）.

[**] 李广欣，南开大学文学院传播学系讲师，《文学与文化》编辑部编辑.

更间接影响到学术期刊的接受效果。尤其是在那些处于"文化适应"阶段的跨文化群体中,这往往会造成不利的认知影响与教育影响。

一、学术期刊开放式分享的现状

当前,开放式网络中的学术期刊传播表现出了"零散性自发分享"与"媒介无意识推动"相结合的特点。亦即,学术期刊内容的上传下载往往是个体行为的结果,但是网络资源平台这一技术的成熟与应用,将人际分享行为"集结"为规模较大、辐射力较强的信息传播活动,且有推动其常态化、专业化的趋势。

(一)二次传播式的个人分享

为考察学术期刊内容的网络传播情况,笔者以开放式网络文档分享平台为切入点,通过抽样调查的方式加以研究。首先,利用计算机随机的在当前流行的各文档平台中选中"豆丁网"作为调查对象。其次,以该平台"论文"分类项下自然生成的文档列表为基础①,随机抽取了300篇文档进行统计②,具体结果见表1:

表1 基于豆丁网论文分类项下文档的抽样调查

类型	数量	格式调整		作者署名		文档提供者	
		原始	调整	实名	隐匿	匿名	可查证
期刊论文	84	33	51	48	36	75	0
学位论文	147	129	18	91	54	114	0
其他文档	69	3	66	14	57	67	2
总计	300	165	135	153	147	256	2
		300		300		258	

注:① 其他文档:包括性质不明的论文和归类错误的文档(如试题、PPT、开题报告等)。② 抽样时有部分文档的提供者已被销号,因此可查明的提供者共计 258 个。③ 就论文总体情况而言,在 95% 的置信度上,抽样误差为 4.76%。

---

① 由于列表显示的内容每天都发生变化,且类型、分享时间等不固定,因而其本身表现出了一定的随机性。

② 每隔两页选取该页的第二个文档作为样本。由于该平台论文分类中自然生成的列表每次只显示 20 页,按照每隔两页抽取一个样本的设计,每天只能抽取 7 个样本,所以抽样工作持续 43 日,从 2016 年 5 月 9 日持续至 6 月 20 日,共抽样 301 个,取前 300 个。考虑到豆丁网巨大的文档数量(其自我宣传称有 4 亿文档),其效果相当于不重复抽样——经仔细鉴定,所取样本中无重复者。

从中可见,学术期刊文章在开放式网络文档平台的论文类资源中,已占据不可忽视的比例,即便考虑抽样误差,其比重至少也要接近1/4。考虑到互联网资源的海量性,其对应的内容规模是相当可观的。

根据统计数据,并结合对百度文库、道客巴巴等其他平台或类似网络站点的观察,可以发现开放式网络空间中,学术期刊内容分享行为表现出如下显著特征:

第一,以匿名个人为传播主体。抽样中,期刊内容的分享者全部是匿名个人——实际上,所有的内容提供者中,机构主体只有2个。这种状态具有一定的普遍性;相比之下,引入机构提供者的平台较少,只有百度文库中进驻了龙源期刊、维普数据等专业数字出版商,其学术期刊内容的提供则表现出以专业数据为主体的格局。

第二,内容传播基本上为"转发"性质。虽然分享主体的匿名性使传播者与内容之间的关系无法直接判断,但仍有理由相信,传播者大多不是论文的作者或参与者。考察分享内容的个人主体的相关数据,可以发现:匿名提供者分享文档数量的平均值达51246,最多者为45万份以上(含非论文类文档),最少者也有上百份;分享的具体内容往往也表现不出系统性,一个分享者提供不同署名的论文、报告的情况极为常见。因而,学术期刊内容的开放式网络分享,大多属于阅读者或获取者的再次传播行为。实际上,抽样中有4%的匿名用户在个人介绍中已注明"文档来自网络"或"资源取自互联网"等。

第三,分享过程中的"随意性"较强。虽然分享的是期刊首发、并辅以特定版式与标识的论文、报告等作品,但分享者擅自更动样式、删除附加信息的行为极为常见。抽样中,期刊论文的60%存在不同程度的格式调整(涉及版面格式、存储格式);某些更动的结果更表现出"草稿化"的倾向,消弭了作为正规出版物组成部分的规范性、严谨性。此外,由于期刊文章相对较短,改动操作更为简便,因而更动的比例远远超过篇幅较长的学位论文。

(二)碎片化的传播方式

开放式网络中,期刊内容的传播表现出"单篇化"的绝对趋势。亦即,分享者主要提供单篇论文等作品,而期刊的整体性无法得到体现。

虽然当前学术期刊的网络传播模式就是直接进入论文层面加以利用,但在专业数字出版发行平台上,论文、报告等具体内容与期刊的整体信息之间的联系有其保证机制。如学术期刊内容的数字转化过程中,刊名、栏目名、编辑名等信息会得以原样保留,不会削减其显著性;即使是在"优先出版"等模式下,期刊信息也会以特定的方式加诸页面特定位置。尤为重要的是,专业数字平台能够提供从单篇文章至于期刊整体的链接渠道,检索论文作品时可由此跳转至期刊品牌、当期篇目、数据统计等信息。

然而,开放式网络传播却无法做到这一点。个人提供者的分享活动,全然建立在单篇论文的基础上,且极少以期刊为类型依据进行传播。而且,如上文所言,大量分享行为伴随着格式调整现象。虽然其中很多只是存储格式的变换,而版式设计等大致得以保留,但仍有21%的期刊论文类文档将期刊信息彻底抹去,以全新的版式(有时是很混乱的)加以呈现。这进一步将"内容"独立化,彻底割裂了论文作品与刊载它们的学术期刊的联系。因而,在开放式分享中,学术期刊的传播呈现为彻底"碎片化"的特征,论文等成为纯然的单篇作品,而非期刊论文或期刊内容。

(三)侵犯版权的整体倾向

当前,开放式网络中的学术期刊内容分享,往往是以侵犯著作权为代价的。且不论碎片化的分享模式本身就损害了学术期刊作为汇编作品作者的精神权利,仅就单篇作品的传播而言,其作者的著作权也受到了程度不等的侵犯。首先,多数开放式分享是无授权的。仍旧是从个人的分享规模这一理由出发,很难相信传播者会与那么多作者一一达成协议。实际上,很多分享者都加注了"如有侵权,请联系,以便删除"的信息,表明分享是一种擅自行动的结果。其次,分享内容的过程中常见对作者信息的隐匿。根据上文表格,抽样中39%的论文类文档删除了作者的署名;而对于学术期刊而言,这个比例更高,达43%。这种情况不是一个文档平台所独有,各类开放式分享站点或自媒体中都不乏故意删除作者署名、删去发表刊物信息、更改或删节标题,却全部保留论文主体内容的现象;也存在于论文前后添加部分不相关内容(似乎是为了规避侵权审核)的现象。

二、开放式分享与期刊认知

从内容扩散的角度来说,学术期刊的开放式分享似乎有助于拓宽接触渠道,提升期刊影响。但当前的开放式分享模式,却容易扭曲这种效果预期,使内容传播与期刊传播相分离,特别是对学术期刊的品牌建设产生不利影响。

(一)对于"期刊品牌"的忽视

学术期刊的品牌,反映了读者、社会对期刊内容与服务的认识程度和印象性评价,有助于"暗示"学术水平,促使"读者对期刊快速建立起好感及信任";在当代传播环境下,学术期刊的品牌建设问题日渐显现。[1] 但是,开放式传播中"碎片化"的、以单篇论文为中心的利用方式,非常不利于期刊"整体性"的体现,反而一定程度上削弱了学术期刊的品牌认知。

笔者以撰写学年论文的高年级本科学生为样本做了调查,检视其对参考文献的记忆情况。(相关论文的参考文献数都超过 15 个)调查分两组进行,A 组是可通过校园网在专业数据库中检索文献的中国学生;B 组为居住在校园外的留学生,访问得知,他们主要借助于开放式网络文档分享平台。论文完成后三周,要求两组同学在不接触文章的情况下,回忆其使用的参考文献,并记录正确说出的文章名和期刊名的数量。结果如表 2:

表 2 对高年级本科生论文写作参考文献记忆情况的调查

A 组(23 人)	5 个以下	5~10 个	11~15 个	15 个以上
正确说出文章名	0%	26%	48%	26%
正确说出期刊名	4%	44%	30%	22%
B 组(12 人)	5 个以下	5~10 个	11~15 个	15 个以上
正确说出文章名	25%	33%	33%	8%
正确说出期刊名	42%	50%	8%	0%

注:为便于比较和直观体现,百分比取整数,因而有一行中百分比总和不为 1 的情况。

---

[1] 施勇勤,张凤杰. 数字版权概念探析[J]. 中国出版,2012(5):61-63.

虽然存在两组学生不宜直接比较和样本量偏少等问题,但比价中所反映出的整体趋势仍值得注意:第一,在以网络化、数字化方式获取学术文献的过程中,对文章的记忆程度要高于对相关期刊的记忆程度;无论是本土使用者,还是跨文化学习者(尤其是初级使用者),都表现出了相同的倾向。这体现了学术期刊网络传播中的一种认知心理。第二,基于开放式网络的利用行为,进一步强化了这种趋势。

也就是说,学术期刊的开放式网络传播,有可能强化只知"文"而不认"刊"的认知倾向。利用者接触到的只是单纯的文章,而缺乏进一步把握"刊发"方面信息的途径。而更动版式、隐匿出版社标识等现象的存在,无疑推动了这种阅读理解习惯的形成。

(二)对于期刊内容获取渠道的误解

在学术期刊数字化出版发行的过程中,专业平台始终占据着主流地位。但随着分享的扩大,关于学术期刊专业性数字服务与开放式网络获取的认识开始模糊。对于专业素养与整体认识水平不高的群体而言,这一倾向表现得尤为明显。

以"文化适应"程度普遍不高[①]的留学生群体为例,通过对上述 B 组留学生的进一步访谈,可以发现如下现象:一是不熟悉专业学术资源平台,甚至有 4 人表示根本不知道。由于在开放式网络中获取学术资源常常依托于大众性网络检索引擎,而商业化文档平台出于推广的目的,会通过各种手段提升自己在检索引擎反馈结果中的排名。所以,可以推测:很多留学生在检索中最先看到的是开放式分享的内容及其相关平台,基于"使用与满足"[②]的接受心理,其认知也就停留于最先接触的媒介之上。二是认为开放式网络平台与专业学术资源平台没有区别。一方面,很多受访者认为二者提供的内容基本上都可以满足需要;另一方面,他们提出开放式网络中的免费化使用更有吸引力。三是文化适应性越高、学习成绩越好者,对于专业平台的认

---

① 方媛媛. 留学生文化适应现状、影响因素及策略的实证研究[J]. 内蒙古师范大学学报(教育科学版),2010(7).

② [美]简宁斯·布莱恩特,道尔夫·兹尔曼主编. 石义彬,彭彪译. 媒介效果:理论与研究前沿(第二版)[C]. 北京:华夏出版社,2009:386-389.

识与利用程度就越高。相反,越是在中文运用方面有较多问题、更多表现出"隔离"特征的留学生,越倚重开放式网络来获取学习资源。实际上,留学生群体是具有一定"极端性"的案例;在那些缺乏专业背景、特别是无由接触专业性局域网或正规指导的人群中,上述问题都有不同程度的存在。

因此,我们认为,学术期刊的开放式分享不仅消弭了期刊的存在感,而且也一定程度上模糊了专业渠道发行与网络转发之间的差异,甚至出现了更为依赖开放式分享的倾向。

三、开放式分享与跨文化教育

社会对专业知识的需求以及各类教育的发展,不断扩大着对学术研究成果的需求。某种程度上,学术期刊内容在开放式网络中的流传即适应并服务于这种趋势。当前,随着来华留学人员数量的不断增长,我国高等教育中的跨文化群体已达到一定的规模,而随之产生的对于学术文献等资源的需要也不断增长。如上所述,由于文化适应性和获取条件等方面的原因,留学生群体更愿意通过开放式网络来接触学术期刊的内容。

首先应该承认,学术期刊的开放式分享拓宽了留学生群体接触学术资源的途径。尤其是在当前很多留学生居住于校园之外、无法利用校园局域网的情况下,是有利于促进其专业学习的。而且,调查中涉及的12位留学生都表示,自己可以在回国时借助互联网继续阅读相关学术论文。

但是,当前学术期刊在开放式网络中的传播特点以及由此形成的认知倾向,也对跨文化群体的专业学习造成了一定的负面影响。除了前文所述的忽视期刊整体性之外,还涉及以下问题:

第一,将期刊论文视为可直接援用的"资料"。笔者在指导留学生进行论文写作的过程中发现,抄袭现象的出现概率往往很高;对此进行调查后发现,这并非是有意为之,而是由于在开放式网络中获取的期刊论文被隐匿了作者信息、期刊信息,有些甚至是格式混乱的文字堆积,导致留学生认为它们只是纯然的"资料",所以直接加以运用。

这反映出了内容的开放式分享,尤其是不规范的、侵犯了著作权精神权利与出版者权利的相关行为,一定程度上抹杀了期刊论文等的"成果"性质,进而将其从具有独创性的"作品"降格为普通资料。其结果不仅不利于专业学习与跨文化教育,更妨碍了知识传播的正规性以及对科研成果应有的"尊重"。

第二,学习与研究中的规范意识下降。一方面是对引用内容不予注释的倾向有加重之势。有一半的受访留学生表达了"无法注释"的意思,即从开放式网络中获取的论文内容,时有作者、来源"不明"(实际上是被隐去)的情况,且提供者又都是匿名个人,故而无从注释。另一方面,则表现为核对意识的薄弱。由于往往认为开放式平台与专业资源平台区别不大,故而留学生在确证所依赖内容的真实性、可信性时也就更多地停留于开放式分享层面。但实际上,很多开放式分享的期刊内容是有问题的,尤其是涉及格式与内容调整者,存在拼接、删节等诸多问题。很多留学生论文写作中出现的问题即来源于此。

此外,还需注意的是,当前的学术期刊开放式传播模式,容易造成负面的数字版权使用影响。因为,相关的分享行为大多无法用"合理使用"来予以解释。由于学术期刊的内容属于小众性专业作品,所以在当前著作权保护体系下,其合理使用的关键在于以非营利目的服务于教学科研或其他公共利益。但现在作为开放式分享主要途径的文档平台多是商业化的。虽然其大多标榜上传文档获得积分、再以积分换取下载其他文档权利的交流模式,但该模式并非封闭式的"内循环",而是留有与支付购买行为相对接的外部通道——在没有积分的前提下进行下载操作时,无一例外地会转入支付页面。调查中,所有留学生都曾表示注意到这一点,因而多使用免费化的在线浏览服务,其中2人进行过付费的下载操作。然而,文档平台的这种付费下载本来就具有明显的侵权性质,其为跨文化学习群体所使用,自然会造成一定的错误印象。这不仅损害了学术期刊数字出版的合法权益,更易形塑关于我国的数字版权保护与知识产权文化,产生负面认识。

四、完善学术期刊的开放分享方式

学术期刊作为承载和推动科研成果的重要媒介,在现代社会发展中扮演着重要角色。其开放式分享有助于促进知识的传播和教育的发展,也有助于展现当代的科研成果,扩大其应用范围。但是,缺乏规范的、无序的传播方式,会阻碍这一作用的发挥,甚至适得其反。因而,有必要探索健康而完善的学术期刊开放式分享模式。

(一)学术期刊开放式分享的基本逻辑

首先,应遵循现行的知识产权保护法律精神。学术期刊的编辑出版工作,凝聚了来自作者与编辑的智慧性创造,相应的数字化成果理应受到保护。尤其是在当前我国著作权法律体系未明确规定发行权用尽的情况下,学术期刊内容的网络传播不应成为一种无约束的行为。

其次,要考虑社会的知识需求与网络传播发展的现状。诚然,专业化的数字发行模式能够合法而有效地促进学术期刊的传播;但当前的形势下,要想在开放式网络环境下彻底禁止学术期刊内容的分享,显然是无法实现的。而且,开放式传播在扩大接受范围、提升便利性等方面的作用也不可一概抹杀。

因而,正确的思路是顺应学术期刊开放式分享的趋势,完善其传播模式,利用既有技术条件与规则空间,改善其传播效果。一方面,要保证期刊层面的信息呈现,这既是对期刊出版者的劳动与合法权利的保证,同时也有利于提升关于学术规范及其执行的意识。另一方面,在分享行为中推进知识产权保护,使之兼顾现行著作权法律体系的要求与知识传播的公共要求。具体而言,就是将"合理使用"与"不当谋利"行为加以区分,对于服务于学习教育的、成果交流性质的分享予以保护,而对有违知识产权保护法律精神的现象进行制约。

(二)完善学术期刊开放式分享的措施对策

基于上述认识,完善学术期刊开放式分享的措施可从如下角度思考:

第一,学术期刊单位和专业数字出版机构应强化开放式传播的意识,突破原有专业领域,探索大众性网络空间并成为其中的重要分享者。如前所述,百度文库由于引入了维普数据、龙源期刊等数字出版机构,使该平台的侵权性期刊内容传播活动大量减少。同时,正规出版单位提供期刊内容,能够保证内容与期刊整体相联系的可能性,从而在一定程度上纠正学术期刊网络传播中的"碎片化"倾向。这也提示期刊单位或专业资源平台在开放式传播中应注意提供期刊信息,保持原有版式,留有跳转至整体编辑状态的链接,以促进学术期刊与所刊内容的联系性得以体现。

第二,加强学术期刊数字出版的技术开发。如一些研究者强调的在单篇论文文档中标注版权信息[①]的做法应予以坚持和强化,尤其是在学术期刊的优先出版过程中,应在版式和附加标识的实际上突出学术期刊的存在感与显著性。此外,还可探索在阅读型文档格式的页面中嵌入可直接激活超链接的技术,使之与特定的期刊信息页面相联通。读者阅读时,能够由此跳转至载有期刊信息、体现整期编辑状态的服务站点。

第三,完善开放式网络环境下的学术期刊传播机制。一方面,加强版权保护宣传,将合理利用学术期刊、正确处置已获取的文献资源作为学术伦理的一项重要内容,在教学和科研中时刻加以强调,并引为学术评价机制的组成部分。另一方面,可尝试在开放式文档平台中建立个人主体的实名制经营模式,即:如果想要通过内容分享获取收益,则须提供个人真实信息,经平台认证后方可从事相关活动;若不以营利为目的,则可使其为具有一定公共性的知识传播,承认灵活性和自主性,保留匿名状态。

同时,在利用学术期刊等资源的初级学习群体中,也要加强学术规范与版权意识的教育,促进他们理解学术期刊在推动科研创新和知识传播过程中的重要作用,引导他们重视期刊品牌,正确利用学术资源。

---

① 谢文亮,王石榴,廖颖毅. 学术期刊数字出版中电子文档版权信息的标注[J]. 中国科技期刊研究,2014(8):1021-1025.

海外出版软实力与文化对外传播

袁 雪[*]

摘 要： 海外出版作为大众媒介形态之一，是文化软实力的一部分。为增强我国综合软实力，将反映中华民族普世价值观的优秀文化和精神的内容产品进行海外出版，实现软性的价值观输出，完成有效的文化对外传播，已经上升到国家战略传播的高度。本文在海外出版软实力水平与文化对外传播效果正相关框架下，对译介文学作品海外出版的发展脉络进行梳理，并将作为有机整体的海外出版和国内出版现状在跨界融合语境下进行对比反思。

关键词： 海外出版软实力　对外传播　译介文学　跨界融合

2014年10月，国家新闻出版广电总局出台了《深化新闻出版体制改革实施方案》，《方案》涉及5个重点改革方面，23项具体措施。其中，提高新闻出版开放水平一项提出，大力推动新闻出版走出去，进一步推进中国当代作品翻译工程、中国图书对外推广计划、"经典中国"国际出版等项目。这是我国在十七大部署"文化走出去"战略之后，更加针对出版业所颁布的有力举措。方案包含的这些内容与习近平总书记在2013年全国宣传思想工作会议上所强调的内容形成呼应，"要精心做好对外宣传工作，创新对外宣传方式，着力打造融通中外的新概念新范畴新表述，讲好中国故事，传播好中国声音。"使得如何"讲好"和"传播好"中国故事

---

[*] 袁雪，中国人民大学新闻学院博士研究生。

和中国声音,在传播方式和内容上找到了文化产业视角的解答。

一、出版软实力及对外传播理论回顾

(一)作为一种软实力的出版

哈佛大学肯尼迪学院院长约瑟夫·奈于20世纪80年代末提出"软实力"概念。他认为一个国家的综合国力既包括由经济、科技、军事实力等表现出来的硬实力,也包括以文化和意识形态吸引力体现出来的"软实力"。国家的软力量主要来自三种资源:文化(在能对他国产生吸引力的地方起作用)、政治价值观(当它在海内外都能真正实践这些价值时)及外交政策(当政策被视为具有合法性及道德威信时)。① 在约瑟夫·奈的叙事框架中,将大众媒介看作"软实力"。大众媒介既是工具和载体,是无形的力量资源产生的基础,同时它也是文化的有机组成部分。

按此框架,作为大众媒介形态之一的出版业,自然属于文化软实力的范畴。所以,提升以文化传播为要务的出版软实力的传播力和影响力是增强我国综合软实力的重要途径。软实力的力量来自扩散性,只有当一种文化广泛传播时,软实力才会产生强大的力量。② 文化先行,完成良好的扩散,实现有效的传播力和影响力,对他国产生吸引力,其他软实力资源才会跟进发挥作用。通过出版这些宝贵财富并以中国特色的方式在海外传播出去,实现对外文化交流、对外文化宣传和对外文化贸易。中国在文化贸易方面呈现逆差状态,国人通过阅读、观影等文化形式接触到西方意识形态,可本国的文化产品在国际市场上却举步维艰。所以,出版业应该加强"走出去"意识,在现有媒体生态的基础上进一步整合资源,增强实力,形成权威的出版机构,进而提升国际传播力和影响力。

---

① [美]约瑟夫·奈著.吴晓辉,钱程译.软力量:世界政坛成功之道[M].北京:东方出版社,2005.11.

② 王沪宁.作为国家实力的文化:软实力[J].复旦大学学报(社会科学版),1993(3).

(二)中国文化的对外传播

对外传播,是一个国家跨越国界进行的一种传播活动,是国际传播中信息向国界外部传递的部分。对外传播的过程就是塑造国家形象的过程,往往涉及国家利益、舆论安全等问题,它既包括国内重大事件和国际事务立场等的硬性传播,也包括文化和意识形态等的软性传播,带有强烈的政治性。随着软实力的力量在对外传播中发挥越来越重要的作用,将反映中华民族普世价值观的优秀文化和精神的内容产品进行文化对外传播,实现软性的价值观输出,逐渐上升到国家战略传播的高度。

葛兰西的霸权理论认为,一个社会中占据支配地位的阶级,不仅统治着社会,而且在道德方面和精神方面也同样引导着这个社会。长期以来,西方占据着全球传播资源中的绝大部分,可以借助其自身优势进行宣传。我们学习英文、看美国电影、阅读美国书籍,了解到美国是追求自由民主的国家,国家可以帮助每位公民实现其"美国梦",我们通过多种媒介产品勾画出美国国家形象,这便是美国的文化对外传播取得的成果。国家形象,它是一种国家或民族精神气质中的闪光点,传承于国家和民族的传统,呈现给国际社会,最终的形成形式多是关于一个国家的认知和评价。中华民族一直主打传统文化牌,伴随的是谦虚温和的国家形象,但这也让外界形成刻板印象。随着全球化进程将世界变成了地球村,各个国家也不应该再拘泥于一种形象的塑造,应该在传统文化的基础上,拓展和创新形象符号。

1991年,J.斯特劳哈尔首次提出"文化接近"这一概念,指出受众会在本国、区域和国际层面游移,因为外国节目具有不同的"文化接近性"。[1] 我国在进行文化对外传播时,正是应该抓住这一关键点,进行体现国家软实力的文化外交,将民族文化纳入更多现代化和国家化的元素,力求传播人无我有的特色文化。同时也要避免因为文化差异而产生的文化曲解和误解,陷入文化认同困境。

---

[1] 程曼丽.对外传播及其效果研究[M].北京:北京大学出版社,2001:69.

二、译介文学作品海外出版传播梳理

早在民国时期,以翻译书为主的图书出版业推开了中国禁闭已久的文化大门,以商务印书馆和中华书局为代表的民族出版产业加快了中国走向现代化的进程。事实证明,文化先行,能够使人力财力更加有效地配置、发挥作用,促进整个社会的发展进步。所谓翻译书,即译介文学作品,译介文学作品的海外出版是对外传播的一个重要途径。

译介学产生于20世纪30年代的法国,是比较文学中的一个分支,主要指文学翻译、翻译文学和文化层面上的翻译研究。译介,包含两层含义,译是翻译,介有介绍、中介之意。对于文学作品,既要翻译,又要传播,只停留在翻译出版层面,后续的传播工作缺位是当今海外出版的一个弊病。

(一)中国文学出版社专业化传播的五十年

说到译介文学,就必须要回顾外文版《中国文学》杂志的发展历程,《中国文学》及"熊猫丛书"不仅是中国当代文学外译作品的成功典范,更因其系统性、持续性的译介模式而成为中国文化海外传播的主要阵地。《中国文学》杂志最初是由欧洲归国的叶君健先生于1951年独自创办,经过两年的对外翻译文学作品后,在国外取得一定影响,1953年成立编委会,由当时中国作家协会主席茅盾作为杂志主编。改变前两年每年一期的发行方式为每季一期,1963年编辑部改为中国文学杂志社。1981年起开始将杂志上译载过却没有出过专集的作品结集出版,命名为"熊猫丛书"进行海外发行,1986年成立中国文学出版社,业务内容包括英文、法文版的《中国文学》杂志和"熊猫丛书",直到2001年由于经济原因停刊。

《中国文学》在内容上多以鲁迅以来的中国现当代文学的主流作品为主,同时也译载过《诗经》以来的古代作品。这些文学作品对于在海外传播中国文化、传播新中国变化起到巨大作用,受到外国读者的喜欢和关注。刊物黄金时期,曾行销150多个国家和地区,编辑部也曾收到不少外国读者的反馈,从传播学的角度看,《中国文学》杂志对国外受众起到了议程设置的主导作用。同时,《中国文学》也团结了一批专业翻译家队伍,包括国内翻译家、汉学家和国际友人,翻译家对作品的成功再创作是译介文学作品出版的重要环节,因为在翻译过程中,经常出现语言和文化方面的对接困境,这就是跨文化传播研究中一直处于核心的问题——如何能有效、无信息损耗地进行传播。

(二)21世纪初非主流文学碎片化传播的十年

中国文学杂志社在2001年停刊之后,根据北京师范大学刘江凯博士的博士论文数据显示,2001年至2010年十年里,中国当代文学海外传播主要以非主流作品为主,多是为了满足西方对中国的猎奇心理来选择作品,如卫慧的《上海宝贝》是被译介翻译出版最多的。在发行方面,因为早期中国文学出版社的专业化水平和对海外市场某种程度上的垄断,国内出版社涉足海外出版较少,此方面能力缺失。同时,中国图书在海外市场被边缘化,出版中国文学作品的出版社并不多。

所以,21世纪初的十年是译介文学作品的寒冬,国内出版社缺乏系统性的计划,机构庞杂混乱,仅靠国外出版社的推介,失去出版方面的议程设置主动权,进而导致中国优秀的主流作品没有得到重视,使得这十年的文化对外传播呈碎片化。

(三)出版"走出去"系统化传播的新起点

近几年,以提升国际传播影响力为依托,国家出台了众多新闻出版业改革方案,文化"走出去"和出版"走出去"已经上升到战略高度,开启了政府主导的系统化文化对外传播。2013年9月和10月,习近平总书记在出访中亚和东南亚国家期间,先后提出共建"丝绸之路经济带"和21世纪"海上丝绸之路"(简称"一带一路")的战略构想。由此,国家新闻出版广电总局组织实施了"丝路书香工程",旨在发挥新闻出版的功能,强化沿线国家民心相通,服务国家外交大局,加强国际传播能力建设。工程重点是翻译资助项目、丝路国家图书互译项目、汉语教材推广项目、境外参展项目、出版物数据库推广项目等。

"丝路书香工程"中,中国与俄罗斯文学互译出版项目第一批图书有《红楼梦》《三国演义》《儒林外史》《生死疲劳》等十部作品;中国向印度出版的《道德经》引起了较多关注;与土耳其合作出版刘慈欣的《三体》;在意大利,莫言、余华和苏童的作品受到读者欢迎。这些都是反映中国文化精神的作品,可以作为价值观的良好输出途径。只有实现我国主流文化和主流价值观的"精神输出",才会争取到与大国身份相匹配的国际话语权。对外传播中,西方长期以来积累了对我国的刻板印象,在差异化价值观中求同存异,而非单向灌输式的传播,才是使对外传播掷地有声之道。

三、跨界融合时代的海外出版现状反思

2015年4月,国家新闻出版广电总局、财政部联合印发了《关于推动传统出版和新兴出版融合发展的指导意见》,开启了出版业跨界融合发展的新起点。人才跨界、技术跨界和资金跨界等多种形式齐下,人民教育出版社与地方出版企业成立股份制文化公司、时代出版传媒股份有限公司的全球首个文化生活自出版社交平台"时光流影"网站上线、广西师范大学出版社集团有限公司收购澳大利亚视觉出版集团读者出版传媒上市、新京报投资拍摄电影《万物生长》、读者出版传媒股份有限公司上市……虽然出版业大刀阔斧地进行改革,影响力开始向网络空间延伸,但"非融合"的传统出版仍是主流,而本就不是出版行业盈利重心的海外出版,虽然有国家扶持下的多种"走出去"项目,但被跨界融合的行业利好惠及程度有限。所以,将作为一个行业整体的国内出版和海外出版进行对比考察是在新业态环境下捋顺思路、寻找出路的重要过程。

(一)内容资源方面

国内出版。由于社交媒体的快速发展,其UGC(用户生产内容)性质让所有人都有了发布信息和公开书写的平台。出版社开始依托社交媒体寻找选题、作者等资源。如小说《失恋三十三》就是源自豆瓣用户鲍鲸鲸从2009年开始在网站上发布的日记连载,读者一路跟随书写直播,关注火爆。直到2010年被出版商看中,网络文字成为实体图书得以出版。借助天涯社区、豆瓣日记、豆瓣小组等UGC平台内容转为出版的图书成为一股潮流。另外,也出现了出版社对同一内容资源深入开掘,以不同媒体形式进行包装,多渠道传播的尝试。

海外出版。依旧是将国内出版物翻译出版,以传统古典文化和政治题材居多,并没有准确找到跨文化传播过程中与海外受众的文化对接契合点。以2014年5月的美国纽约书展为例,作为主宾国的中国代表团组织了多场活动,活动内容以新书发布会居多,但大多数的书目都是以反映中国政治、经济及领导人和"中国梦"为主题。这类书目引起的社会关注期较短,可以说书展结束,关注随之结束,在文化输出方面取得的效果不甚突出。

(二)发行渠道方面

国内出版。自媒体出版、互动性出版、众筹出版和电商电子书成为新出版模式。以《盗墓笔记》为例,作者南派三叔在微信公众账号推行会员制度,采取支付宝和微信支付方式付费,获得买书看书权;电子书方面,国内市场以京东和当当为先锋,推出移动终端阅读。这是在亚马逊"kindle"电子书进军中国市场之后,国内市场向其模仿分得一杯羹的试水,京东和当当相继推出限时免费电子书下载,虽然这一举措对出版业的影响弊大于利,但模式上的尝鲜思路值得学习。

海外出版。依旧奉行国内出版、国外出版签约、翻译、国外出版的传统链条。寻求海外出版环节的多是作者本人、国内出版商直接联系,或国外经纪人作为中介促成,无论哪种形式,都由于信息不对称,使时间成本增加。同时,翻译人才缺失也是出版链条里的一大障碍。在海外出版方面,可以参考《狼图腾》这个成功案例,长江文艺出版社没有守株待兔,而是主动出击输出版权,精心设计宣传文案,在境外主流媒体宣传,成功吸引海外出版商,掌握签约谈判中的主动性。

其实,海外出版在发行渠道方面完全可以和作为文化对外传播海外门面的孔子学院进行合作,实现双赢。孔子学院这种嵌入式的传播机构可以取得让目标国家和受众快速认识中国的效果,但因其并没有足够的反映孔子思想和中国文化精髓的作品引入和推介,而只是停留在汉语教学,甚至是举办太极拳、包饺子等休闲活动的层面,这些年的传播效果与各项投入并不成正比。

(三)经营管理方面

国内出版。在跨界融合的潮流下,虽然国内新兴出版模式与传统出版模式呈现的多是一种并存状态,而非真正的融合。但如上文中提到的各种业态新尝试也不占少数,新闻出版业内部像新华社全媒体"中央厨房"这样的全媒体系统的启动也成为融合发展的楷模。同时,政府的政策扶持和加大产业投资使得出版业在外部机制上顺风顺水。

海外出版。20 世纪 80 年代至 90 年代,中外出版界之间的主要合作模式是版权贸易和出版物进出口业务。到了 21 世纪,中国文化在"走出去"战略的指导下,出版机构开始在海外独资或合资设立分支机构。但无论是合作,还是独资,都存在着很多问题,比如语言障碍、思想意识形态障碍、体制障碍、文化认同上的冲突,另外,虽然政府加大出版业投资力度,但因资金造血功能差,用在海外出版的部分却很少,这也是海外出版无法做大做强的症结所在。

海外出版传播虽然有来自政策法规、外交、跨文化等方面的实际制约,但如何在有限资源内通过创新发挥出版软实力的作用,使对外传播活动掷地有声,仍是国家、政府、传播出版机构在当今国际形势下的一项必须任务。

编辑出版人才培养

工作坊模式在高校数字出版人才培育中的应用研究

郭 鉴[*]

摘 要: 蓬勃发展的信息技术让数字出版人才培育陷入窘境:路径破坏发展、技术按周迭代等特性使固有教育范式失灵,新机制尚未成型就面临失效。在四年学制的人才培养体系确立在先、执行在后格局无法改变情况下,引入工作坊模式或将对高校数字出版人才培育发展大有裨益。

工作坊(Workshop)以团体动力学为理论依据,重视高校和业界的有机联系,注重发挥学生的主动性、参与性,在数字出版人才培育中具有较强的适用性,可以更有效地实现提高学生综合素质的教育目标。本文结合实践,从工作坊内涵、工作流程、教育优势、对教师的要求、浙江万里学院的实践等方面探讨这种新型模式在高校数字出版人才培育中的应用。

关键字: 数字出版人才 高校 工作坊

一、应用背景:数字出版业与高校人才培育不匹配

近十年的信息技术变革和产业繁荣,拉动数字出版产业从附属于

---

[*] 郭鉴,浙江万里学院文化与传播学院编辑出版系副教授、系主任。

出版业的二级部门一跃成为出版业的代名词,数字出版人才培育工作从描述"海市蜃楼"的发展前景升级为独立的专业地位。这其中喜中有忧,数字出版产业正处于野蛮生长阶段,人才需求与高校数字人才培育之间并不匹配,问题主要集中在如下几个方面:

其一,数字出版产业发展以颠覆创新为主、递进创新为辅,发展路径含糊不定,岗位描述条件差,使得高校数字出版确认人才需求规格、知识技能体系、教育载体平台等相对较为困难;

其二,数字出版知识和技术已经进入按周迭代创新阶段,高校在刚刚提高技术型教师数量、提升技术类课程比重不久,即面临所教授课程知识技能没出校门即已落后淘汰的事实;

其三,数字出版产业在加强知识生产、管理和内部分享机制方面已经较为成熟,对人才培育的外部依赖性条件降低,加之如一二点所提到的问题,更多倾向招收基础条件具备的创新人才自主培养;

其四,大型开放式网络课程(Mooc,massive open online courses)以免费、产业同步性、主讲教师往往是业界翘楚等优势吸引有志于在数字出版领域有所发展的学子,对高校数字出版教育的可替代性形成紧逼之势。

从高等教育发展规律看,高等教育最擅长处理的是产业发展处于规模体量巨大、发展模型固定、产业巨头形成的人才问题解决,而对产业快速提升期,尤其是"弯道超车"超越旧有产业的阶段反应不够灵敏,此时彼此依靠内部控制需要时间周期较长,往往需要借助正外部性解决管道来解决,高等学校与数字出版机构合作成立工作坊即是一种可行性解决方案。

二、东南商报数字出版工作坊:应对"弯道超车"的数字出版人才实践

浙江万里学院编辑出版学专业设置于2007年,地处宁波,每级招收人数约80余人,所处宁波市及浙江省数字出版业在全国处于中等偏上水平,以阿里巴巴公司、中国移动数字基地、网易(杭州)等为龙头的

公司发展速度飞快,该专业自2009年与宁波日报集团共同成立了东南商报数字出版工作坊,在应对数字出版人才培育方面,以工作坊模式进行探索。

(一)东南商报数字出版工作坊的内涵

工作坊最早源于德国魏玛共和国时期以培养工程设计与建筑设计为宗旨的包豪斯学院。包豪斯学院创始人格拉皮乌斯提出教学要"技术与艺术并重",教学过程实行"工厂学徒制",学生身份是"学徒"。担任理论教学的教师称"形式导师",教授其理论课程,引领专业学业,而担任技术课程的教师称"工作坊师傅",负责指导实践教学,以此形成教学、研究、实践三位一体的教学模式亦被称为工作坊教学。

东南商报数字出版工作坊的日常人员通常以不多于20人的成员组成,由两名分别在理论和研究、实践交友经验的主持人为核心,成员在其指导下,透过案例分析、角色扮演、集体分享、团体讨论、头脑风暴、教师点评、行为训练等方式,创新以及建设性地解决实际问题。其内容根据业界需求进行设计,一次一个主题,特点就在于吸引参与、引发思考、促进互动、推动成长,通过轻松愉快的方式鼓励多人共同参与,成员在参与过程中能够相互对话沟通,共同思考,提出方案,讨论实施,通过团体内人际交互作用,以人为镜,反省自己,深化认识。

(二)东南商报数字出版工作坊工作流程与工作原则

东南商报数字出版工作坊教学模式的工作流程是依照社会心理学家勒温的团体动力学理论制定的,分为三个阶段:

阶段一,信息共享。成员通过资料准备、现场分享,在平等条件下沟通、讨论和交流意见,反思以往价值模型的不足;

阶段二,小组提出议案。成员进行分组讨论、参与活动等方式,促进参与者交流,透过对主题或反复或创造性地探讨,达到凝聚意识的过程,逐渐建立新的价值标准。

阶段三,全体达成共识。小组间就不同价值观、立场阐述探讨成果,和其他小组互相交流,从客观角度分析事情,巩固学习成果,寻求解决方案。

东南商报数字出版工作坊在具体运行过程中,体现了以下原则:

第一,由指导教师全面制定与掌握教学计划与实施方案。在制定过程中，指导教师要明确其专业的培养目标，以及其自身对于学生的具体要求，制定相应的学习计划。在实施过程中，指导教师引领学生全面贯彻该计划。

第二，学习计划以实践为主，突出实践。工作坊教学模式的核心在于实践，指导教师及其助手针对具体项目的指导过程，是学生主要的学习方式。学生的学习计划也以实践为主，以不同的实践课题或方案作为阶段性检验的手段，按照指导教师的计划（一般是指导性而非指令性计划）以及所面对项目的需要，学习相关的理论课程。在实施过程中，由指导教师向学生讲述阶段性实践的目的，以及为此所需的理论知识，使学生带着问题与目标去学习理论，并在学习过程中，努力探求解决问题的实践方案。

第三，使用真实项目检验学生的实践与理论学习效果。对于学生学习效果的评判，不仅仅是理论考核，更重要的是以真实的整体或分解项目为手段，综合检验学生应对工程实践的效果。

第四，多种学习方式并存，并强调自学。实践的过程是综合的学习与研究的过程，是多人或小组合作的过程。在这一过程中，各种学习方式都可能存在，指导教师的指导、高年级同学的经验、同期学生的交流以及自学等，使学生能够从不同的管道、侧面来学习。在这些方式中，自学尤为重要。学生要根据自己的实践目标，来选择学习的内容、方式，并向指导教师提出相应的问题。对于学生的问题，指导教师不是讲述，而是以学生为主进行指导。这样，学生可以获得属于自己的全方位的知识体系。

（三）东南商报数字出版工作坊模式的优势

第一，教学成果应对化、结构化。工作坊针对业界需求开设，一次一个主题，教学成果应对性很强，清晰地说明"社会需求"、主导者"对这一行为的表现水平的期望"和"学生的行为"。工作坊还特别注重教学成果结构化，强调由知识层面、技能层面到成果层面是一个由浅到深的过程，需要层层递进，进而形成科学体系，学生只有通过自我分析、相互学习、沟通借鉴并最终提出策略。

第二，教学形式丰富，参与性强。工作坊的教学形式是通过创设实践需求情境，使学生的身心俱动，对学习内容有切身的体验和认知，从而收到良好的教学效果。此外,还运用了小组讨论、专家讲座、同伴启示、小组游戏等多种方法,使教学形式丰富多彩,学习过程也不再是枯燥乏味的单向"填鸭式"学习,而是强调参与,让学生自己分析问题,寻找解决方法,促进自我实践,通过从根本上改进原有的认知结构,促成行为改变。

第三,教学评估全面化、科学化。评估是保障工作坊推行过程中每个环节质量的根本。工作坊的评估既要针对教学过程,又要针对教学结果;既要有参与者自评,又要有他人互评;既要将定量与定性评估有机结合,又要将短期与长期评估相统一。评估的方式除考试外,还可以是面谈、问卷调查等。工作坊通过全面、科学的评估,能在一定程度上保证教学质量,了解教学情况,为进一步改进工作提供参考。

(四)东南商报数字出版工作坊模式的特点

第一,工作坊指导任务必须由业界负责人和专任教师共同担任。业界负责人对产业人才需求了如指掌,专任教师则对学生专业知识有着全面把握,双方结合能够设计出有效的实践内容,对于理论学习起到融会贯通的作用。

第二,工作坊中成员不强调年级差异,要求必须有高年级同学参加。这种人员构成复古了古代师傅带徒弟的方式,但是由于没有教师权威存在,他们的交流更加广泛深入,高年级学生带领低年级学生学习,现身说法,有利于同门切磋,更有说服力,也使得实践学习成为一个适合于不同人的、整体性的过程。

第三,业界项目是实践的核心。业界项目是引领学生学习与实践的核心,这些项目有的是指导者正在真实操作的工程项目,有些项目则是教师根据学生学习的进程,并根据实际工程的情况,为学生设定的创新项目。学生的实践活动以具体项目或项目之中的某一个组成部分为目标,在真实工程过程中,可以做到学有所用,用有所学。

第四,构建科学的教学评价体系。工作坊的教学评价不是考试分数,更加关注学生在工作坊推进过程中的变化和进步,注重记录学生已经取得的点滴成长和进步,发现和发展学生多方面的潜能,提高适应能力。

东南商报数字出版工作坊的成绩主要体现在以下三个方面。

第一,学生在数字出版创新实践方面的能力显著提高。工作坊五年来先后有一百余名学生得到锻炼,学生的实践能力明显提高,用人单位对毕业生的实践能力满意度明显提高,所培养的适应区域传媒发展需求的创新应用型人才深受单位欢迎,四年级学生毕业实习即直接转岗为正式人员的不在少数。

第二,宁波日报报业集团数字出版转型升级效果明显。跨界经营数字是身处竞争白热化的传统报业最为焦灼的问题,这种焦灼除了来自于报纸自身体制、人才等问题外,关键问题出在用户及服务定位、竞争力、商业模式等问题。宁波日报报业集团与万里学院编辑出版学专业校媒合作五年来,合作主体《东南商报》在数字出版领域进步很大,报纸数字传播在报业改革和发展中具有首创性、独创性,影响巨大,效益显著,每年实现直接和间接经济效应近 200 万元人民币。

第三,调动了教师实践教学研究的积极性。通过本项目的实施,参与教改的教师主编(译)、参编教材、讲义 5 部,承担省市级以上教学改革项目 2 项,校级教改项目 3 项,发表教研论文 5 篇。

三、浙江万里学院的实践经验

(一)制度架构:工作坊 NGO 化

工作坊教学模式在大陆及港台地区并不鲜见,尤其见诸于建筑设计、艺术设计等领域,在东南商报数字出版工作坊筹备时,合作双方先后拜访许多高校和出版单位,反映出的共同问题是与合作方关系不稳定,无利不动,有利则乱。东南商报数字出版工作坊有鉴于此,在制度架构上,以工作坊数字出版品主要受众为母亲和孩子为思考延伸点,特申请成立 NGO 组织(非政府性组织)宁波市妈妈大学公益俱乐部,专门从事母婴亲子类出版物的数字出版工作,这一制度的优势在于利用现行相关法律规定保护工作坊平稳运营:

其一,NGO 以个人身份成立,政府、事业单位及企业单位不得作为成立主体,保证了工作坊运作过程中不需过于纠葛于合作单位的利益;

其二，NGO的服务范围必须围绕公益事业，所得收入不得用于分红及个人分配，只能用于公益事业发展，妈妈大学公益俱乐部的主要工作是从事母婴亲子类公益性数字出版，收入虽巨，但法律规定强制要求用于公益发展，于此获得良性循环。

（二）服务占位：抓住亲子服务对象和版权产业

随着新介质、新技术的发展，很多新兴的数字媒体形态都会出现，工作坊要真正做到永远"新"实际上是不可能的，所以数字出版是根据需求和经济性结合运用各种表现形式和传播管道，以求"投入最小——传播最优——效果最大"。工作坊在发育过程中抓住国内亲子数字出版目前依然处于较为落后阶段的现状，抓好亲子服务对象，抓住版权产业。

抓好亲子服务对象，重点是做好管道融合和形态融合。所谓管道融合，就是把纸质出版物、户外媒体、微信、微博、互联网等融到一起，同一内容可以通过上述媒介等多种管道进行传播，避免了单一管道传播带来的资源浪费。管道融合必然带来形态融合，形态融合就是把相同的出版内容通过全部（尽可能多的）媒体管道，用多种形态同时展现给读者。

做好双融合，重点是认识版权产业重要性，随着科技的发展，更多新兴出版业态和传播载体将会源源不断地加入到数字出版的概念中，但是不论数字概念多么复杂，形式多么丰富，都离不开内容和版权。不论任何媒体，离开了内容，将是无水之源，花哨的界面和新奇的呈现只能抓住受众一时的注意，而不能得到受众的永久青睐。优质的内容永远都是数字出版的制胜法宝，所谓"得内容者，得天下"正是这个道理。

工作室在从事数字出版实践时以版权为核心价值。涉及内容生产商、内容提供商、管道传播商、内容消费者等多方利益均以版权法为保障，做好相关产权登记、注册、申权工作，在工作坊未来的发展阶段，所获版权将继续发挥无与伦比的作用。

编辑是怎样炼成的
——浅谈编辑人员的素质

宋立君[*]

摘　要：编辑人员是人类优秀精神产品的传播者，也是人类精神产品的生产者，肩负着促进社会主义精神文明和物质文明建设的重要责任。在实际工作中不断提高编辑人员的思想素质、业务素质、道德素质和实操能力，是出版业得以繁荣与发展的重要保证。

关键词：思想素质　业务素质　道德素质　实操能力

引　言

编辑人员是人类优秀精神产品的传播者，也是人类精神产品的生产者，肩负着促进社会主义精神文明和物质文明建设的重要责任。编辑工作是出版社工作的中心环节，编辑人员是出版行业一支不容忽视的重要力量，其思想修养的高低、业务素质是否过硬、敬业精神强不强都直接影响着一个出版社的生存与发展。在学术理论十分繁荣、学科分支越来越细的当代社会，达到一定的思想修养和业务水平，具备比较丰富或者说比较广博的知识，对编辑人员来说是最基本、最起码的素质要求。作为编辑人员，应如何提高自身的思想素质和业务素质呢？本文将从以下几个主要方面略做探讨。

---

[*] 宋立君，南开大学出版社有限公司外语事业部编辑。

一、过硬的政治思想素质

图书出版作为我国文化建设的重要组成部分,具有基础性、先导性的意义,所以编辑人员必须有较高的政治思想觉悟。党的十六大报告指出,"牢牢把握先进文化的前进方向""必须坚持马克思列宁主义、毛泽东思想和邓小平理论在意识形态领域的指导地位,用'三个代表'重要思想统领社会主义文化建设"[1]。这是党在 21 世纪创造性地进行社会主义文化建设的根本政治保证。

马克思主义新闻出版观是马克思主义理论宝库的重要组成部分,是新闻宣传工作生存发展的共同思想准则。始终牢牢坚持马克思主义新闻观,严守党的宣传纪律和国家的新闻出版法规,进一步增强政治意识、大局意识和责任意识,切实把好关、把好度,以良好的职业道德素质,以高度的社会责任感和历史使命感,以求真务实的工作作风为社会奉献优质的精神产品,这是每个编辑人员都应当做到的。

要培养和提高政治思想素质,在政治上把好关,编辑人员首先要认真学习马克思主义基本理论,用马列主义、毛泽东思想、邓小平理论、"三个代表"重要思想和科学发展观基本理论武装头脑,占领思想阵地,坚持"守土有责"的信念,努力提高运用科学发展观所体现的马克思主义立场、观点、方法分析问题、解决问题的能力,自觉地培养自己的政治敏锐性、政治洞察力、政治鉴别力,熟悉党的路线、方针、政策,在思想上明确自身的社会定位和社会价值,明确自身的政治责任,时刻保持清醒的政治头脑,用政治的眼光去审视、编辑、检查书稿,避免在出版物中出现政治性失误。[2] 其次,编辑人员应认真学习我国新闻出版工作的方针政策及编辑出版政策法规,熟悉出版流程,了解出版与社会的关系,不断提高思想水平、政策水平。在策划、选稿时要把党在近期的方针、政策与本出版社的中心工作有机地结合在一起,要把是否科学、准确地贯彻党的基本路线和有关方针政策,是否促进学科、专业的发展,是否

---

[1] 江泽民在党的十六大上所做的报告. 新华网.
[2] 党亚男. 浅谈高校校报编辑的新闻素养的培养[J]. 中国市场,2011(31).

有助于提高广大人民群众的科学、文化素质等,作为选题、出版的标准,并贯彻在图书编辑出版的各个环节中。

二、扎实的专业技术素质

选择从事编辑工作,学习是提高自身业务素质的第一要义。没有学习能力的编辑犹如无源之水、无本之木。青年编辑要通过不断的学习,努力做到"专""全""博"。①当今世界,知识更新周期加快,知识量激增,各门学科相互交叉和渗透,出现了综合化、整体化的趋势。图书编辑工作不但具有深刻的科学性、哲学性、文字性和艺术性,而且具有相当的复杂性、挑战性,它需要编辑人员不仅要有自己所熟悉的专业,更要有广博的知识,不仅专业方面的知识要广、深一些,而且有关政策法规、学术动态、发展水平,以及编排、策划、印刷、文学艺术等方面的知识也应丰富。编辑人员应能根据客观形势的发展,不断学习,不断探索,不断提高,不断更新自己的知识结构,使自己具有广博、精深、常新、多层的知识储备。另外,还要掌握本学科、本专业及相关学科、专业的研究动态和发展趋势,同时要及时总结经验,努力提高自身的业务素质,在组稿时筛选出质量好、水平高的稿件,在审改加工时做到万无一失。从这个意义上讲,每个编辑人员都应该是具有广博文化知识的"杂家"。

精通汉语,有一定的文字处理能力,这是对编辑人员最基本要求之一。编辑人员的文字能力一般表现在三个方面:一是文字的规范能力,编辑人员必须十分熟悉语言文字、标点符号等规范性文件,熟练运用文字、语法、修辞等方面的知识进行审稿,才能使信息在传播时其语言文字符合国家规范;二是文字的加工能力,这主要是要求编辑人员对所传播的信息文字进行删改和润色,进一步提高信息的语言文字表达效果;三是文字的写作能力,在信息编辑的许多环节中都需要编辑人员动手写作,如选题策划、撰写书评等,编辑必须具有较好的文字写作能力,才能在每个环节中充分地表达自己的意图。②

---

① 梁洁. 青年编辑如何修炼为优秀编辑[J]. 编辑学报,2010(S1).
② 郭爱民. 图书编辑的职业意识[J]. 编辑之友,1997(4).

编辑人员应当充分利用各种资源,以研讨会、讲座的方式开展编辑业务的交流与学习,有计划地参加业务知识培训,包括在职培训、继续教育,提高自身的业务素质、学历层次。此外,还要积极参加同业务有关的社会活动和各种学术活动,如各种学术研讨会和讲座等。在业余时间,编辑人员还应加强自学,经常查阅《编辑学报》《编辑之友》《中国出版》《出版广角》《出版发行研究》《出版参考》《科技与出版》《中国新闻出版报》《中国图书商报》等专业报刊,并虚心地向经验丰富的老编辑求教,不断提高业务素质。①

三、爱岗敬业的职业道德

所谓编辑人员的职业道德,"是指从事图书编辑工作的编辑人员在其工作中所应遵循的具有自身职业特点的道德要求和行为规范及准则"。②因此,加强编辑人员的职业道德建构,有利于培育编辑人员的优良品德,营造良好的社会风气,推动图书出版事业持续、健康、强劲地发展下去。

加强编辑人员的职业道德建构,需要遵循与实践的基本原则:要坚持为人民服务和为社会主义事业服务,在图书编辑、出版的过程中,服务于全党、全国的工作大局,做到心中有读者、有事业,以崇高的敬业精神与强烈的事业心以及对编辑工作的巨大热情投身于图书编辑工作之中;要坚持图书编辑以社会效益为先,努力实践社会效益与经济效益的和谐统一的原则;要以实事求是、尊重事实、维护图书内容的真实性为基本原则,在进行图书编辑时保持公平、公正、公开、客观、真实,以稿件质量作为衡量取舍的重大依据。③

编辑人员还必须要对编辑工作保持高度的热情,怀有无私的献身精神。"修合无人见,存心有天知",这非常符合编辑所要具备的一个基本职业道德——奉献精神。图书编辑加工的过程,大多是编辑依靠个

---

① 杨冠英. 青年编辑继续教育的形式与途径[J]. 中国成人教育,2004(11).
② 杨牧之. 论编辑的素养[M]. 北京:中华书局,2013.
③ 徐晋华. 谈编辑的职业倦怠与调适[J]. 编辑之友,2010(9).

人的智力、责任心、细心和耐心完成的,做的是默默无闻的工作。当下,国内某些图书质量的下滑,表面看来,或是"三审三校制"的落实不严,或是编辑的责任心不强,或是出书太多导致编辑加工的时间不够,但究其实质,应是编辑奉献精神的缺乏,缺乏对作者应有的尊重和关怀,缺乏对读者应有的责任和爱护。要做一名合格的编辑,必须能静下心来,坐得住,心甘情愿"为人作嫁",要在思想上明确自身的社会定位和社会价值,明确自身的政治责任,做到爱岗敬业,在"为人作嫁"中实现灵魂的净化和精神的升华,从读者、社会对出版物的肯定中获取最大的快乐。

四、全面发展的实操能力

出版业作为一种文化产业,一旦进入商业流通领域,就会受到市场机制的调节和价值规律的支配。编辑人员必须清楚地知道,再有价值的图书,其价值还是要通过影响更多的读者来实现的,因此,作为图书出版核心的编辑人员必须勇于探索,勇于挑战,面向市场,努力挖掘自身的经营才能,努力培养自身的市场竞争意识,尤其应当开阔视野,对精品图书、畅销书的细节、内容以及市场运作机制和手法等方面加深认识,并通过实践加以检验。要科学处理与作者、读者之间以及与出版、印刷、发行等部门的关系,只有协调好各种关系,才能保证做好编辑工作,实现出书计划,提高图书质量,打造精品图书。

图书是一种文化产品,最忌讳的便是雷同。现在读者的要求可谓千差万别,呈多元化、个性化的趋势。因此,编辑人员必须冲破因循守旧、故步自封观念的束缚,树立知识经济时代和市场经济条件下的编辑理念;必须重视编辑策划,实现读者需要与编辑策划的有机结合;必须更新知识结构,提高业务素质,努力为作者和读者提供高质量的服务。在选题策划上要有思维创新,要善于用图书介绍知识的创新成果。在编辑加工过程中,也要体现创新,编辑的创造性是在尊重原文、保留原意的基础上对其进行一定的创意加工,在作者劳动成果本意表达的基础上,从书稿的局部或整体构思方面提出明确合理的意见,使书稿质量得到进一步提高。

目前出版界的竞争非常激烈,从编辑人才、作者队伍、稿源到发行,处处体现出现代社会的竞争氛围。要想在激烈的竞争中处于不败之地,编辑人员就必须在充分分析自身优劣势的基础上,运用新视角、新思路,进行大胆想象及合理构思,不断提高图书质量,增强在图书市场的竞争力。编辑人员在选题策划上要有新颖、独到之处,要充分发挥主观能动性,紧跟时代前进的步伐,用新眼光观察新情况,用新思维解决新问题,站在文化和市场的前沿,不断推出适应市场需求的品位高尚、质量精良、富于创意的新产品,反映先进思想文化和前沿科技发展,做到"人无我有,人有我优,人优我新,人新我奇",从而加快科学文化知识和信息的传播。①

结　语

在实际工作中不断提高编辑人员的思想素质、业务素质、道德素质和实操能力,是出版业得以繁荣与发展的重要保证。随着知识经济的快速发展,中国出版必将走向世界,实现跨国经营的良好目的,出版企业也将面临严峻的考验。编辑人员只有善于学习、勇于创新,特别要有良好的知识储备、全新的时空观念、超前的竞争意识和开拓创新的精神及优良的技术素质,才能适应出版改革发展的要求。只有通过学习,解放思想、更新观念、与时俱进,用科学发展观去指导解决出版中的难题,敢抓选题、善抓选题,用创新的意识来对待出版工作,才能促进出版业的繁荣发展。因此,我们必须结合出版单位的实际,不断探索提高出版编辑思想素质和业务素质新路子、新途径、新办法,进一步调动和激发出版编辑人员提高素质的积极性、主动性,不断提高理论、政策水平,丰富专业知识,加强文字修养,熟练掌握编辑业务和出版知识,继续为推动新闻出版业的繁荣发展做出应有的贡献。

---

① 任宝旗.学报编辑应具备的五种意识[J].新闻爱好者,2010(2).

我们现在怎样做编辑
——以中华书局几本基础图书为例

宋凤娣[*]

摘　要：在新的文化环境下，编辑人员不仅要保持和发扬出版工作中的优良传统，更要与时俱进，不断创新。在服务作者的基础上，开发作者、促进创作；在统筹把关文稿的过程中，完成更多的二次创作。本文以中华书局的几本基础图书为例，从作者遴选与沟通、书稿编辑与加工两个方面探讨当代编辑人员的素养、工作方式等问题。

关键词：编辑　作者遴选　作者沟通　书稿加工　中华书局

记得十几年前刚刚进入中华书局工作时，老编辑谆谆教导：编辑就是为他人作嫁衣裳；我们中华出版的是一流学者的顶尖古籍整理著作和学术著作，我们要做学者型编辑……这些教导让人油然而生的如履薄冰的谨慎和诚惶诚恐的谦卑的确让我们年轻编辑获益良多。随着时代的发展，当今的出版已非计划经济时代等米下锅或找米下锅的来料加工，而常常是种米下锅。这就需要编辑根据充分的市场调研，确定目标读者并设计出切合其阅读需求的选题；然后，选择合适的作者，经过有效的沟通和一系列必要的流程，协助作者创作出符合选题要求的书稿；此后，在书稿的编辑加工过程中还要充分发挥编辑自身的职业优长，用心打磨出个性鲜明、卖点突出的书籍；最后，还要将确立选题和书

---

[*] 宋凤娣，中华书局编辑。

稿编辑过程中发掘出的书稿特点和卖点提供给营销人员，并积极参与图书的营销活动。那么，我们现在怎样做编辑？限于篇幅，本文以中华书局的几本基础图书为例，从作者遴选与沟通，书稿编辑与加工两个方面来解剖麻雀。

"中华生活经典"和"中华养生经典"是新形势下体现中华书局"弘扬传统，服务学术，传承文明，创新生活"出版宗旨的两套典型书系。这两套书系中涉及的古籍，既有大家耳熟能详的著作，同时也有相当大的一部分少有人问津，甚至迄今尚无人整理过。我们在选择作者之初，也曾走过按照惯性寻找著名学者或病急乱投医式的邂逅两类弯路。著名学者工作紧张忙碌，交稿时间难以保证，直接影响书系的推出进度；随意找到的作者水平参差不齐，写成的书稿往往让编辑纵有妙手也难以回春，影响书系的整体质量。由此，我们确定了寻找合适作者的基本流程：先考察作者的专业背景，通过各种渠道了解相关学者的基本学术经历，然后请学者按照我们的编写体例撰写出样稿，编辑通过认真审读样稿，可具体感受和了解作者的学术功底和对该选题的理解程度与把握能力，并就样稿中的问题进行有的放矢的沟通。绝大多数作者写作的样稿都问题不大，有些作者还会根据所整理古籍的具体情况对我们的编写体例提出建设性的建议，如《寿亲养老新书》（中华养生经典）的整理者王均宁先生根据原书本身篇幅较大，而书中大量方剂多是一些程式化的语言，建议不必将每个方剂都译成现代白话文枉占篇幅，而应将主要精力投注于点评部分的方剂原理分析和注意事项的提示上，我们最后采纳了整理者的这一建议。但是在样稿写作阶段，也会有极个别作者明显不适合写作该书稿，对此，我们也会果断婉拒。

经过样稿遴选出合适的作者，这就拉开了与作者沟通交流的序幕，在审读稿件和编辑加工过程中，经常要与作者进行沟通，我们的基本原则是：以敬业的态度、职业的眼光谦虚求教，最后将书稿的成功变为作者的自我实现过程，从而达到双赢的目的。具体的方法是：多从书系编写体例和目标读者的阅读需求角度，不卑不亢地劝说作者，并努力为作者提供解决问题的线索和方向，竭尽全力将作者的偏好变为其书稿的特色而非缺陷。

《东坡养生集》（中华养生经典）的作者不仅有很好的文学和文献基

础、良好的文字表达能力,还具有国家二级心理咨询师资格,并在一所中医药大学工作,其书稿整体质量较高,但初稿前言中介绍养生时从道和术的角度分析,这从理论上看没有错,但就《东坡养生集》而言,反而使其特点难以凸显,书稿中个别点评,如《赤壁赋》与《后赤壁赋》也更多偏向于文学赏析。我在给作者的邮件中写道:"我很疑惑:编选者仅仅是因为这两篇是名篇而选入《东坡养生集》的吗?这两篇与东坡养生到底有怎样的关系?或体现了东坡怎样的养生观?可能读者也有同样的困惑,不知您能否从养生方面对一些类似的点评再增补一点解说?"随后建议作者在前言中谈论东坡养生不再用学术史上的概念,而从目标读者易于理解的"养身"与"养心"的角度进行概括,并建议作者发挥自身优长,从文学与治疗的角度,结合东坡诗文的具体写作背景进行分析。此外,还建议作者参看黄强有关《闲情偶寄》的研究和叶舒宪的《文学与治疗》等书籍。经过一番调整,《东坡养生集》在以苏东坡的名头吸引读者的目光后,作者挖掘出的东坡养生新意也能够打动现代读者的内心。

曾经获得中华书局优秀编辑奖的《印典》(中华生活经典)一书,其作者方小壮先生是文学学士、硕士,美术学博士,文献学博士后,良好的教育背景和突出的学术功底使其成为《印典》一稿最合适的人选。可是方先生治印和书法都颇有市场,我们的稿酬不具有任何竞争力,此时,几代中华人所奠定的书局品牌影响力发挥了应有的作用,加之编辑锲而不舍的游说,几经周折,方先生慨允承担《印典》一书的整理、写作工作。可是在写作过程中,方先生遭遇父亲罹患重病,繁重的工作将他自己也累病等困难,此时,编辑虽然心急如焚,也要以同理心及时调整工作节奏,充分理解作者的处境,并积极为作者提供最大程度的帮助。正是这种自觉的换位思考,使编辑与作者的交流变得更为顺畅,因此在请作者增补一些点评文字时,除了体例的要求外,我也坦言:"之所以请您辛苦增补点评,再有一个考虑就是目前读者的整体水平我们也不敢高估,尤其是约稿中所遇到的种种困难告诉我们:我们一些书稿是目前的很多专家或不屑或不能为的,而我们所收到的一些读者来信和反馈其低于常识的程度常常让我们震惊——建国几十年,我们大众的整体的人文知识修养下滑的程度真的让人难以想象,因此国民整体精神素质下降就不可避免。身为编辑,总想在普及的基础上能有所提高,有时就像在海滩边捡拾小鱼扔回大海一样……"方先生也以对身边学生和一些专家学者的了解表达了对读者阅读水平的忧虑和无奈,同时也坦言:"至今为止,我们竟然还没有一本古代印论或有关印章论著的今译读本,如果说是社会责任感这样的大话,我是有些惭愧,我只觉得应该接下这活。我也很清楚由我接下《印典》的校注工作是最合适的……""我是以做论文的态度来做《印典》的,相信您也能看得出来。做这样的通俗读物,如果没有平常心和责任感,不如不接。"正是这种共同的社会责任感,使作者克服种种常人难以想象的困难,在书稿的各种细节处理上下足苦心,并帮助编辑配图,很多插图是其博物馆同行提供或私家藏品,并且是首次与读者见面。

书稿进入编辑加工过程,编辑的头顶要时刻悬起目标读者的阅读需求这个达摩克利斯之剑,从而将书稿的编辑加工过程变成一个二次创作的过程。这种二次创作不仅包括按照目标读者的阅读需求打磨文字,还包括将书稿内容调整得更便于读者阅读。而对图片的安排和选择,更要体现出编辑的别具匠心,一方面要苦心孤诣地弥补作者的偏差,另一方面还要体现出对读者引导的"无痕教育"用心。因此在图文书编辑加工过程中,二次创作不仅必要,而且成为一种必须。

《寿亲养老新书》(中华养生经典)一书中大量方剂多是一些程式化的语言,因此方剂部分没有译文,但在前言部分对一些程式化的语言,王均宁先生分类集中进行了解释说明,同时为便于读者理解古代的度量衡,特以附录形式增补了"古代用药度量衡考证"一文。在点评部分分析各方剂的配伍原理和禁忌时,也对制作稍作点拨。但在编辑加工时发现,个别方剂中的制作语言对于现代读者而言,仍有理解难度,如"食治喘嗽诸方"中的"枣煎方",对其制作,点评部分仅有一句"三药合煎嚼食",编辑在此增补了如下文字:"将紫苏子和饴糖混合后以小火温化,然后下枣搅和,再以小火煎,待汁收尽即可。"这就使原文"上相和,微火温令消,即下枣,搅之相和,以微火煎,令苏饧泣尽即止"便于读者理解了。

《香奁润色》(中华生活经典)一书本身篇幅不长,因此所有方剂都严格按照编写体例翻译成了现代白话文。此稿中有大量药材在不同方剂中重复出现,作者原稿仅在每味药材第一次出现时进行注释,此后再出现就不再注释了。但读者阅读时,很少有人一口气从头至尾读完全书,在没有索引的情况下,让读者前后翻检一些药材的注释就变成了一场严峻的考验。为便于读者阅读,编辑对全书内容进行了调整:在每一部开始部分都详注每一味药材,即使是在同一部中相互参见的药材,也在注释中先大致说明一下这味药材的情况,然后再提示参见前面的哪个方剂。针对作者解释药材侧重其性味、功能的特点,为全书配图近二百幅,大多对每味药材的植株各部分细节都有图示,对其制为药材后的形态也有图示,这就弥补了作者注释药材时没有形态描述的缺陷,同时又让读者对各药材有了直观的认识。《香奁润色》作为一本十七世纪的女性生活知识用书,以美发、美容方为主,兼及妇科病的自治,也包括洗涤、贮藏各种衣物等料理生活的常识。如果全书只有这些科学性的生物图示,就少了一些女性特有的温柔和温馨,为此,在篇章页左下角选取一些女性常用的药材,如白芷(瘢痣部)、益母草(阴部)、夏枯草(经血部)、车前子(胎部)、皂荚(洗练部)等,但篇章页背面的图片都选择了历史上的美人线描图。尤其是为全书选配了十多幅反映古代妇女生活的全页插图,并用心撰写图注,如头发部的全页插图《宫娥梳髻图》,图注在介绍插图内容后一句"如瀑长发,凝结着女性多少情结和心思"引人沉思,洗练部的全页插图《罗浮梦景图》,图注也以一句"梅花不仅装饰了美人的梦境,也装扮着美人的生活"作结,而为一些全页插图的图注精心选择的诗句和蔡邕《女诫》关于妇德、妇言、妇容、妇功等内容的论述,使这些插图和图注不仅为全书增添了隽永的生活情趣,同时也让现代读者对古代女性的精神生活有了一些了解。

《林泉高致》(中华生活经典)一书作者提供的稿件只有不足十万字,作者古典文献专业的学术背景使书稿文献考证翔实,但点评部分关于艺术史的分析难免有些拘谨。为此,在全书配图上,编辑进行了一些纠偏工作:从《芥子园画谱》中选取一些有意境的线描人物图装饰篇章页左下角,篇章页背面的图也全部选择山水线描图,这就为全书增加了一些灵动的因素;正文插图以全页插图为主,并撰写从美术专业角度介绍插图内容和技法的图注;尽量寻找到表现《林泉高致》一书涉及的一些画家的技法的图片,以小图的形式排放在相应全页插图的空白处,既使页面不至于显得空旷,又给读者以专业的直观展示,从而提供更多的信息量。经过配图,《林泉高致》一书不仅使其显示出相对专业的形象,而且作者文献上的优势又成为以出版古籍见长的中华书局特色的一个明证。

《印典》(中华生活经典)书稿本身质量非常高,但具体到书稿中,图片怎样安排既符合学术要求,又满足阅读的舒适和美观需求,就需要编辑进行仔细揣度。考虑到中华生活经典书系寻找雅致生活的追求,编辑又为书稿增补了几幅全页插图的书画作品,并特意寻找存有各种印章的书画作品,篇章页左下角的装饰性小图也是各种印章图案,从而尽力为读者提供更多关于印章的感性材料,增加读者的直观认识。

正是作者与编辑齐心协力的努力,使"中华生活经典"和"中华养生经典"两套书系不断重印,也获得了一些荣誉,同时,这两套书系还成为业界模仿的样本。当然,编辑工作不仅是与作者沟通交流和编辑加工书稿这样单纯,现代社会对编辑还提出了更高的要求:如何把握时代脉搏,如何捕捉读者的阅读需求,如何协调各种关系,如何营销等等都是现代编辑要努力学习的内容。深邃的目光和开阔的视野是我们追求的目标,而努力做一名学习型编辑,用心体验和总结,生活中所有的经历就会成为丰富我们人生的色彩和财富。

编后记

2015年10月24日至25日,"媒介融合时代的编辑与出版"高层论坛暨2015年编辑出版学年会在南开大学召开。会议由中国高等教育学会新闻学与传播学专业委员会编辑出版学研究学科组(原分会)、全国出版专业学位教育指导委员会、《中国编辑》杂志社、南开大学文学院、南开大学出版社共同主办。出席会议的代表达百余人,包括来自北京大学、清华大学、南开大学、中国人民大学、南京大学、河南大学、兰州大学、陕西师范大学、华中科技大学、北京印刷学院等高校的学者,来自高等教育出版社、清华大学出版社、南开大学出版社、中华书局等出版机构的负责人、专家和编辑工作者,以及部分在读研究生。

南开大学副校长朱光磊教授出席论坛开幕式并做重要讲话。南开大学文学院院长沈立岩教授,编辑出版学研究学科组负责人李建伟教授,南开大学文学院传播学系主任刘运峰教授分别在开幕式上致辞。

在为期两天的研讨中,北京大学肖东发教授、南京大学张志强教授、高等教育出版社龙杰编审、清华大学出版社吴培华教授,南开大学出版社莫建来编审等做了主题报告。其他参会专家学者则在分组讨论中畅抒己见,就新媒体环境中的数字出版、媒介融合形势下的出版经营、编辑出版学理论的转型拓展、当代编辑出版实践经验总结、数字传播与版权保护、编辑出版与跨文化交流以及新型编辑人才的培养教育等众多议题展开了热烈讨论。在切磋交流中,大家深化了对新型媒介环境下编辑出版理论、方法与实务发展方向的认识,亦发掘出了新的研究领域与探索空间。

根据会议计划,我们对论坛上提交的众多论文作品进行了汇总与遴选,经认真评审,择其优秀者结集出版,即为此书。编选的原则,首推研究的创新性、学理性与实践意义;二是突出时代感和现实性,注意反映媒介融合的环境特征与技术趋势在编辑出版活动各个层面的影响,关注现实问题,讨论热点现象;三是坚持开放性和包容性,尊重理论认识与结论观点的多样性,保证作者的思想能够得到充分表达;四是奖掖编辑出版学研究中的青年学人,向年轻教师、编辑以及在读博士、硕士研究生予以适当倾斜,以期激发其学术兴趣和研究热情,为学科发展储备人才、完善梯队、增进活力。

  本次论坛的成功举办,得到了南开大学文学院的大力支持;而本书的顺利出版,有赖于南开大学出版社领导和编辑人员的鼎力相助。在此,一并致以衷心的感谢!

编　者

2016 年 7 月